Lothar Matthäus mit Martin Häusler
Ganz oder gar nicht

Lothar Matthäus mit Martin Häusler

Ganz oder gar nicht

Autobiografie

Lübbe

Dieser Titel ist auch als E-Book erschienen.

Originalausgabe

Copyright © 2012 by Bastei Lübbe GmbH & Co. KG, Köln

Textredaktion: Werner Irro, Hamburg
Umschlaggestaltung: Gisela Kullowatz
Umschlagmotiv: © Manfred Esser, Bergisch Gladbach
Bildnachweise Tafelteil
Bilder 1-4: privat; Bilder 5-7: ddp images/AP; Bild 8: L'osservatore Romano Citta del Vaticano, Servizio Fotografico, Arturo Mari; Bild 9: WEREK Pressebildagentur Hake-Ulmer GbR; Bild 10: PRESSEFOTO FRED JOCH, Poing; Bild 11: Aldo Martinuzzi, Fotografo Milano; Bilder 12-13: privat; Bilder 14-17: ddp images/AP; Bild 18: ddp images/dapd; Bilder 19-21: ddp images/AP; Bilder 22-25: privat; Bild 26: ddp images/dapd; Bild 27: ddp images/AP; Bilder 28-29: ddp images; Bild 30: ddp images/dapd©AP; Bild 31: ddp images/dapd
Satz: Dörlemann Satz, Lemförde
Gesetzt aus der Weiss Antiqua
Druck und Einband: CPI books Ebner & Spiegel, Ulm

Printed in Germany
ISBN 978-3-7857-2467-5

5 4 3 2 1

Sie finden uns im Internet unter: www.luebbe.de
Bitte beachten Sie auch: www.lesejury.de

INHALT

1. KAPITEL (2012) – MEINE ZWEITE HALBZEIT LÄUFT
   Hier der Loddar, dort Grande Lothar 11
   Herz geht vor Gehirn 12
   Sehnsucht nach Ruhe 13
   Die Meinung der anderen 15

2. KAPITEL (1961–1979) – MEINE HEIMAT, MEINE WURZELN
   Eine Familie in Franken 19
   Ich war der Sohn von Puma 21
   Prügelknabe, Klassenprimus 23
   Ehrlich währt am längsten 24
   Die Sache mit der Kirche 25
   Spare und arbeite! 27
   Der missachtete Torjäger 31
   Gymnasium, nein danke! 33
   Der Raumausstatter aus Herzogenaurach 35
   Abschied von der Heimat 37

3. KAPITEL (1980–1991) – MEIN AUFSTIEG, MEINE TRIUMPHE
   Neuanfang in Mönchengladbach 43
   Silvia, Armin, Norbert, die Rosi und ich 44
   Schneller Aufstieg, erste Ernüchterung 47
   Ist das der Sonderbus nach Magdeburg? 51
   Maracanã! Maradona! 52
   Sex, Skat und zwei Einwechslungen 53
   Warum ich keinen Ouzo mehr trinke 55
   Der Fall Judas 56
   Erst München, dann Mexiko 60

Mit Heilerhänden aus Holland 62
Ein unmoralisches Angebot 65
Ein Kapitän am Pranger 67
Der erste Abschied aus München 69
Der Brehme-Transfer und ich 69
Die Bel-Ami-Affäre 71
Das Vertrauen des Kaisers 72
Blüh im Glanze dieses Glückes ... 73
Stress mit Holland 74
Neue Heimat Italien und die Nummer 10 75
Freistoß zur Meisterschaft 77
Harmonie total 78
Favorit im eigenen Wohnzimmer 80
Kurzurlaub während der WM 82
Wer trinkt, kann auch trainieren 83
Franz mal wild, mal mild 85
Der zerbrochene Schuh und der Triumph von Rom 87
West + Ost = Unschlagbar 90
Als Weltsportler auf dem Zenit 92
Und jetzt zur Werbung 94

4. KAPITEL (1992–2000) – MEINE VERLETZUNGEN, MEINE RÜCKSCHLÄGE
Der Traum von Real Madrid 99
Meine erste Ehe geht zu Ende 100
Der Überfall und andere Polizeigeschichten 103
Mein Gott, das Kreuzband! 105
Geheimaktion München 111
Vom Krüppel zum Wiederauferstandenen 113
Ach, Rom! 115
Warten auf den Ruck 116
Und jetzt die Achillessehne 119
Unter Schock 121
Ein verlorenes Spiel ist nicht mehr zu gewinnen 123
Die Intrige 125

Von Pressepartnern und Privatjournalisten   128
Abstecher Lerchenberg   130
Berti und der Mittlere Ring   132
Die Tochter des Arztes   134
Lucky in New York City   137
Einer für alle, alle für sich   140
Das Dilemma ums Abschiedsspiel   142
Meuterei auf Mallorca   146
Spielt so lange, wie es geht!   148

5. KAPITEL – MEIN VAGABUNDENLEBEN ALS TRAINER
Ein bisschen Jupp, ein bisschen Franz   153
Auftakt in Austria   155
Einmal Champions League und zurück   158
Ehe 3.0   164
Ungarn gegen die Großen   166
Wunder von Bern reloaded   170
So türkten die Türken   172
Mein größter Fehler   174
Wir verlieren uns!   178
Dann stand da Trap in kurzen Hosen   180
Training, Krieg und Synagoge   187
Fliegende Fäuste   191
Tourismus und Meditationen   192
Welch ein Jammer!   193
Leaving Las Vegas   194
Entweder du bist Frau Matthäus ...   197
Meine Kinder haben gelitten   202
Mein Leben, ein 4:2   204
Die Zukunft in den Sternen   206
Weil der Bulgare keine Lust hat   207
Angebote aus der Heimat   212
Ende des Wachstums, Rückkehr der Werte   215

DANK   221
PERSONENREGISTER   222

1. Kapitel
Meine zweite Halbzeit läuft

HIER DER LODDAR, DORT GRANDE LOTHAR

Es ist noch nicht so lange her, da hielt ich mit meinem Auto an einem serbischen Grenzübergang. Ich reichte meinen Pass durchs Fenster und beobachtete den Gesichtsausdruck des Beamten. Er zog die linke Augenbraue hoch, bückte sich, sodass er mir ins Gesicht blicken konnte, und sagte auf Englisch: »Herr Matthäus, ich werde Ihnen Ihren Pass nicht wieder aushändigen können.« Nicht mehr aushändigen? Wie bitte? Ich war entsetzt und fragte nach dem Grund. Da fing er an zu lachen. »Damit Sie das Land nicht mehr verlassen können. Bleiben Sie hier und kümmern Sie sich um unseren Fußball!«

So etwas passiert mir im Ausland.

In Deutschland dagegen würden mir einige am liebsten den Pass wegnehmen, damit ich nicht mehr ins Land reinkomme.

In Italien wiederum interessiert es nicht, welches Auto ich fahre, ob ich als Fünfzigjähriger eine junge Frau habe, viermal geschieden bin oder mich auf einer Pressekonferenz versprochen habe. Es gibt keine Häme, es gibt keinen Spott, es gibt keinen Neid. Ich treffe auf Respekt und Anerkennung.

Selbst heute, zwanzig Jahre nach meinen Erfolgen bei Inter Mailand, werde ich im Giuseppe-Meazza-Stadion immer noch von Tausenden mit Applaus empfangen, wenn ich die Tribüne hochgehe, um mir mal wieder ein Spiel anzuschauen. Diese Achtung ist unglaublich; dieses Gefühl, dass man weiterhin ein Teil dieser Familie ist. Der Verein ist längst umstrukturiert, neue Angestellte arbeiten in den Büros, aber die Fans vergessen dich nicht. Sie erinnern sich, was du für ihren Verein geleistet, welche Momente du ihren Herzen geschenkt hast. Egal, wo ich in Italien hinkomme, ob auf Sizilien, in Rom, in Verona oder selbst beim Italiener in München – ich habe dort einen Spitznamen: Il grande. Der Große. Wer in Italien »grande« sagt, meint »Grande Lothar«. Nur hier, in Deutschland, bin ich »der Loddar«. Das ist schon kurios, denn ich finde eigentlich nicht, dass ich fußballerisch für Italien mehr geleistet habe als für Deutschland.

In diesem Buch will ich sowohl den Fans in meiner Heimat als auch den Leuten, die mich Loddar nennen, zeigen, wer ich wirklich bin. Ich habe es zu lange den Journalisten überlassen, über mich zu schreiben. Journalisten, denen ich mich oft zu schnell anvertraut habe, die meinen Namen missbrauchten. So entstand ein Image von mir – aber wer kennt mich wirklich? Die meisten haben sich ein Bild von mir gemacht über provozierende Schlagzeilen, abstruse Anekdoten und billige Pointen. Aber ist das Lothar Matthäus? Bin das ich? Ich werde klarstellen, vervollständigen und erklären, was mich ausmacht, warum ich der bin, der ich bin, und was sich hinter manchen Entscheidungen verborgen hat, die für Irritationen sorgten.

Natürlich ist mir bewusst, dass ich für mein Image auch selbst verantwortlich bin. Zu oft habe ich vergessen, wie interessant ich für die Öffentlichkeit bin. Vielleicht habe ich zu sehr in mein Privatleben blicken lassen, zu viele Interviews gegeben. Nicht unbedingt, weil ich sie geben wollte, sondern – es mag komisch klingen – weil ich ein höflicher Mensch bin und dazu erzogen wurde, auf Fragen zu antworten. Vielleicht war es aber auch mein Kampf um Anerkennung, der mich zu offenherzig werden ließ, zu blind und zu naiv, um zu bemerken, wenn jemand meine Gutmütigkeit ausnutzen wollte. Das gilt für Journalisten, aber auch für Menschen in meinem Umfeld, in denen ich ursprünglich Freunde vermutete. Ich habe erst später realisiert, dass sie nichts anderes waren als Profiteure.

Ich habe daraus gelernt, und trotzdem wird mir dieser Fehler vielleicht auch zukünftig passieren. Ich will mich nicht verbiegen.

HERZ GEHT VOR GEHIRN

Eines kann ich mir jedoch nicht vorwerfen: dass das, was ich der Öffentlichkeit preisgab, unehrlich oder verfälscht gewesen wäre. Ich bin Ehrlichkeitsfanatiker. Ich bin Gerechtigkeitsfanatiker. Und ich bin ein Herzmensch. Das heißt, ich handele aus dem Herzen – so sehr, dass ich mir manchmal wünschte, mehr das Hirn benutzt zu haben. Aber mein Herz überstimmte regelmäßig den Kopf.

Trotz der vielen unliebsamen Dinge, die ich mit dieser Maxime erlebt habe, stehe ich nach wie vor zur Stimme meines Herzens. Weil ich an das Gute glauben will. Weil ich mich um andere sorgen, weil ich vertrauen will. Deshalb bereue ich auch keine Hochzeit, denn sie kamen alle von Herzen. Sie waren alle ehrlich und folgten meinem inneren Leitsatz: Mache es ganz, oder mache es gar nicht! Natürlich hätte ich auch hier zu mir sagen können: »Lothar, bist du wahnsinnig! Nach vier Monaten heiraten? Kann das gut gehen?« Warum nicht? Ganz oder gar nicht.

Ist man in einer mitunter verlogenen und sinnentleerten Welt auf der Suche und trifft dabei seine Entscheidungen meist aus dem Herzen, läuft man nun mal Gefahr, häufiger zu scheitern als andere. Ich bin häufiger gescheitert. In der Ehe wie im Fußball. Wobei meine privaten Niederlagen die schlimmsten waren, die ich je erlebt habe, schlimmer als jeder verpasste Pokal.

Meine Prinzipien habe ich deswegen nicht geändert. Selbst dann nicht, wenn ich merkte, dass mein Vertrauen ausgenutzt wurde oder Ausgebufftere auf Traumposten gelandet sind. Auch über die Kollision meiner Werte und Prinzipien mit den Regeln dieser Branche und den Ansprüchen mancher Lebensgefährtin werde ich in diesem Buch schreiben.

SEHNSUCHT NACH RUHE

In den letzten Jahren wurde ich von einer großen Sehnsucht getrieben. Damit meine ich nicht so sehr die Sehnsucht, im Privaten endlich anzukommen, ein letztes Mal zu heiraten, noch einmal Vater zu werden und einen Ruhepol zu finden. Die Sehnsucht hieß, endlich meine Qualitäten als Trainer auch in meiner Heimat zeigen zu können. Im Ausland hatte der Weg meiner Mannschaften ja auf unterschiedlichste Art und Weise meist nach oben geführt. Neben den sportlichen Erfolgen in den Meisterschaften und Pokalwettbewerben und trotz aller unrühmlichen Schlagzeilen habe ich in Österreich, Serbien, Israel und Ungarn vor allem stabile Fundamente hinterlassen. Ich entdeckte viele neue Talente, die heute Nationalspieler sind oder im Ausland unter Vertrag stehen. Die Jungs hatten Respekt vor mir und vertrauten sich mir an, als sei ich ihr Vater. Das macht mich stolz und zufrieden. Ich konnte dabei viel lernen. Auf meinen Trainerstationen begegnete ich den unterschiedlichsten Mentalitäten und entwickelte ein Gespür dafür, wie man mit Spielern individuell umgehen muss. Gerade bei den Multikultimannschaften von heute sind solche Erkenntnisse extrem wichtig. Auch in Deutschland.

Nur hat es in dem Land, in dem ich mit neun Jahren meinen Spielerpass erhielt, mit 18 in die erste Bundesliga wechselte, sieben Meistertitel errang und zweimal den DFB-Pokal hochhielt, für das ich sowohl Weltmeister als auch Europameister wurde, bisher nicht hingehauen. Ich sage nicht, dass es ungerecht ist, in Deutschland noch keinen Trainerjob bekommen zu haben. Vielleicht traut man sich nicht, weil ich zu sehr polarisiere, vielleicht hat man Angst vor dem starken Fokus, der auf mir liegt, oder man ist voreingenommen aufgrund der Geschichten, die aus meinem Leben an die Öffentlichkeit gedrungen sind. Ich werde in diesem Buch erzählen, wie trotz alledem viele Manager und Präsidenten mit mir redeten und welche Umstände im letzten Moment dazu führten, dass doch nichts daraus wurde.

Inzwischen hat sich meine große Sehnsucht gelegt. Auch weil ich der Bundesliga zumindest zurzeit keine großen Experimente zutraue. Ich habe das Gefühl, dass sich die Liga aus einem Karussell mit 25 Trainern bedient. Fliegt einer raus, kommt direkt der nächste Altbekannte. Man verlässt sich auf die Trainer, die man kennt. Egal wie mittelmäßig oder wie erfolglos. Egal wie oft abgestiegen oder rausgeschmissen. Michael Skibbe wird aus Erfolglosigkeit in Frankfurt entlassen, fünf Monate später ist er Cheftrainer bei Hertha BSC Berlin und überlebt dort gerade mal sechs Wochen. Auf ihn folgt mit Otto Rehhagel ein über Siebzigjähriger, der trotz seiner großen Verdienste auch nicht imstande ist, den Klassenerhalt zu schaffen. Das sind Beispiele einer merkwürdigen Personalpolitik in einem millionenschweren Business, über die nicht nur ich, sondern längst auch Spieler und Fans die Stirn runzeln. Der Fußball kann doch nur profitieren von neuen Leuten, von anderen Gesichtern, von charismatischen Trainern, die auch mal polarisieren. Wenn ich immer nur auf denselben Personalpool zurückgreife, kann sich kaum etwas verändern.

Aus diesen Gründen habe ich meinen Wunsch vielleicht nicht begraben, aber doch losgelassen, damit er meinem Lebensglück nicht mehr im Wege steht.

DIE MEINUNG DER ANDEREN

Klar könnte ich spekulieren: Hätte ich meine Karriere in München beendet, wäre ich heute Trainer vom FC Bayern. Aber ich bin kein Typ, der Dinge aus der Vergangenheit lange mit sich herumschleppt und sein Herz dadurch schwer werden lässt. Ich habe nie lange gefeiert und mir auf Siege etwas eingebildet. Ich habe aber auch Niederlagen oder falsche Entscheidungen nie lange betrauert.

Meine Karriere als Trainer ist bisher nicht so verlaufen, wie ich es mir gewünscht hätte, aber ich kann mich doch nicht hinsetzen und lauthals lamentieren, wie es der Deutsche so gerne macht. Ich habe mein Leben, ich habe meine Freunde, ich bin gesund, ich habe eine gewisse Sicherheit, und ich habe vor allem eines: Freiheit. Und solange ich keinen Trainerjob habe, genieße ich sie. Eine Freiheit, die ein Karl-Heinz Rummenigge vielleicht nicht hat, weil er jeden Tag am Schreibtisch sitzen muss. Daher komme ich auch gut damit zurecht, wenn Karl-Heinz öffentlich äußert, die zweite Lebenshälfte des Lothar Matthäus sei ja bisher nicht so positiv verlaufen. Ich fresse solche Kommentare nicht mehr wie früher in mich hinein, weil ich weiß, dass irgendwann auch wieder andere Zeiten kommen werden.

Ich war immer zufrieden mit dem, was ich hatte. Ich wäre auch als Raumausstatter oder Innenarchitekt glücklich geworden. Vielleicht hätte ich dann längst das warme Zuhause, das ich suche, vielleicht wäre ich nicht viermal geschieden. Vielleicht müsste ich dann nicht immer Koffer packen. Andererseits hätte ich vieles andere nicht erleben können, großartige Momente, wertvolle Begegnungen und lehrreiche Misserfolge.

2. Kapitel
Meine Heimat, meine Wurzeln

EINE FAMILIE IN FRANKEN

Ich bin ein Arbeiterkind. Der Lebensinhalt meiner Eltern war die Arbeit, tägliche, harte, ehrliche Arbeit. Blicke ich zurück auf meine Kindheit, sehe ich die beiden eigentlich immer nur arbeiten. Ihnen ist nichts geschenkt worden, und so lernte ich, dass ohne Arbeit auch mir nichts geschenkt werden würde.

Mein Vater Heinz stammt aus Schlesien. Er hat nie viel über seine Heimat erzählt, nur die Geschichte von der Flucht hörten wir immer wieder. Wie sie als neunköpfige Familie ihr Zuhause in Triebel verlassen mussten, weil »der Russe« nahte. Triebel liegt drei Kilometer östlich der Neiße und heißt heute Trzebiel. Mein Großvater war dort Stellmacher, er hatte eine eigene Werkstatt in dem 2 400 Einwohner kleinen Städtchen. Mehrfach war er mit seiner Familie umgezogen, um schließlich hier heimisch zu werden.

Als sich der Zweite Weltkrieg dem Ende neigte und die Radiomeldungen Anfang Februar 1945 immer bedrohlicher klangen, wollten sie alle weg. Es waren zu viele, um rechtzeitig in Sicherheit gelangen zu können. Doch weil sich eines Abends deutsche Soldaten bei meinen Großeltern selbst zum Essen einluden, bekamen sie die Gelegenheit, schon am nächsten Tag mit dem Militärbus nach Hoyerswerda mitgenommen zu werden. Von dort würde ein Flüchtlingszug Richtung Westen gehen. Am 15. Februar 1945 – das Datum weiß mein Vater noch ganz genau – verließen sie ihre Heimat für immer. Sie zogen so viel Schichten Kleidung übereinander, wie sie nur konnten, packten so viele Koffer, wie sie besaßen, und begaben sich auf eine Fahrt ins Ungewisse. Mit 14 anderen Flüchtlingen in einen Güterwaggon gepfercht kam der Matthäus-Clan nach drei Tagen und drei Nächten in seiner neuen Heimat an. Niemand wusste, wo man war. Es hätte das Rheinland sein können, es hätte Ostfriesland sein können. Aber es war Franken. Noch am Bahnhof von Erlangen wurden die Familien aufgeteilt und in alle Ecken der Region geschickt. Für meine Familie ging es nach Höfen, eine kleine

Ortschaft westlich von Herzogenaurach. Von Herzen willkommen waren sie hier nicht.

Mein Vater war damals vierzehn Jahre alt und das älteste aller Geschwisterkinder. Er wurde von klein auf hart rangenommen und in die Arbeitsabläufe integriert. Schon auf der Flucht war es an ihm, mit ein wenig Geld in der Tasche aus dem Güterwaggon zu springen, um mit irgendetwas Essbarem zurückzukommen, das alle neun satt machte. »Freiheit«, hat mein Vater mal gesagt, »Freiheit haben wir eigentlich nie groß gehabt.« Obwohl er die Leibesertüchtigung – wie es damals hieß – liebte, reihenweise Goldene Sportabzeichen nach Hause getragen hatte, einen ganz guten Fußball spielte und daher eigentlich immer Sportlehrer werden wollte, schlug er den Berufsweg seines Vaters ein. 1949 schloss er im väterlichen Betrieb seine Zimmermannslehre ab. Eine handwerkliche Tradition, der auch ich mich später anschließen sollte.

Im gleichen Jahr lernte mein Vater meine Mutter kennen. »Aus Blödsinn«, sagt er heute noch. Damit meint er die Weihnachtsfeier des FC Herzogenaurach, auf der man sich in der Gaststätte Zum Weißen Hahn näherkam. Katharina, meine Mutter, war genauso alt wie mein Vater. Sie hatte keine Vertreibung hinter sich, sie war ein Mädchen aus dem Ort. Ihr Vater, der Betreiber des Wasserwerks, wurde an die russische Front geschickt und kehrte nie wieder aus dem Krieg zurück. Obwohl meine Großmutter immer auf ein Wiedersehen hoffte, wurde der Vermisste irgendwann für tot erklärt, damit es wenigstens Witwenrente geben konnte. Meine Großmutter starb leider schon 1954. Zwei Jahre später heirateten meine Eltern. Es war eine nicht gern gesehene evangelisch-katholische Mischehe, die im konservativen Bayern dazu führte, dass ich einige Jahre später selbstverständlich katholisch getauft wurde.

Im Jahr 1960 trat mein Vater seinen Job bei Puma an, als Hausmeister. Er war zwar gelernter Schreiner, wurde aber schnell zum Mädchen für alles, reparierte, schraubte, wechselte Glühbirnen aus, verkaufte Snacks und Getränke und half, wo Not am Mann war. Für einen Arbeitsbesessenen wie ihn war es geradezu ideal, dass er mit meiner Mutter eine Wohnung in der Würzburger Straße 11 fand, direkt neben dem Firmengelände von Puma. Von Tür zu Tür brauchte er nicht mal eine Minute.

Meine Mutter stellte meinem Vater morgens um fünf nicht nur sein Frühstück hin und schmiss den ganzen Haushalt, sondern saß zusätzlich in stundenlanger Heimarbeit für Puma an der Steppmaschine. Ständig bekam sie Kartons unfertiger Fußballschuhe geliefert, um sie mit den nächsten Arbeitsschritten zu komplettieren. Gut möglich, dass ich irgendwann einmal einen Schuh trug, den meine Mutter zusammengenäht hatte.

ICH WAR DER SOHN VON PUMA

Das Leben meiner Eltern stand derart im Zeichen der Arbeit, dass mein Vater seinen Pflichten bei Puma selbst dann nachging, als ich am 21. März 1961 um 15.20 Uhr geboren wurde. Es war der Hausarzt, der meine Mutter ins Krankenhaus nach Erlangen fuhr.

Ich wuchs mit einem vier Jahre älteren und damit zwei Köpfe größeren Bruder auf. Wolfgang spielte auch Fußball. Zusammen kickten wir mit allem, was uns vor die Füße kam. Wir verstanden uns gut, auch wenn ich immer seine abgetragenen Sachen anziehen und seine alten Fahrräder fahren musste. Wolfgang hat mir nie das Gefühl gegeben, dass ich für ihn nur der kleine Bruder bin. Dennoch wollte ich mich natürlich ständig mit ihm messen. Ich wollte allen beweisen, dass ich mithalten kann. Ich glaube, dass ich durch diese bis zur Erschöpfung geführten Eins-gegen-eins-Spiele im Hinterhof oder im Wohnzimmer sowie die ständigen Ringkämpfe mit Wolfgang angefangen habe zu lernen, mich auch gegen vermeintlich Stärkere durchzusetzen.

Wenn man so will, war dieser Hinterhof die Keimzelle meines Könnens. Wo heute ein weiteres Einfamilienhaus mit gepflastertem Carport steht, lieferte ich mir mit meinem Bruder Zweikämpfe auf einem unebenen Lehmboden, auf dem der Ball ständig versprang. Rechts und links die Gemüsebeete meiner Eltern, unser Tor war die obligatorische Teppichstange. War ich alleine, war die Mauer mein Anspielpartner. Vielleicht habe ich schon hier gelernt, wie es funktioniert, platziert zu spielen, nicht übers Tor zu schießen oder Freistöße ständig in die Wolken zu jagen. Denn schoss ich zu hoch, zersprang die einfach verglaste Fensterscheibe der Oma, die dahinter wohnte. »Halt den Ball flach im Hinterhof!«, schimpfte mein Vater mit mir, der die neue Scheibe nicht nur bezahlen musste, sondern immer auch höchstpersönlich einsetzte.

Das alte Haus steht noch. Wir bewohnten rund siebzig Quadratmeter im ersten Stock, der über eine quietschende und blank gebohnerte Holztreppe zu erreichen war. Vom Flur aus ging es rechts in die große Küche, in der wir uns morgens und abends auch wuschen. Für damalige Zeiten nichts Ungewöhnliches. Toilette und Bad lagen im Erdgeschoss. Vier Mietparteien hatten sich abzustimmen, also musste man vor der Toilette zuweilen auch warten. Das Bad nutzten wir nur samstags, dann war uns für eine Stunde heißes Wasser zugeteilt. Einmal wurde die Wanne vollgemacht, und der Countdown lief. Mein Bruder und ich bekamen je zehn Minuten. In warmem Wasser und Badeschaum zu spielen und zu entspannen, daran war nicht zu denken.

Neben der Küche gab es noch das Wohnzimmer und hinten die zwei Schlafzimmer, eines für meine Eltern, eines für mich und meinen Bruder. Unser Kinderzimmer war kärglich und erinnerte an eine Jugendherberge oder eine Kaserne. Ein Etagenbett aus Holz, zwei Schränke, fertig. Selbst für die Hausaufgaben war kein Platz, dafür setzten wir uns an den Küchentisch. An die Wände hatten mein Bruder und ich Poster von Borussia Mönchengladbach gepinnt, von Berti Vogts und Günter Netzer. Die Deko hatten wir über meinen Vater bekommen, denn Puma war Ausrüster von Mönchengladbach. Der FC Bayern München interessierte uns nicht; für den war Adidas zuständig.

Puma und Adidas gingen aus ein und derselben Herzogenauracher Schuhmacher-Familie hervor. Die zwei Brüder Adolf und Rudolf Dassler gründeten in den zwanziger Jahren eine gemeinsame Sportschuhproduktion und zerstritten sich – nein, das ist untertrieben, sie waren bis aufs Blut verfeindet. 1948 gingen sie getrennte Wege. Adolf (später sein Sohn Horst) baute das Adidas-Imperium auf, Rudolf (später sein Sohn Armin) begründete das Puma-Imperium. Beide stellten in bitterer Konkurrenz Sportschuhe her, Kontakt hatten die Familien untereinander kaum bis gar nicht. Diese Feindschaft war im Dorf kein Geheimnis, von Betrügereien war die Rede und auch von Denunziationen im Nationalsozialismus.

Da meine Eltern durch Puma ihr Geld verdienten und direkte Nachbarn der Produktionsstätte waren, war ich ziemlich schnell nicht nur der Sohn von Herrn und Frau Matthäus. Ich war auch der Sohn von Puma. Ja, ich war sogar das »Maskottchen«. Ab dem dritten Lebensjahr rannte ich in der Firma herum und kannte die 370 Arbeiter persönlich. Auch zum Chef Rudolf Dassler entwickelte sich schon früh eine enge Verbindung. Dassler wusste, was er wollte, er war streng, zu seinen Mitarbeitern aber gleichzeitig wie ein Vater. Ich durfte jederzeit in sein Büro, um von den weggeworfenen Briefumschlägen, die ihn täglich aus aller Welt erreichten, die Marken abzulösen. Es roch immer nach dem Qualm seiner Tabakpfeife, die er über alles liebte. Ich bin mit Rudolf Dassler am Ufer der Altmühl angeln gewesen und zog mit dem Kescher seine 80-Zentimeter-Hechte aus dem Wasser. Ich war auch bei ihm zu Hause. Er nahm sich Zeit für mich, weil er mich in irgendeiner Form lieb gewonnen hatte. Wir waren wie Großvater und Enkel. Dassler schloss mich so sehr in sein Herz, dass er mir nicht nur hin und wieder einen Trainingsanzug, Schuhe oder einen Ball zusteckte, sondern auch meinen Karrieresprung nach Mönchengladbach mit einem noblen Geschenk bedenken sollte.

PRÜGELKNABE, KLASSENPRIMUS

Meinen Vater habe ich meist nur beim Abendessen gesehen. Er kam oft sehr erschöpft nach Hause, weil er den ganzen Tag unter Druck stand und sich auch selbst viel Druck machte. Ich glaube, er konnte nie richtig abschalten. Das führte dazu, dass er seine Nervosität und Unausgeglichenheit auf die Familie übertrug. Ob wir mal gelacht haben? Bestimmt, aber ich kann mich nicht daran erinnern. Ein entspanntes Leben gab es jedenfalls nicht, dafür war der Alltag zu stressig. Wir sprachen beim Essen auch nicht über die großen Lebensfragen, nicht über die bewegte Familienvergangenheit und – obwohl es eine sehr politische Zeit war – auch nicht über Politik. Es ging um die alltäglichen Probleme, um die Arbeit, die Schule, das Essen, die nächste Schlachtung. Und mir ging es vor allem darum, draußen mit meinen Freunden Fußball zu spielen. Seit ich denken kann, habe ich jede freie Minute genutzt, um gegen den Ball zu treten. Ob allein gegen die Mauer mit selbst ausgedachten Übungen, ob eins gegen eins gegen meinen Bruder oder mit den Nachbarskindern auf dem Bolzplatz.

Die größte Strafe, die meine Eltern verhängen konnten, war Stubenarrest. Die Kochlöffel, die auf meiner Lederhose zerbrachen, der Ast, der immer in der roten Küchenbank bereit lag, oder eine Watschen mit der flachen Hand waren mir lieber, als zwei Tage in meinem Zimmer sitzen zu müssen. Das drohte beispielsweise, wenn ich heimlich mit meinem Bruder geraucht hatte, zu spät nach Hause kam oder nicht, wie versprochen, in die Kirche gegangen war. Aber, doch, wenn man mich fragt: Ich hatte eine glückliche und gute Kindheit – eine freie Kindheit.

Meine Eltern waren fürsorglich, aber streng. Ich hatte keine Angst vor ihnen, nur großen Respekt. Der Ton bei uns zu Hause war derb, aber liebevoll. Da sie beide so viel gearbeitet haben, waren meine Eltern zu beschäftigt, um mich und meine Hausaufgaben zu kontrollieren. Sie überließen uns viel uns selbst, achteten aber sehr darauf, dass die Noten stimmten.

In der Grundschulzeit gab es wenig Grund zur Klage. Ich war einer der besten Schüler meiner Klasse, fleißig und aufmerksam. Nicht nur im Sport, sondern generell. Die Schule hat mir Spaß gemacht, ich hatte sehr gute Noten und kümmerte mich am Nachmittag um die Hausaufgaben. Ich bin gerne mit Zahlen umgegangen, Mathematik hat mich am meisten fasziniert. Auch heute noch. Ich brauche keinen Taschenrechner oder Kugelschreiber, um Zahlen zu multiplizieren oder zu subtrahieren. Ich konnte immer Netto und Brutto unterscheiden und im Kopf mal eben die Steuer ausrechnen. Dabei half mir im Übrigen auch der Aushilfsjob in der Kantine von Puma, wenn ich meinen Vater beim Verkauf unterstützen und das Wechselgeld passend rausgeben musste.

EHRLICH WÄHRT AM LÄNGSTEN

Lebensmottos oder kluge Weisheiten haben meine Eltern nie ausgegeben, vieles blieb unausgesprochen. Denke ich aber über Leitsätze nach, die uns vermittelt wurden, dann könnten es die folgenden gewesen sein:

Man muss ehrlich sein!
Wir müssen uns gegenseitig unterstützen!
Wir müssen nach vorne schauen!
Ja, ganz sicher, diese Prinzipien wurden mir vorgelebt; sie haben mich geprägt.

Mein Vater hat immer geradeheraus gesagt, was er dachte, mit seiner Ehrlichkeit hat er uns durchaus das ein oder andere Mal vor den Kopf gestoßen. Ich gehe davon aus, dass er auch auf der Arbeit nicht nur Freunde hatte. Denn er sagte seine Meinung immer offen und klar. Gleichzeitig konnte jeder zu ihm kommen, wenn er ein Problem hatte.

So ein Mensch bin ich auch. Ich bin immer den ehrlichen, den geraden Weg gegangen, und ich erwarte das auch von meinen Mitmenschen. Wenn jemand ehrlich und korrekt zu mir ist, würde ich meinen letzten Groschen für ihn geben – egal, was in der Vergangenheit vorgefallen ist. Ich bin in der Lage, zu verzeihen und meinen Gegnern versöhnlich die Hand zu reichen.

Andererseits weiß ich auch, dass Ehrlichkeit nicht immer der richtige Weg ist, um weiterzukommen. Meine Ehrlichkeit stand mir oft im Wege, weil ich *zu* ehrlich war. Doch lieber bin ich ehrlich und dabei mit mir im Reinen, als dass ich mich wie manch anderer hinterlistig hochkämpfe und dabei über Leichen gehe.

DIE SACHE MIT DER KIRCHE

Obwohl in der Wohnung meiner Eltern ein Jesuskreuz hing, war es mit ihrer Religiosität nicht so weit her, dass sie jeden Sonntag in die Kirche gingen. Stattdessen schickten sie meinen Bruder und mich. Es gab keine Begründung, sondern nur die Anweisung:»Ihr geht am Sonntag um zehn Uhr in die Kirche!« Ende der Durchsage. Wir mussten uns fein machen, weißes Hemd, grauer Anzug, rote Fliege und geputzte schwarze Schuhe, dann machten wir uns mit je einem Groschen für den Klingelbeutel auf den Weg in die Messe. Wir Kinder konnten mit der Kirche aber auch nicht viel anfangen. Und so steckten wir die beiden Groschen ein ums andere Mal in den Kaugummiautomaten und gingen Fußball spielen. Um das zu vertuschen, holten wir uns am Ende irgendwoher Wasser und putzten die verdreckten Schuhe. Nicht immer gelang uns die Täuschung.

Ich kann mich nicht daran erinnern, dass wir jemals zu viert in der Kirche gewesen wären, selbst Weihnachten nicht. Auch an diesem hohen Feiertag bin ich immer mit meinem Bruder alleine hingegangen, wobei wir die Christmette gerne mal unterbrachen, um in der Pizzeria ein Bier zu trinken.

Vielleicht, könnte man jetzt spekulieren, ließen uns die Eltern allein in die Kirche gehen, weil sie sich dachten: »Geht hin und findet heraus, wie sehr die Botschaften und die Energien auf euch wirken!« Nein, in Wirklichkeit war es viel banaler. Meine Mutter wollte einfach in Ruhe das Mittagessen vorbereiten. Sie hat ja immer frisch gekocht und nie irgendeine Fertigware aus dem Supermarkt auf den Tisch gestellt. Sonntags fing sie schon um acht Uhr damit an, für die Knödel die Kartoffeln zu reiben. Und mein Vater hat ihr dabei geholfen.

Natürlich habe ich als junger Mensch sämtliche Kirchenrituale mitgemacht, niederknien, aufstehen, sitzen, niederknien, aufstehen, sitzen, diese ganze Litanei. Aber eher rein mechanisch. Ich denke, dass jeder selbst entscheiden muss, was er daraus mitnimmt. Mich hat das Ganze eher kaltgelassen und nicht dazu animiert, am nächsten Wochenende mit Neugier oder gar Spaß in die Kirche zu gehen. Die Predigten waren mir zu abstrakt. Erstens verstand ich die theologischen Anspielungen nicht wirklich, zweitens wurden unsere Eindrücke ja auch nicht zu Hause mit den Eltern nachbereitet. Und in einem Alter, in dem ich es hätte begreifen können, bin ich nicht mehr in die Kirche gegangen.

Bis heute aber habe ich mir die Vorstellung erhalten, dass jemand auf mich aufpasst und dass er das vielleicht sogar noch besser tut, wenn ich an ihn glaube. Letztlich wissen wir nicht, was wahr ist. Ich persönlich glaube, dass jemand mein Leben bestimmt und begleitet. Ich bete nicht, aber ich denke ab und zu an Ihn. Ist Er jetzt da? Schaut Er auf mich, beschützt Er mich? Natürlich bitte ich ihn auch mal um Hilfe, wünsche mir etwas, hoffe auf etwas.

Gerade in den letzten Jahren habe ich mich häufig mit der Frage ertappt: Wo bist Du? Warum hast Du mir nicht geholfen? Warum hast Du mich im Stich gelassen? Warum ist da schon wieder etwas passiert, was nicht in meiner Lebensplanung stand? Wenn ich Heiligabend dagesessen habe und mich bei den Anrufen und SMS an Freunde und Familie fröhlich stellte, suchte ich nach Antworten. Warum sitze ich jetzt schon wieder allein zu Hause, anstatt mit meiner Familie Weihnachten zu feiern? Aber ich habe keine Antwort bekommen. Vielleicht, ja, vielleicht hat der liebe Gott mir ja geholfen, mich schneller als gewöhnlich von meinen Verletzungen zu erholen – den sportlichen wie seelischen.

SPARE UND ARBEITE!

Mit zehn Jahren gab es eine Zäsur in meinem Leben: Meine Eltern bauten ihr erstes Haus. Beide kamen aus einer Generation, die Verlust und großen Mangel ertragen musste und jetzt alles daransetzte, die verlorene Sicherheit wiederzuerlangen. Von nun an wurde alles dem Hausbau untergeordnet, und selbstverständlich mussten wir Kinder mithelfen. Wir machten nicht bloß den Arbeitern die Bierflaschen auf, sondern trugen Zementsäcke und schwere Steine. Samstagmorgens um sechs hatten wir aufzustehen, um mit anzupacken. Viele Arbeiten wurden privat erledigt, um Geld zu sparen. Anderthalb Jahre dauerte die Prozedur – eine harte Zeit. Das Haus wurde am Ortsrand von Herzogenaurach errichtet, rund anderthalb Kilometer von der Fabrik entfernt. Meine Eltern leben heute noch dort – und zwar so, als sei die Zeit von damals, 1971, stehen geblieben.

Alles, was meine Eltern verdienten, steckten sie in dieses Haus. Verzicht war angesagt. Während andere Kinder sonnengebräunt aus den Schulferien zurückkamen, fuhren wir kein einziges Mal in Urlaub. Ich glaube, die weiteste Reise meiner Eltern ging nach Neuschwanstein. Als mir die anderen von ihren Erlebnissen erzählten, überkam mich durchaus das Gefühl, das auch gerne gehabt zu haben. Warum, fragte ich mich, komme ich nicht über das Zelten im Garten hinaus? Es hat finanziell einfach nicht gelangt. Zuerst haben meine Eltern für das Haus gespart, und als es endlich stand, mussten die Schulden abbezahlt werden. Die beiden waren im Gegensatz zu mir aber auch nie begierig darauf zu reisen. Zu

Hause gefiel es ihnen am besten. Am wichtigsten war ihnen ein geregeltes Leben, und das haben sie bis zum heutigen Tag. Ich habe als Kind auch nie darüber geklagt, nicht aus Herzogenaurach herauszukommen. Ich wurde so erzogen, dass man Dinge akzeptiert, wenn man sie nicht ändern kann.

Mein Vater lud uns auch nie in ein teures Restaurant ein, wir beschränkten uns aufs Nötigste. Zwar herrschte nie Mangel, wir haben nie Hunger gelitten, aber meine Eltern haben immer aufs Geld geschaut. Daher wurde ich auch nie zum Friseur geschickt, stattdessen kam Giovanni zu uns nach Hause, ein Italiener, der mit der Schere umgehen konnte. Er arbeitete bei Puma und schnitt nebenbei Haare, um sich etwas dazuzuverdienen. Wann immer er in unserer Küche auftauchte, machte ich, dass ich Land gewann. Welches Kind lässt sich schon gerne die Haare schneiden? Das war ein Kampf!

Bis heute legen meine Eltern das meiste ihrer Rente beiseite – man weiß ja nie. Wahrscheinlich aus der gleichen Sparsamkeit heraus haben wir viel vom eigenen Garten gelebt. Wir pflanzten in sehr gepflegten Beeten Gemüse an: Tomaten, Erdbeeren, Bohnen, Blaukraut, Endiviensalat. Alles, was man anbauen kann, haben meine Eltern in den letzten vierzig Jahren angebaut. Außerdem hielten wir Stallhasen. Immer mal wieder, meistens an Samstagen, wurden mein Bruder oder ich gebeten, eines der Tiere zu meinem Onkel zu fahren. Also packte ich den Hasen in eine Ledertasche, so, dass der Kopf immer noch ein bisschen herausschaute, damit er atmen konnte, und radelte zu Onkel Heiner, der eigentlich der Cousin meiner Mutter war. Dort war dann Schluss mit lustig. Es gab einen Schlag auf den Hinterkopf, der den Hasen betäubte, dann schnitt Heiner ihm die Gurgel durch, zog das Fell ab und zerlegte den Hasen. Das Fleisch war immer noch warm, wenn ich wieder zu Hause ankam. Obwohl meine Mutter das Fleisch dann weiterverarbeitete, hätten meine Eltern die blutige Verwandlung vom Stallhasen zum Sonntagsbraten nicht ertragen können.

Ich bin stolz auf meine Eltern. Damit meine ich nicht, dass sie seit sechzig Jahren verheiratet sind und meine Ehen damit weit übertreffen, sondern dass sie es schafften, aus wirtschaftlich bescheidenen Verhältnissen kommend zwei eigene Häuser zu bauen (später bauten sie noch für meinen Bruder) und trotzdem eine kleine Summe auf der hohen Kante zu haben. Mehr als diese Sicherheit brauchten meine Eltern nicht. Sie waren nie darauf aus, irgendetwas zu besitzen, was andere hatten, haben sich nicht vergleichen oder messen wollen. Sie haben sich auf ihr eigenes Leben konzentriert und kannten keinen Neid. Mit geringen Mitteln haben sie Enormes geleistet und sich bei alledem nach Kräften um die Familie gekümmert. Sie haben ihr Leben gemeistert, dafür bewundere ich sie. Wenn mein Bruder und ich auch zuweilen etwas rauer angepackt wurden, spürten wir doch immer eine große Liebe. Ich habe die Zärtlichkeit bekommen, die sie mir geben konnten, und ich habe mich immer behütet gefühlt. Das verdient hohe Anerkennung.

Sicher habe ich von meinen Eltern auch gelernt, mit Geld umzugehen und sehr diszipliniert für mein Geld zu arbeiten. Als Kind wurde mein Taschengeld nach dem Alter berechnet: Mit jedem Jahr gab es zehn Pfennig mehr. Mit zehn Jahren habe ich also jede Woche eine Mark bekommen. Ich weiß nicht, was andere Kinder bekommen haben, natürlich erschien es mir zu wenig. Deshalb habe ich immer auch gejobbt. Freitag und Samstag trug ich Wochen-, Mode- und Fernsehzeitschriften wie Gong, Für Sie und Burda aus. Die achtzig Abonnenten in Herzogenaurach konnten sich bei jedem Wetter auf mich verlassen. Und während der Sommerferien arbeitete ich wie selbstverständlich bei Puma, verdiente 800 bis 1000 Mark pro Monat, indem ich im Lager arbeitete, Schuhkartons sortierte und Lieferscheine zusammenstellte.

Bei all der Arbeit blieb ein klassisches Bilderbuch-Familienleben auf der Strecke. Wir vier unternahmen ab und zu einen Waldspaziergang oder bolzten gemeinsam auf dem Fußballplatz. Aber man darf sich das nicht so wie heute vorstellen, wenn sich Familien ein Wochenende lang sehr nahe sind, ausspannen und sich vergnügen. Das gab es bei uns selten. Unsere Zeitabläufe erlaubten nicht, dass man stundenlang zusammen sein konnte. Das Wochenende war zum Beispiel für mich durch mein Hobby, den Sport, besetzt. Ich spielte ja nicht nur Fußball. Ich versuchte mich auch in Tischtennis, Handball und Leichtathletik – mit 14 Jahren lief ich die hundert Meter in handgestoppten 11,2 Sekunden. Das alles passierte im Verein und war sehr zeitaufwändig. Es ging mir bei den anderen Sportarten darum, in der freien Zeit etwas Neues zu entdecken.

Ich habe selten zu Hause gesessen, Däumchen gedreht, nachmittags Fernsehen geschaut, in den Nordbayerischen Nachrichten geblättert oder ein Buch gelesen. Es standen zwar einige Fußballbücher bei mir im Regal: über Franz Beckenbauer, über Uwe Seeler oder über legendäre Weltmeisterschaften, daneben einige Karl-May-Bände mit den Abenteuern von Winnetou sowie Comics wie Fix und Foxi, Micky Maus und Donald Duck. Doch diese Auswahl zeigt schon, dass ich nie eine große Leidenschaft für Bücher entwickelt habe. In die Werke Goethes oder Schillers habe ich mein Leben lang keinen Blick geworfen. Bis heute liegt bei mir kein Buch auf dem Nachttisch. Lieber zappe ich mich vor dem Einschlafen noch einmal durch den Videotext, als ein paar Seiten zu lesen.

Das erste große Fußballereignis, an das ich mich erinnern kann, ist die WM 1970 in Frankreich. Ich habe noch das Viertelfinale in Lyon im Kopf: Deutschland besiegte England 3:2. Oder das Halbfinale gegen Italien, in dem sich Franz Beckenbauer den Arm brach. Bei solchen Anlässen scharte sich die Familie mit Salzgebäck um den Couchtisch und starrte in den ersten Farbfernseher. Ähnlich war es bei der »Sportschau«, dem »Sportstudio«, »Dallas«, »Denver« oder Unterhaltungsshows wie »Am laufenden Band«, »Drei mal neun« oder »Dalli Dalli«.

Es gab auch Zeiten, da habe ich noch gemeinsam mit meinen Eltern die »Hitparade« im ZDF gesehen. Doch beim Thema Musik schieden sich schnell die Geister. Kein Samstag verging ohne die Deutsche Schlagerparade auf Bayern3: Michael Holm, Bernd Clüver, Udo Jürgens, Peter Alexander, so etwas wurde gehört. Heintje war der Lieblingssänger meiner Mutter. Internationale Musik hingegen, englische Songs, kamen nicht auf den Plattenteller meiner Eltern. Für Uriah Heep, Deep Purple oder die Rolling Stones musste ich dann schon in die Disco gehen. Erst später, als ich in Mönchengladbach meine erste Kompaktanlage hatte, begann ich, mir eigene Platten von Elvis, den Beatles, Sweet und Santana zu kaufen. Sie reisen heute noch mit mir.

DER MISSACHTETE TORJÄGER

Mein Leben veränderte sich in dieser Zeit nicht nur durch den Hausbau. Meine Leidenschaft für den Fußball wuchs und wuchs und wuchs. Möglicherweise auch als Fluchtreflex auf den heimischen Druck. Nachdem ich bisher auf sämtlichen Straßen und Wegen Herzogenaurachs gekickt hatte, war ich mit neun dem FC Herzogenaurach beigetreten, dem von Puma unterstützten Club, und schoss im ersten Spiel mein erstes Tor. Ich traf zum 3:0 beim 3:2-Sieg gegen die zweite C-Jugend-Mannschaft des Erzrivalen ASV Herzogenaurach, der von Adidas ausgerüstet wurde. Und weil ich so gut war, durfte ich beim anschließenden Spiel der ersten C-Jugend-Mannschaften auf der Bank sitzen – und wurde am Ende sogar eingewechselt. Es war das einzige Mal, dass ich bei einem offiziellen Spiel mit meinem Bruder zusammen auf dem Platz gestanden habe.

Dabei war mein Bruder doch vier Jahre älter! Wie konnte ich in einer Mannschaft mit ihm spielen? Früher gingen die Jugendteams nur bis zur C-Jugend. Wer jünger war, dem blieb nichts anderes übrig, als mit und gegen die Älteren zu spielen. So musste ich es als Neunjähriger immer auch mit den 13- und 14-Jährigen aufnehmen. Gegen Gleichaltrige hatte ich eigentlich nur in der Schule gespielt, ansonsten war es gegen meinen Bruder und seine Freunde gegangen. Das hat mich wahrscheinlich darauf vorbereitet, mich später in Mönchengladbach als 18-Jähriger schnell gegen gestandene Profis durchzusetzen.

Mit zehn Jahren fing ich an, in der ersten C-Jugend-Mannschaft zu spielen, und avancierte schon da zum Torjäger. Ich lief als Mittelstürmer auf, trug die Nummer 9 auf dem Rücken, aber auf dem Fußballplatz war ich immer der Kleinste. Mein Vorteil aber war: Ich bewegte mich sehr wendig und flink, auch mit dem Ball. Außerdem hatte ich einen guten Schuss; ich konnte nicht nur mithalten, ich war einfach besser. Selbst habe ich das gar nicht so wahrgenommen. Ich hatte einfach nur Spaß am Fußballspielen, wollte gewinnen, mich durchsetzen, es allen zeigen! Das war meine einzige Motivation.

Ich wurde besser und besser, zuletzt spielte ich mit den Senioren in der Landesliga. Mit dieser Mannschaft stiegen wir in die höchste Amateurklasse auf, die dritte Liga. Ich war als 17-Jähriger der Top-Torjäger dieses Teams. Samstagnachmittags lief ich für die Senioren auf, sonntagmorgens ging es mit der Jugend-Mannschaft in der Bayernliga ran. Die beiden Trainer stritten sich häufig um mein Talent. Denn wenn beide Spiele am gleichen Tag waren, musste ich mich für ein Team entscheiden. In manchen Spielzeiten schoss ich hundert Tore pro Saison. Unser Nachwuchs war wirklich gut. Wir gewannen häufiger mit 12, 15 oder 18 zu null. Mein höchster Sieg war ein 25:0 (zur Halbzeit stand es 12:0, davon hatte ich zehn Tore geschossen). In der zweiten Hälfte wurde ich dann als Libero eingesetzt, weil die anderen auch mal treffen wollten.

Ich habe schon als Kind gelernt, dass Erfolge nicht satt machen, sondern man sie sich immer wieder neu erarbeiten muss. Ich bin daher gerne zum Training gegangen, um mich zu quälen. Ich war hungrig nach guten Ergebnissen, habe jeden Tag daran gearbeitet und war nie zufrieden mit dem, was ich erreicht hatte. Trotz dieser Entwicklung wurde ich nicht auf offiziellem Wege entdeckt. Was jetzt kommt, ist für einen ehrgeizigen Jungen eine grausame Geschichte.

Eltern, die ihre Kinder in einen Fußballverein gesteckt haben, wissen, dass die Besten über das Vereinstraining hinaus in Nachwuchsmannschaften gefördert werden. In Bayern gab es dafür die Kreis-, die Bezirks- und die Bayernauswahl. Ich habe es aber nie weiter als bis zur Bezirksauswahl geschafft.

Bei den Sichtungsturnieren in Grünwald spielten Teams aus den sieben bayerischen Regionen plus die bisherige Bayernauswahl in zwei Viertgruppen gegeneinander. Die drei, vier Spiele, die man bestreiten musste, zogen sich über ein verlängertes Wochenende hin. An der Seitenlinie saßen die Trainer des Verbandes, beobachteten uns und machten sich Notizen. Am Ende versammelten sich alle in einer Art Sitzungssaal, in dem die 22 Auserwählten bekannt gegeben wurden. Wie sehr wartete ich darauf, meinen Namen zu hören! Ich hatte sehr gut gespielt und viele Tore geschossen. Vergeblich. Der Cheftrainer der Bayernauswahl, ich glaube, er hieß Bär, kam anschließend zu mir und meinte, wohl um mich zu trösten: »Du hast ja noch ein Jahr Zeit. Und außerdem bist du zu klein.« Dass ich noch ein Jahr Zeit haben würde, konnte ich als Jüngster der Sichtung ja noch nachvollziehen. Aber dass ich zu *klein* sei, die Körpergröße also mehr wert sein sollte als die sportliche Leistung, das war für mich ein Schock.

Ich bin nach Hause gegangen und habe meine ganze Enttäuschung an meiner Mutter ausgelassen. Unter Tränen bin ich auf sie los und schrie: »Weil du so klein bist, bin ich auch so klein!« Von irgendjemand musste ich ja meine Körpergröße geerbt haben. Meine Mutter maß 1,57 Meter. Ich war laut, ich war aggressiv, ich habe die ganze Wut an ihr ausgelassen. In diesem Moment konnte mich niemand besänftigen. Und mein Vater? Der hat sich da nicht groß eingemischt. Solche Konflikte musste ich mit mir selber ausmachen.

Die Erniedrigung bei dem Sichtungsturnier hat mich allerdings nur noch mehr angespornt. Noch stärker als bisher wollte ich den anderen beweisen, dass man auf mich nicht verzichten konnte, dass man mich brauchen würde, um Erfolg zu haben. Manchmal denke ich mir, dass ich nicht diesen Siegeswillen entwickelt hätte, wäre ich ein paar Zentimeter größer und robuster gewesen.

GYMNASIUM, NEIN DANKE!

Ich wollte Fußball spielen. Ich wollte so sehr Fußball spielen, dass ich mich sogar gegen das Abitur entschied. Zum Ende der Zeit auf der Carl-Platz-Grundschule empfahlen die Lehrer meinen Eltern, mich aufs Gymnasium versetzen zu lassen. Die Noten stimmten. Das Problem war nur, dass das nächste Gymnasium unseres Landkreises im 18 Kilometer entfernten Höchstadt an der Aisch gewesen ist. Um den Schulbus zu bekommen, hätte ich ziemlich früh aufstehen müssen und wäre ziemlich spät erst wieder zu Hause gewesen. Drei Stunden hätte ich so jeden Tag verloren. Drei Stunden, die ich bisher fürs Fußballspielen und Regenerieren eingeplant hatte. Hätte man rechtzeitig ein Gymnasium in Herzogenaurach gebaut, wäre ich sicher dorthin gegangen. So entschied ich mich bewusst dagegen. Und da meine Eltern nie so gestrickt waren, dass sie Sätze wie »Du musst unbedingt aufs Gymnasium!« oder »Du musst unbedingt studieren!« sagten, haben sie meinen Entschluss akzeptiert.

Nach der Grundschulzeit kamen viele neue Fächer dazu. Und die Zeit, viel zu lernen, hatte ich einfach nicht mehr. Oder besser: Ich nahm sie mir nicht. Zu dieser Zeit zogen wir in das neue Haus ein, was auch dazu führte, dass meine Mutter noch mehr arbeitete. Die Schulden mussten ja abbezahlt werden. Dadurch hat sie vielleicht weniger Zeit gehabt, mir bei den Hausaufgaben über die Schulter zu schauen. Ich konnte mich eher mal davonschummeln, um draußen zu kicken.

Die neuen Fächer wie Physik und Chemie machten mir überhaupt keinen Spaß, entsprechend gingen die Noten in den Keller. Auch die Bemerkungen der Lehrer auf den Zeugnissen veränderten sich. Mir wurde attestiert, dass ich zwar lebhaft, aber nicht aufmerksam sei, dass die Möglichkeiten zwar da seien, ich sie aber nicht ausnützen würde, weil ich andere Sachen im Kopf hätte. Das stimmte ja auch. Das war der Fußball und das waren die Entdeckungstouren eines Teenagers, der immer mit älteren Jungs zusammen war. Wir sind um die Häuser gezogen, haben in der Aurach Karpfen geangelt, machten Feuerstellen, haben uns geprügelt, tranken auf Partys früher Alkohol, als es erlaubt war, und sind in die Wälder gegangen, um eine zu rauchen. Ich habe vieles gemacht, was man in meinem Alter noch nicht machen durfte. Das zu verheimlichen, hat Zeit gekostet.

Außerdem wurden allmählich auch die Mädchen interessant. Die erste Liebe, der erste Kuss, das war Claudia. Ich war zwölf und ein großer Fan von ihr. Als Dorfschönheit mit blonden langen Haaren wollte jeder an ihrer Seite sein. Ich habe es geschafft. Ein bisschen Bussi, ein bisschen Händchenhalten. Mehr lief damals nicht. Wir begegneten uns natürlich in der Schule, trafen uns bei Jugendveranstaltungen am Nachmittag oder gingen zusammen ins Schwimmbad. Bei uns zu Hause war sie nie.

Fußball, Zigaretten, Mädchen. Plötzlich war ich nicht mehr der Primus. Nach der sechsten Klasse musste ich die nächste Entscheidung treffen: Ich musste entweder auf die Realschule wechseln oder das Ganze mit einem qualifizierten Hauptschulabschluss beenden. Für mich war klar: So schnell wie möglich Schluss mit Schule. Also wählte ich die Hauptschule und begann mit 14 Jahren meine Lehre als Raumausstatter.

DER RAUMAUSSTATTER AUS HERZOGENAURACH

Wie oft musste ich später diesen Zusatz in den Zeitungen lesen: »Lothar Matthäus, der Raumausstatter aus Herzogenaurach ...« Diese ja durchaus zutreffende Beschreibung hatte aber wenig damit zu tun, über meine Berufsausbildung zu informieren. Nein, meist ging es den Redakteuren darum, mich zwischen den Zeilen auf einem bestimmten Niveau einzuordnen. Ich halte so etwas aus, aber wenn Journalisten einen Beruf wie den des Raumausstatters indirekt beleidigen, finde ich das unschön. Ich war stolz, den Beruf gelernt und ausgeübt zu haben. Der Beruf hat mir Spaß gemacht. Raumausstatter zu lernen sollte für mich eine Zwischenstation sein auf dem Wege zum Innenarchitekten. Ich weiß nicht, was besser ist: sich mit Menschen zu treffen und mit ihnen gemeinsam ein schönes Zuhause zu planen und zu verwirklichen, oder den ganzen Tag vor dem Monitor zu sitzen und despektierliche Artikel zu schreiben. Ich schätze einen Straßenkehrer genauso wie einen Bankdirektor. Einer hatte vielleicht ein bisschen mehr Glück, ein anderer hat vielleicht ein bisschen mehr Grips. Aber man sollte doch jedem Menschen mit dem gleichen Respekt begegnen. Ich habe bei Freundschaftsspielen einen Fünftligaspieler genauso respektiert wie einen Erstligisten.

Der Raumausstatter aus Herzogenaurach. Auch der Name der Stadt sollte meist nichts weiter symbolisieren als tiefste Provinz und alle damit verbundenen Klischees. Dazu sage ich, dass es natürlich viele größere und von mir aus auch schönere Städte gibt. Aber zum einen ist Herzogenaurach meine Heimat, so wie jeder irgendeinen Ort seine Heimat nennt. Und zum anderen ist Herzogenaurach mit seinen 15 000 Einwohnern immerhin eine Stadt, die man auf der ganzen Welt kennt durch nicht weniger als vier Weltmarken: Adidas, Puma, Schaeffler und Lothar Matthäus. Punkt. Aus. Ja, ich sage mit Stolz: Auch Lothar Matthäus ist eine Weltmarke.

Aber nun der Raumausstatter. Warum wollte ich gerade Raumausstatter werden – und nicht Fußballprofi? Mit zwölf oder dreizehn hatte ich einfach nur Spaß am Fußball. Große Ziele verfolgte ich nicht. Klar hingen

Poster von Netzer und Vogts im Kinderzimmer, aber ich wollte nie so sein wie sie. Sie waren keine Idole für mich. Es gibt eine schöne Anekdote, die das zeigt. Eines Tages kam der brasilianische Top-Club FC Santos nach Herzogenaurach, um mit den großen Helden Pelé, Edu oder Lima dem Ausrüster Puma einen Besuch abzustatten. Das führte dazu, dass mein Vater zum Mittagessen einen weiß-grünen Lederball mitbrachte – mit den Unterschriften von allen Spielern! Ein Fan wäre in die Knie gegangen und hätte sich den Ball in Ehrfurcht hinter Glas gestellt. Ich dagegen schnappte ihn mir und ging am Nachmittag mit den Nachbarjungs kicken. Man kann es sich denken: Am Ende waren sämtliche Unterschriften weg, abgewetzt, verkratzt, verwischt. Selbstverständlich auch die von Pelé. Mir war es einfach egal.

Genauso ging es mit Günter Netzer, den ich mal bei Puma herumlaufen sah. Warum sollte ich ihm die Hand geben und zu ihm aufblicken? Sein Ferrari und der lange Pelzmantel, mit dem er seinen neuen Lebensstil nach außen hin vertrat, haben mich nie interessiert, geschweige denn beeindruckt. Für mich war wichtig, was auf dem Platz passierte.

Diese Passion ging jedoch nicht so weit, es als realistisch anzusehen, meinen Lebensweg entsprechend auszurichten. Beckenbauer war Beckenbauer. Aber ich war ja ich. Mein erster Berufswunsch war tatsächlich Raumausstatter. Das war für mich greifbarer, komme ich doch selbst aus einer Handwerkerfamilie. Mein Großvater war Stellmacher, mein Vater ist Schreiner, mein Bruder arbeitet heute zwar bei Puma in der Reklamation, gelernt hat er aber Fliesenleger. Ein Freund meines Bruders verdiente sich als Raumausstatter sein Geld, erzählte mir mal davon, und ich hatte das Gefühl, dass das zu mir passen könnte. Eine Tätigkeit, bei der ich kreativ sein könnte, mit anderen Menschen zu tun haben würde, und die vor allem vielseitig ist. Denn mit dem Raumausstatter würde ich vier Berufe in einem haben: den Dekorateur, den Tapezierer, den Polsterer und den Teppichleger.

Mein Gesellenstück ist nach wie vor mit mir unterwegs. Es steht in Budapest in der Ankleide meiner Wohnung: ein alter Stuhl aus hellem Holz, den ich damals in 28 Stunden aus lauter Einzelteilen wie Ziernägeln, hellgrünem Stoffbezug, Polstern, einzelnen Federn und Nesseln zusammenbauen musste. Und wenn ich für den nächsten Trainerjob mal wieder umziehe, kann ich immer noch viel von dem, was ich in der Ausbildung gelernt habe, anwenden. Ich kann einen Teppich verlegen, ich kann Gardinen und Vorhangstangen anbringen, ich kann einen Sessel aufpolstern, ich kann mit Hammer, Nagel, Säge und Schraubenzieher umgehen. Nur Lampen fasse ich nicht an, weil ich großen Respekt vor Strom habe.

Es war ein früher Sprung ins Berufsleben, was mir im ersten Lehrjahr 250 Mark pro Monat einbrachte. Mein Tagesablauf verschärfte sich, ich arbeitete von sieben Uhr morgens bis nachmittags um vier. Dazu kamen der Zeitungsjob und das Fußballtraining. Es blieb nicht viel Zeit für andere Dinge. Aber ich habe versucht, die Zeit zu genießen. Ich ging abends aus, hatte Spaß mit meinen Freunden, gönnte mir Discobesuche. Mein Leben war nicht langweilig. Ich habe, was ja oft bei früh erfolgreichen Sportlerkarrieren vermutet wird, auch nichts verpasst. Ich habe meine Jugend so gelebt, wie ich sie leben wollte.

ABSCHIED VON DER HEIMAT

Über viele Jahre blieb mein fußballerisches Talent ein regionales Geheimnis. Aber zum Glück gab es da Hans Nowak. Hans Nowak war ein ehemaliger Nationalspieler. Er stand beim FC Bayern, bei Schalke und in Offenbach unter Vertrag. Als ich in der Jugend des FC Herzogenaurach spielte, arbeitete er für Puma als Chef der PR-Abteilung. Und weil Puma meinen Club traditionell unterstützte, stand auch Nowak am Wochenende oft auf dem Platz und sah, was ich konnte. Mein Vater interessierte sich zwar immer dafür, wie viele Tore ich jetzt schon wieder geschossen hatte, aber er kam so gut wie nie zu den Ligaspielen. Er meinte mal, dass er sich ferngehalten habe, weil er zu emotional auf Fehlentscheidungen der Schiedsrichter reagieren würde. Mit einer Horde anderer Empörter hatte er mal einen Schiedsrichter vermöbelt.

Mit dem FC Herzogenaurach spielten wir in allen Ligen oben mit, auch wegen der Unterstützung durch Puma. Wir galten nicht als Eliteclub, aber doch als ernst zu nehmender Underdog, der mit den Favoriten aus Nürnberg und Fürth auf Augenhöhe war. In der letzten Saison, die ich für Herzogenaurach spielte, war ich nicht allein einmal mehr der Top-Torjäger: Wir stiegen sogar von der Landesliga in die Bayernliga auf.

Da war ich siebzehn. Der Zeitpunkt schien gekommen, endlich. Ohne dass man ihn gefragt hätte, nahm Hans Nowak Kontakt auf mit Helmut Grashoff, dem Manager von Borussia Mönchengladbach, und sagte ihm, dass hier im Dorf ein sehr guter Spieler sei, der bisher in den Lehrgängen übersehen wurde. Umgehend wurde ich zum Probetraining an den Niederrhein gebeten.

Genauso ist übrigens auch mein Kontakt zur Jugendnationalmannschaft zustande gekommen. Dietrich Weise, der damalige Jugendnationaltrainer, wurde von Puma auf mich aufmerksam gemacht. Ich durfte am nächsten Sichtungslehrgang der U18 teilnehmen, überzeugte und war schon beim nächsten Länderspiel dabei.

Nun also Mönchengladbach – ein Traum. Vier Tage sollte ich bleiben und zeigen, was ich draufhabe. Mein Vater begleitete mich, und schon nach dem ersten Tag bestellte uns Helmut Grashoff in sein Büro. Da lag doch tatsächlich ein Vertrag auf dem Schreibtisch. Mein Vertrag, unterschriftsreif! Unglaublich! Ich sollte 2 500 Mark brutto plus leistungsbezogene Prämien verdienen! Später erfuhr ich, Berti Vogts habe sich dafür stark gemacht, da ich Eindruck auf ihn gemacht habe. Er soll zu Grashoff gesagt haben: »Biete ihm was an, sonst schnappt ihn uns noch ein anderer Verein weg.« Warum Vogts? Mein Probetraining hatte ich bei den Reservisten verbracht und musste unter anderem gegen Berti antreten, der sich von einem Waden- und Schienbeinbruch erholte. In den Zweikämpfen habe ich ganz gut ausgesehen, und so wurde der Mann zum Fürsprecher, der elf Jahre später mein Bundestrainer sein sollte.

Die Tragweite dieses Ereignisses war mir nicht bewusst. Wie konnte ich ahnen, dass dies der entscheidende Schritt auf dem Weg zum Weltmeister und Weltfußballer sein würde. Daher stellten mein Vater und ich eine wichtige Bedingung: Ich muss meine Lehre als Raumausstatter abschließen können. Für Grashoff war das kein Problem, handelte es sich dabei lediglich um einen Monat, den ich später zum Team hinzustoßen würde.

Am 21. März 1979 wurde ich 18, das Probetraining mit Vertragsunterzeichnung fand Ende März statt, im April machte ich den Führerschein, im Juni legte ich die Prüfungen als Raumausstatter ab, im Juli bin ich hoch nach Mönchengladbach, saß beim zweiten Spiel auf der Ersatzbank und stand ab dem sechsten Spiel in der Stammelf. Was für ein Jahr!

Meine Heimat habe ich in einem grünen Golf verlassen. Es war nicht irgendein Golf, sondern ein großzügiges Geschenk des Puma-Chefs. Rudolf Dassler hatte mir schon früh mit einem bedeutsamen Blick aus seinem Büro auf den Parkplatz hinunter angekündigt: »Lothar, wenn du den Führerschein hast, gebe ich dir diesen Golf da für symbolische 99 Pfennig.« Also bin ich nach bestandener Prüfung zum Chef und zeigte ihm stolz meinen Führerschein. Er meinte nur, ich sollte zur Sekretärin gehen, sie wüsste schon Bescheid mit Schlüssel und Wagenpapieren. Ich legte ihr wie vereinbart eine Mark auf den Schreibtisch und bekam einen Pfennig zurück. Vier Monate später fuhr ich mit diesem Golf in Gladbachgrün – fünfzig PS unter der Haube, 60 000 Kilometer auf dem Tacho – in ein neues Leben, eines, das in einem radikalen Gegensatz zu dem Leben stehen sollte, das ich von meinen Eltern kannte.

Unsere Leben sind bis heute unterschiedlich wie Sonne und Schatten, wie Schwarz und Weiß. Es gibt kein Grau. Ich lebe extrem, meine Eltern leben extrem. Aber was ist besser? Sonne oder Schatten? Schwarz oder Weiß? Das vermag ich nicht zu beantworten.

3. Kapitel
Mein Aufstieg, meine Triumphe

NEUANFANG IN MÖNCHENGLADBACH

Um sechs Uhr früh sah ich meine Eltern im Rückspiegel kleiner werden. Neben mir der Autoatlas, auf der Rückbank zwei Taschen, ein paar Jacken. Keine Möbel. Es war kein Umzug, es war der totale Neuanfang. Ich musste Gas geben. Das erste Training begann um zehn, und Trainer Jupp Heynckes legte großen Wert auf Pünktlichkeit. Rauf also auf die A3 und dreieinhalb Stunden Richtung Nordwesten. Das Timing war ganz schön gewagt, denn ich fuhr die Strecke zum ersten Mal. Frankfurter Kreuz. Köln Nord. Dann die A57 Richtung Neuss, Abbiegen Richtung Kaarst, Ausfahrt Mönchengladbach Nord. Diese Route sollte sich in mein Gedächtnis einbrennen. Ich steuerte direkt den Bökelberg an, jene Kultstätte, an der vor Jahrzehnten das Gladbacher Stadion in eine Kiesgrube gesetzt worden war.

Borussia Mönchengladbach war 1979 UEFA-Cup-Sieger geworden. Ich traf auf Siegertypen wie Kalle Del'Haye, Ewald Lienen, Winfried Schäfer oder Wolfgang Kneip und konnte gar nicht anders als schüchtern sein. Ich kannte die Jungs aus dem Fernsehen, mich kannte niemand. Also habe ich mir die versammelte Prominenz in der Kabine erst mal genauer angeschaut. Zum Glück fingen damals einige neue, junge Spieler bei Gladbach an. Jürgen Fleer, Armin Veh und Markus Mohren waren etwa in meinem Alter. Veh war vier, fünf Wochen vor mir an den Bökelberg gekommen. Es bildete sich eine Clique der Neuen, die erste Distanz legte sich schnell. Mönchengladbach machte seinem Ruf als unkomplizierter Verein alle Ehre.

Jupp Heynckes hat mich von Anfang an gefördert. Er war ein junger, ehrgeiziger Trainer, der sehr viel mit dem Ball trainieren ließ, was damals nicht viele taten. Er bestand auf Disziplin, war übergründlich und hat manchmal ein bisschen Lockerheit vermissen lassen. Oft lief er vor Ärger rot an, weshalb mein Mitspieler Wolfram Wuttke ihn liebevoll Osram taufte.

Im Nachhinein hätte ich mir von Heynckes ein bisschen mehr Verständnis gewünscht. Er wollte auch jenseits des Platzes die Kontrolle haben, und ich musste ihm Rechenschaft ablegen, wenn ich mal wieder nach dem Samstagsspiel zu meinen Eltern fahren wollte. Das sah er nicht so gerne. Daher habe ich es ihm auch einige Male verschwiegen, dass draußen vor dem Stadion schon der gepackte Golf stand mit der Schmutzwäsche für meine Mutter. Für ihn war das Gerödel über die Autobahnen eine unnötige Anstrengung. Für mich war es aber wichtig, um mich wohlzufühlen. Es nützte mir ja nichts, die Sehnsucht nach meiner alten Umgebung an den freien Tagen zu ignorieren und unglücklich wieder zum Training zu erscheinen. Heimweh hatte ich keines, aber ich habe die Telefonzelle länger blockiert, als es den Menschen, die draußen warteten, lieb war. Die Groschen sind nur so durchgerauscht. Speziell in den ersten beiden Jahren fuhr ich sehr oft nach Hause. Auch weil meine Freundin dort noch wohnte, meine spätere Ehefrau Silvia.

SILVIA, ARMIN, NORBERT, DIE ROSI UND ICH

Carolin war die erste Freundin, die ich meinen Eltern vorstellte. Es war keine lange Beziehung, aber über Carolin lernte ich Silvia kennen. Ich hatte mit dem FC Herzogenaurach ein Auswärtsspiel in Röttenbach, dem Ort, in dem Silvia wohnte. Und plötzlich stand sie da mit Carolin am Spielfeldrand: Sommersprossen, rötliche Haare, sportliche Figur. Warum sollte man sich nicht noch für denselben Abend zur Disco verabreden? Es war keine Liebe auf den ersten Blick. Wir lernten uns kennen, näherten uns einander an, verabredeten uns immer wieder. Und dann passierte, was irgendwann passieren musste, wir wurden ein Paar. Was mich genau an Silvia faszinierte? Es hat einfach gepasst.

Schon drei Monate später musste ich nach Mönchengladbach aufbrechen, damals lernte sie noch für ihr Abitur. Wir hatten eine klassische Fernbeziehung, trafen uns zweimal im Monat. Mal fuhr ich runter in den Süden, mal kam sie zu mir.

Die ersten Tage wohnte ich in einer verwinkelten Pension in Stadionnähe, bekam dann aber durch den Inhaber eines Sportgeschäfts eine kleine 40-Quadratmeter-Wohnung vermittelt, rund 300 Meter vom Bahnhof entfernt in der Margarethenstraße 26, Erdgeschoss. Das braun-gelblich gekachelte Haus steht heute noch. Nur ist das Viertel erheblich ruhiger geworden. Damals hauten mir die Besoffenen nachts um vier gegen die Jalousien, es war laut, es war schmutzig. Acht Parteien lebten in dem Altbau, der keinerlei Charme versprühte und mich dazu veranlasste, möglichst wenig Zeit dort zu verbringen. Die Wohnung bestand aus zwei quadratischen Räumen mit Verbindungstür, 280 Mark Miete zahlte ich dafür. Ich musste alles einrichten. Ein Zimmer war ganz leer, im zweiten duschte man direkt neben dem Herd. Die Toilette, das kannte ich ja aus meinen Kinderjahren, befand sich auf dem Gang.

Ein gewisser Norbert Pflippen nahm sich in diesen Tagen meiner an und half mir, Vorhänge, Bett, Schrank, Eckbank und Fernseher zu kaufen. Pflippen arbeitete bei der Stadt Mönchengladbach in der Knöllchen-Abteilung, betreute nebenbei über die Agentur seiner Frau Fußballspieler und stellte die Stadionzeitung von Borussia Mönchengladbach her. Sein erster »Kunde« war Günter Netzer. Die Legende sagt, dass Pflippen mit ihm 1970 ins Geschäft kam, nachdem er dem passionierten Schnellfahrer Netzer einige Probleme mit seinem Führerschein auf die eher unkomplizierte Art löste. Andere Autonarren der Borussia nahmen danach Pflippens Hilfe ebenso in Anspruch. Damit etablierte er quasi die erste Spielerberatung Deutschlands. Fortan stand Pflippen in seiner Mittagspause am Trainingsgelände der Borussia und sprach mit den Spielern, kümmerte sich um sie wie ein Vater. Und so ist zwischen uns nicht nur eine Geschäftsbeziehung entstanden. Bis zu seinem viel zu frühen Tod im August 2011 verband uns eine große Freundschaft.

Pflippen war ein herzensguter Mensch, dem es immer um das Wohl des Sportlers ging, nie um die eigene Tasche, sonst hätte er viel mehr Transfers veranlasst. Er erzählte mir einmal, dass ihm Vereine viel Geld bieten würden, um bestimmte Spieler zu ihnen zu lotsen. Diese privaten Zusatzprämien lehnte Norbert immer ab, er war nicht käuflich. Er war ein korrekter Mensch. Und wir schätzten noch etwas anderes an ihm: seine positive Sicht auf die Welt. Ich habe ihn nie depressiv erlebt. 1983 hatte er dann diesen schrecklichen Unfall. Bei extrem hohem Tempo kam sein Wagen auf winterglatter Fahrbahn von der Straße ab und überschlug sich mehrfach. Norbert trug ein Trauma davon. Ich bin überzeugt, dass ihn der Crash nachhaltig zerstört hat. Er war zwar weiterhin beliebt und willkommen, nahm auch immer mehr Topspieler unter Vertrag – Stefan Effenberg, Oliver Kahn, Mehmet Scholl, Christian Ziege, Matthias Sammer, zum Schluss Arne Friedrich oder Lukas Podolski –, aber mit dem Kopf wurde er immer abwesender. Wir besprachen etwas am Abend, und am nächsten Morgen wusste er es nicht mehr. Das war für mich als Spieler nicht mehr tragbar. Also setzten wir uns zusammen und lösten den Vertrag auf. In Freundschaft und größtem Respekt. Darauf lege ich Wert.

Aber zurück ins Jahr 1979. So kärglich meine erste Wohnung auch war: Endlich war ich mein eigener Herr. Aus diesem neuen Gefühl von Freiheit heraus lehnte ich auch eine Wohnungsalternative ab, die mir von der Borussia angeboten worden war. Ich hätte bei Tante Käthe unterkommen können, einer rüstigen, wohlhabenden älteren Dame um die siebzig mit einer großen Villa. Armin Veh hatte das Angebot angenommen, stand dort aber die ganze Zeit unter ihrer Aufsicht. Ich hatte lang genug bei meinen Eltern unter Kontrolle gestanden. Nach dem Training bin ich häufiger mal zu Armin und habe mit ihm und der Frau gegessen. Während ich jedoch abends rausgehen konnte, in die Kneipen der Altstadt oder in den Wienerwald, musste er um halb elf zu Hause sein. Die Dame hat mit der Borussia kooperiert, und am nächsten Tag wusste Jupp Heynckes garantiert, wer sich mal wieder zu lange herumgetrieben hatte. Da gab ich mich doch lieber mit Fastfood und Dosenravioli zufrieden, mit meinem mickrigen Essplatz, zwei Kaffeetassen im Regal, drei Messern in der Schublade und dem eigenen Bett. Es war schon abenteuerlich und das Gegenteil von Luxus. Ein gutes Jahr habe ich es dort ausgehalten, dann sollte Silvia nach Mönchengladbach kommen und mit mir in eine größere Neubauwohnung ziehen.

Wäre da nicht Rosi gewesen. Zwei Wochen vor Silvias Umzug machte ich mit meinem Freund Armin Veh, der heute bekanntlich ebenfalls Trainer ist, einen Ausflug nach Augsburg. Dort verliebte ich mich in der Disco in Rosi, eine 18-jährige Friseurin, nein, eine Paradefriseurin, mit langen blonden Haaren und draller Figur. Sie hatte sich genauso in mich verliebt, was dazu führte, dass sie Hals über Kopf ihren Job aufgab und innerhalb einer Woche zu mir nach Mönchengladbach zog. Um Himmels willen, Lothar! Ich war halt nie gern alleine. Mit ihr richtete ich die neue Wohnung ein. Es fing wunderbar an, doch nach zwei Monaten merkte ich, dass es diese Frau nicht ist. Ich fühlte mich nicht wohl mit ihr und vermisste jemanden, der vorher an meiner Seite war. Also rief ich reumütig Silvia an und war heilfroh, dass sie mir verzieh. Sie kam nach Mönchengladbach und zog in dieselbe Wohnung ein, die ich mit Rosi eingerichtet hatte. Ein Jahr später, 1981, heirateten wir. Ich hatte gemerkt, dass wir nach meiner Verirrung doch zusammengehörten und fand es als Fußballer mit diesem unsteten und rastlosen Leben angenehm, ein stabiles Umfeld, einen Ruhepol, ein Zuhause zu haben.

SCHNELLER AUFSTIEG, ERSTE ERNÜCHTERUNG

Wer zu spät zur Saisonvorbereitung stößt, kann nicht erwarten, dass er im ersten Spiel aufläuft. So war es auch bei mir. Ich hatte zwar meinen Gesellenbrief in der Tasche, saß beim Auftakt gegen Schalke aber auf der Tribüne. Das war nicht weiter schlimm, beim zweiten Spiel gegen den HSV saß ich schon auf der Bank. Beim Spiel gegen Berlin am fünften Spieltag wurde mir klar, wo ich als Jüngster im Team stand: relativ weit unten. Wir hatten bei Auswärtsspielen ungefähr sechs dieser riesigen Alu-Koffer dabei, vollgepackt mit allen Schuhen, Trikots und Jacken. Hätte jeder mit angefasst, hätten wir die Koffer mit einer Tour oben in den Kabinen gehabt. Nicht so 1979. Sowohl die Offiziellen als auch die Stammspieler hatten keine Lust auf Arbeit. So musste ich mit Armin Veh die Dinger erst hundert Meter durch die Katakomben des alten Olympiastadions tragen, um sie dann über Steintreppen drei Stockwerke hochzuhieven. Dreimal liefen wir diese verdammte Strecke vom Bus in die Kabine, zusammengerechnet waren das bestimmt zwei Kilometer – brutal. Wer dieses Stadion damals gebaut hat, besaß keinen Weitblick.

Die Hackordnung funktionierte ziemlich perfekt. Es blieb nicht beim Kofferschleppen. Wenn ein Star der Mannschaft andere Schraubstollen unter seinen Schuhen haben wollte, wurde ich gerne mal angewiesen: »Hier, Lothar, mach mal.« Das müsste heute kein junger Spieler mehr tun. Weil es Zeugwarte gibt und jeder nicht nur auf eines, sondern auf fünf

Paar Schuhe zurückgreifen kann. Und wenn sich damals ein paar Spieler im Bus zum Kartenspielen gefunden hatten, war ich es, der immer zum Kühlschrank laufen musste, um Mineralwasser zu holen. Diese Hierarchie habe ich akzeptiert. Als Lehrling im Betrieb hatte ich ja ganz ähnliche Situationen erfahren. Da wurde ich von den Gesellen zum Metzger geschickt, um für die Brotzeit zu sorgen. So gesehen war ich auch in Mönchengladbach ein Auszubildender, ein Amateur, der plötzlich bei den Großen mitmischen sollte. Die Handlangerdienste waren okay. Ich habe später auch noch mit hundert Länderspielen oder als Nationaltrainer alles Mögliche geschleppt, wenn Not am Mann war. Das sorgt für ein gutes Klima im Team.

Am siebten Spieltag in Kaiserslautern war es dann so weit. Jupp Heynckes sagte mir einen Tag vorher, dass ich damit rechnen könne, auf dem Betzenberg zu spielen. Ich hätte ganz gut trainiert. Ein Mann, ein Wort, ich durfte von Beginn an ran. Meine Aufgabe war es, wie später dann häufiger, den gegnerischen Spielmacher auszuschalten, also quasi den Motor des Gegners abzustellen. In diesem Fall war das Hannes Bongartz. Ich habe nicht schlecht gespielt, Bongartz schon – und er schoss kein Tor. Doch ich dachte mir bei dem Ergebnis von 2:4, dass es das wohl gewesen wäre für mich. Aber danach war ich Stammspieler, sogar im UEFA-Pokal.

Mein erstes Tor für Mönchengladbach gelang mir endlich am 16. Spieltag gegen Braunschweig. Ein indirekter Freistoß aus halblinker Position, 22 Meter Entfernung. Wir hatten genau diese Situation im Training einstudiert. Jupp Heynckes legte sehr viel Wert auf Standardsituationen und versuchte, meine Schussstärke aus der Distanz zu nutzen. Der Ball wurde quergepasst, und ich schoss in die Ecke, die die Mauer eigentlich hatte abdecken sollen. Das Ding ist unten links eingeschlagen, wir spielten 1:1.

Ich gewann zwar an Routine und Selbstvertrauen und verdrängte gute Spieler wie Dietmar Danner oder Winfried Schäfer aus der Stammelf. Aber die Ligasaison 1979/80 verlief insgesamt durchwachsen, wir schlossen nur auf Platz 7 ab. Ganz anders zeigten wir uns in diesem legendären »Deutschen Jahr« des UEFA-Cups, in dem alle fünf Teams aus der Bundesrepublik ins Viertelfinale kamen. Wir schalteten Inter Mailand und St. Étienne aus, ich spielte gegen Giganten wie Beccalossi und Platini und konnte erstmals auch international auf mich aufmerksam machen.

Bekanntlich kamen wir bis ins Finale, wo wir es mit Eintracht Frankfurt zu tun bekamen. Das Hinspiel in Mönchengladbach hatten wir 3:2 gewonnen, wobei das zweite Tor auf mein Konto ging. Beim Rückspiel in Frankfurt waren wir die bessere Mannschaft und hätten das Spiel frühzeitig klar für uns entscheiden müssen. Doch acht Minuten vor Schluss machte Einwechselspieler Fred Schaub das 1:0 für Frankfurt, und wir konnten nichts mehr dagegensetzen. Harald Nickel und Ewald Lienen hatten insgesamt zu viele Chancen vergeben und waren vor dem Tor zu eigensinnig gewesen – mein erster Kontakt mit großen Niederlagen.

Dennoch: Finale, das war schon was. Und ich war Stammspieler geworden, hatte einige Tore geschossen und parallel Erfolge im Nationaltrikot gefeiert. Ich stieg von der Juniorennationalmannschaft erst in die B-, dann in die A-Nationalmannschaft auf und hatte plötzlich eine Europameisterschaft zu bestreiten. Innerhalb von zwölf Monaten! Es ist eigentlich die ganze Zeit nur nach oben gegangen. Vom Jugend-Amateurspieler aus Herzogenaurach zum Nationalspieler.

Bei der EM 1980 in Italien hatte ich meinen ersten und einzigen Einsatz im zweiten Vorrundenspiel gegen die Holländer in Neapel. Klaus Allofs hatte uns mit 3:0 in Führung gebracht, als mich Jupp Derwall in der 73. Minute einwechselte. Ich führte mich ganz gut mit einer Offensivaktion ein und zwang den Torwart mit einem Weitschuss zu einer Parade. Irgendwann, ich glaube, es war die 79. Minute, verlor Uli Stielike den Ball auf Höhe der Mittellinie. Johnny Rep lief alleine auf unser Tor zu, doch schnell, wie ich war, holte ich ihn zwei Meter vor dem 16-Meter-Raum ein. Ich entschied mich ganz bewusst für eine Notbremse, die damals noch nicht mit Rot bestraft wurde. Ich grätschte Rep derart weg, dass er bis zum Elfmeterpunkt flog. Es staubte, er schrie. So ein Attentat konnte man sich damals erlauben, heute würde es sofort eine dunkelrote Karte geben. Der Schiedsrichter zeigte mir Gelb, ließ sich von der akrobatischen Flugeinlage täuschen und entschied auf Elfmeter.

Meiner Meinung nach hatte ich alles richtig gemacht. Ich konnte Stielikes Fehler ausbügeln, indem ich dem Gegner klar vor dem Strafraum die

Beine wegzog. Durch die fantasievolle Auslegung des Schiedsrichters wurde das Spiel allerdings noch einmal spannend. Ein 3:1 wäre ja in Ordnung gewesen, doch kurze Zeit später machten die Holländer das 3:2. Fünf Minuten lang mussten wir ums Weiterkommen zittern.

Ich gehe davon aus, dass Jupp Derwall mir das Foul übel genommen hat. Im dritten Vorrundenspiel gegen die Türkei hat er alle Ersatzspieler spielen lassen, nur mich nicht. Beim Endspiel setzte er mich sogar auf die Tribüne. Er hat nie mit mir über diese Entscheidung gesprochen. Auch nach der EM war ich kein Thema mehr für die Nationalmannschaft, quälende 18 Monate lang.

Das hatte sicher auch mit meiner Verfassung zu tun gehabt. 1980 nach der Europameisterschaft ist mir der schnelle Erfolg zu Kopf gestiegen. Die Popularität wuchs durch die internationalen Erfolge. In den Zeitschriften, die ich früher ausgetragen hatte, stand ich jetzt selbst. Ich sollte Fragebögen ausfüllen, in denen nach meinem Lieblingsauto und meinem Lieblingsurlaubsort gefragt wurde. Lieblingsauto? Lieblingsurlaubsort? Was sollte ich da eintragen, ich, Lothar, 19 Jahre jung?

Ich ließ die Zügel schleifen. Wahrscheinlich weil ich dachte, das geht so einfach weiter, vielleicht sogar mit einem Bierchen mehr oder einem Gang weniger im Training. Ich habe die ersten Schulterklopfer falsch eingeschätzt, habe mich verleiten lassen, häufiger und länger auszugehen. Ja, das Mönchengladbacher Nachtleben. Ich enterte regelmäßig die Altstadt auf dem Abteiberg. Besonders die Kneipe Markt 26, die es heute noch gibt, hatte es mir angetan. Nach erfolgreichen Spielen betäubte ich mich gerne mal. Ich erlebte Filmrisse. Zum Bier kam der Whiskey, teilweise sogar kurz vor wichtigen Spielen. Eigentlich ein Tabu.

Es war genau die Phase, in der ich von Silvia getrennt war. Mir fehlte Halt. Ich fiel in ein Loch und bekam von Trainer und Medien richtig was auf die Schnauze. Die Leistung hat nicht mehr gestimmt. Ich war nicht mehr so dominant im Spiel und nicht mehr so präsent beim Training. Die Professionalität, die mich meine gesamte Karriere ausgezeichnet hatte, habe ich hier für einige Monate verloren. Aber Jupp Heynckes hat mich nie aus dem Kader genommen. Stattdessen faltete er mich gerne auch mal vor der Mannschaft zusammen. Ich sei zu locker, ich sei zu zufrieden, mein Lebenswandel sei ungesund. Er hatte ja recht. Mein Glück war, dass ich das schnell einsah. Ich legte den Schalter um, kehrte mit Heynckes' Hilfe zur alten Stärke zurück und konnte auch wieder auf den Beistand von Silvia zählen.

IST DAS DER SONDERBUS NACH MAGDEBURG?

Denke ich an meine Zeit in Mönchengladbach, denke ich auch immer wieder an ein ganz spezielles Spiel. Das Duell gegen Magdeburg in der ersten Runde des UEFA-Pokals im Jahr 1981. Der Kalte Krieg war noch kälter geworden, Reagan wurde US-Präsident, West und Ost rüsteten um die Wette auf. In diesem Klima wurde uns der 1. FC Magdeburg zugelost, der Dritte der Oberliga der DDR.

Ich war vorher nur einmal mit der Schulklasse in Ostberlin gewesen und zweimal mit unserem Mannschaftsbus die Transitstrecke zum Spiel gegen die Hertha gefahren. Ich hatte mich nicht großartig mit der DDR auseinandergesetzt. Das Einzige, was man als Zwanzigjähriger so wusste, war, dass man dort nicht gerne leben wollte, weil alles und jeder von einer Diktatur kontrolliert wurde.

Wir wurden darauf vorbereitet, dass wir auf einen aggressiven Gegner treffen würden. Außerdem wies man uns an, das Hotel nicht zu verlassen. Schließlich wurden wir sensibilisiert, darauf zu achten, was wir zu uns nehmen. Man traute den Köchen nicht. Zu oft hatte man von Vorfällen gehört, bei denen gerade westeuropäische Mannschaften im Ostblock durch gewisse Zutaten in ihrer Fitness beeinträchtigt wurden. In diesem Fall ließ es die Borussia darauf ankommen und vertraute dem da oben.

Später erlebte ich allerdings mit Inter, wie man mit eigenen Köchen auf Nummer sicher ging. Als wir 1991 mit Mailand fürs Achtelfinale des UEFA-Cups nach Belgrad reisten und ich es wagte, beim Kellner ein traditionelles serbisches Gericht zu bestellen, weckte ich den Unmut von Giovanni Trapattoni. Wütend zog er mir den Teller mit dem Gegrillten unter der Nase weg und schimpfte, ich solle das Gleiche essen wie die anderen – nämlich Pasta aus eigener Herstellung.

In Magdeburg trafen wir nicht bloß auf den vermutet aggressiven Gegner, auch das Publikum war äußerst aggressiv. Es war, als hätte die

Stasi Busladungen geschulter Fans nach Magdeburg gekarrt. Wir merkten, wie die Zuschauer vom System hochgepuscht worden waren und uns am liebsten gefressen hätten. Uns schlug purer Hass entgegen. So viel miese Energie – die Partie ging prompt 1:3 verloren.

Glücklicherweise durften wir die Magdeburger zum Rückspiel auf den Bökelberg bitten. Kurt Pinkall traf in der 64. Minute zum 1:0, aber das reichte noch nicht. Wir brauchten ein weiteres Tor. Das gelang mir wenige Minuten vor Schluss, wieder mal per Freistoß. Ich weiß noch, wie ich zum Jubeln auf den Zaun kletterte und mit den Fans feierte. Wir waren weiter. Dazu hatte es jedoch eine Standpauke von Jupp Heynckes gebraucht. Man muss wissen, dass wir beim Hinspiel in Magdeburg sehr hart rangenommen worden waren. Wir Spieler haben in Mönchengladbach die erste Halbzeit nutzen wollen, um die Magdeburger genauso in die Mangel zu nehmen. Wir wollten sie bekämpfen. Bis Jupp Heynckes in der Kabine blaffte, wir sollten jetzt endlich mal anständigen Fußball spielen und keinen Ringkampf veranstalten. Er war richtig sauer.

Es war schon etwas Besonderes, dieses aufgeheizte deutsch-deutsche Duell zu gewinnen. Nachhaltig war die Euphorie aber nicht. Schon in der zweiten Runde sind wir gegen Dundee United mit 2:0 und 0:5 ausgeschieden.

MARACANÃ! MARADONA!

Im November 1981 berief mich Jupp Derwall erneut in die Nationalmannschaft. Mein Comeback hatte ich beim WM-Qualifikationsspiel gegen Malta in Dortmund – als Auswechselspieler, es war ein unspektakulärer Einsatz. Das erste Länderspiel von Beginn an werde ich allerdings nie vergessen. Ein Highlight meiner Karriere, auch weil es an meinem Geburtstag stattfand, am 21. März 1982, und nicht irgendwo, sondern in Brasilien.

Der DFB schickte uns auf eine Südamerikareise mit zwei Vorbereitungsspielen auf die WM. Das erste in Rio gegen Brasilien. Maracanã! Damals das größte Stadion der Welt. 170 000 Zuschauer. Ich spielte gegen Zico und bekam viel Lob von der Presse. Dass man von dem weißen Pelé nicht viel gesehen habe, hieß es. Wir verloren durch ein Tor von Junior kurz vor Abpfiff. Abends stieß ich mit acht, neun Kollegen, auf der Copacabana auf meinen Geburtstag an. Der Club, eine Institution des Nachtlebens von Rio, hieß Help, wie der Beatles-Song. Bis vor wenigen Jahren gab es den noch. Wir tranken Baccardi Cola, waren als Europäer auf einmal umgeben von scharfen und leicht bekleideten Frauen und mochten die Idee, eine von ihnen mitnehmen zu können. Manch einer von uns setzte die Idee in dieser Nacht in die Tat um. Ich gebe zu, dass ich oft mit anderen zu den Organisatoren solcher Spritztouren gehört habe. Diese Spritztour von Rio war erlaubt, auch wenn wir drei Tage später gegen Argentinien spielen mussten.

Buenos Aires, 24. März 1982. Ebenfalls ein großer Tag. Es sollte der erste Kontakt mit dem damals schon grandiosen Diego Armando Maradona sein. Auch in diesem Spiel lautete meine Mission, den Spielmacher auszuschalten. Es ist mir gelungen, und ich glaube, Maradona war bis zum damaligen Zeitpunkt noch nie mit so fairen Mitteln neutralisiert worden. Ich war schnell, ich war zweikampfstark, ich hatte ein gutes Tackling und kam ohne grobes Foulspiel aus. Wir haben 1:1 gespielt. Aus dieser Begegnung hat sich vielleicht nicht direkt eine Freundschaft, aber doch eine gesunde und respektvolle Rivalität ergeben zwischen zwei Fußballern, die den Fußball in den nächsten zehn bis fünfzehn Jahren mit prägen würden.

SEX, SKAT UND ZWEI EINWECHSLUNGEN

Ich hatte in der Vorbereitung zur WM 1982 wirklich überzeugt, dennoch fühlte ich mich wie das fünfte Rad am Wagen. Da war ein Breitner, da war ein Rummenigge, da war ein Kaltz, da war ein Hrubesch. Sie galten als gesetzt, egal ob sie gut oder schlecht gespielt hatten. Ich kann mit gutem Gewissen sagen, dass ich ernsthaft trainiert habe, aber bei der Spielerverteilung hatte ich als junger Mönchengladbacher keine Lobby. So gesehen war ich beim falschen Verein. Hätte ich damals schon bei den Bayern gespielt, hätte es sicher anders ausgesehen. Denn die Bayern-Spieler hatten einen ungeheuren Einfluss auf Jupp Derwall. So verfolgte ich das legendäre Kamikazefoul von Toni Schumacher gegen den Franzosen Battiston bloß von der Tribüne aus. Ich verspürte eine gewisse Ungerechtigkeit. Das Turnier verlief recht erfolgreich, wobei diese WM eher durch die Gelage und die Orgien in Erinnerung blieb und weniger durch den Fußball. Leider. Im Vorfeld zum Turnier waren sogar Trainingseinheiten ausgefallen, weil manche Spieler nicht aus dem Bett kamen. Es wurde nicht getrunken, es wurde gesoffen. Es passierten Dinge, die nicht mal ich in meinem Buch aufschreiben möchte. Jupp Derwall war ein angenehmer Trainer für solche Spieler. Ich will hier keinen reinreiten, aber es waren erfahrene Kollegen, die das alles organisiert hatten. Erwähnt sei nur diese Modenschau im Hotel, die ein paar Spieler dazu nutzten, sich einige Models auf ihren Zimmern ohne die teure Mode am Leib anzuschauen. Bei dieser WM ist all das passiert, was ein Fan von einem Profi eigentlich nicht erwartet. Ich konnte da als junger Kerl aus der Provinz nur staunen. Ich war noch Idealist und glaubte an den reinen Fußball. Während der Eskapaden habe ich meist mit Wolfgang Niersbach und einem seiner Journalistenkollegen um Zehntelpfennige Skat gespielt, stundenlang. Die beiden waren Profis, ich verlor jedes Spiel.

Wolfgang Niersbach, 2012 aufgestiegen zum DFB-Präsidenten, war, als ich ihn 1979 in Mönchengladbach kennenlernte, Journalist beim Sportinformationsdienst (SID) in Düsseldorf. Er hatte sich auf Fußball und Eishockey spezialisiert, und so lernten wir uns nicht auf dem Rasen kennen, sondern im Eisstadion der Düsseldorfer EG, wo wir mit ein paar Mönchengladbacher Profis häufiger Spiele besuchten. 1980 durfte er als junger Journalist schon mit uns zur EM nach Italien reisen. Es entwickelte sich eine richtige Freundschaft. Nach der WM 1982 fuhren wir sogar gemeinsam in den Robinson Club nach Marbella. Bei der EM 1988 war Wolfgang plötzlich Pressesprecher des DFB und stand auf der anderen Seite. Unsere Freundschaft hielt. Er coachte mich sogar in meinem Umgang mit Interviews. Bei meinem 50. Geburtstag hielt er die Laudatio, in der er sich auf kritisch-amüsante Art mit meinem Naturell beschäftigte. Er erzählte, wie er mich als jungen, ungestümen Spieler kennengelernt hatte, wie er versucht hatte, mich vor den Fangfragen seiner Journalistenkollegen zu schützen. Und er gab zu verstehen, dass ich zwar das Herz am richtigen Fleck haben, mir aber gerne Knoten in die Zunge reden würde.

Obwohl mir also diese WM phasenweise so vorkam wie eine Klassenfahrt liebeshungriger Halbstarker, konnten wir uns bis ins Finale durchmogeln. Angesichts der Vorfälle war das ein sensationelles Ergebnis. Ich kam zu nicht mehr als zwei Einwechslungen in der Vorrunde gegen Chile und Österreich. In der Zwischenrunde feierten die Jungs zwei knappe Siege gegen Spanien und England, kamen im Halbfinale gegen Frankreich nach einem 1:3-Rückstand im Elfmeterschießen weiter und scheiterten bekanntlich im Finale an den Italienern. Ein steiniger Weg, aber die Ergebnisse stimmten. Da hatte der Trainer wenig Veranlassung zu wechseln.

WARUM ICH KEINEN OUZO MEHR TRINKE

29. Oktober 1983: Ich war zu Besuch bei meinen Eltern in Herzogenaurach. An alter Wirkungsstätte sah ich mir ein Match meines Ex-Clubs an – und kehrte nachher mit ein paar Spielern in der Wirtschaft ein. Wir wollten eine Kleinigkeit essen, haben aber wohl doch vor allem getrunken. Irgendwann hatte ich so viel intus, dass ich keine Lust mehr hatte, noch irgendein Gespräch zu führen. Ich bin in einem Zustand ins Auto gestiegen, in dem man nicht mehr in ein Auto steigen sollte. Noch heute kann ich mich an erstaunliche Details erinnern. Ich verließ den Parkplatz und steuerte auf eine gelb blinkende Ampel zu. Ich ging vom Gas, wartete, fuhr weiter. Die nächste gelb blinkende Ampel. Wieder ging ich vom Gas, wieder wartete ich, wieder fuhr ich weiter. Wohl ein bisschen zu schnell für die Straßenverhältnisse. Es hatte geregnet, Blätter lagen auf der Fahrbahn, und ich fuhr einen getunten Mercedes 190 mit breiten Reifen, nagelneu. Mit ungefähr sechzig Stundenkilometern kam ich ins Rutschen, krachte in einen Gartenzaun und überschlug mich. Ich stieg aus und dachte nur daran wegzulaufen. Wahrscheinlich stand ich unter Schock. Nach ein paar hundert Metern setzte ich mich auf eine Parkbank. Anwohner hatten den Unfall verfolgt und führten mich zurück zum Unfallort, wo die Polizei bereits eingetroffen war. Man stellte einen Alkoholwert von 2,06 Promille fest. Dieser

elende Ouzo von dem Griechen im Vereinsheim! Seitdem trinke ich keinen Ouzo mehr. Das gab natürlich eine Schlagzeile, die ich nicht brauchte. Ich weiß nicht, was alles in ein Leben gehört. Das jedenfalls nicht. Am nächsten Morgen verließ ich das Krankenhaus auf eigene Verantwortung, da ich den Zug von Nürnberg nach Köln kriegen musste. Ich war rechtzeitig beim Training. Vor mir war allerdings die Schlagzeile angekommen, das ging damals auch schon recht schnell. Es gab ein Gespräch mit Jupp Heynckes und Helmut Grashoff, die gnädigerweise auf eine Strafe verzichteten. Ich war ja schon genug gestraft: acht Monate Führerschein weg, 10 000 Mark Geldstrafe, das Auto Schrott. Bis heute ist das ein Tag, aus dem ich viel gelernt habe. Dabei hätte ich diesen Ouzoabend noch weitaus teurer bezahlen können – mit meiner gesamten noch ausstehenden Karriere.

Auch wenn ich häufig damit angeeckt bin, habe ich gelernt, den Finger in die Wunde zu legen und den Mist, den ich verzapft habe, zuzugeben. Irgendwann kommt doch alles heraus. Fehler einzugestehen und einzusehen ist doch eine menschliche Stärke, das zeugt von Charakter. Wenn man herumlügt und Geschichten erfindet, dann geht Vertrauen verloren. Zu einem Minister, zu einem Bundespräsidenten, zu einem Trainer oder zu einer Ehefrau. So ein Typ war ich nie.

DER FALL JUDAS

Ein paar Wochen nach dem Autounfall rief Uli Hoeneß an. Er wollte mir ein Angebot unterbreiten und bat mich ins Interconti Hotel in Düsseldorf. Dort hatten die Bayern ein Sonntagsspiel. Mein Vertrag in Mönchengladbach lief aus, das war bekannt. Auch Köln war im Rennen, und der FC war für mich fast der interessanteste Verein. Er hatte damals eine Riesenmannschaft mit Klaus Allofs, Klaus Fischer, Tony Woodcock, Stefan Engels, Paul Steiner und Pierre Littbarski. Und sie suchten Verstärkung fürs Mittelfeld. Hannes Löhr, der Trainer, kämpfte richtiggehend um mich. Durch die Nationalmannschaft hatte ich einen sehr guten Draht zu Toni Schumacher und dem Innenverteidiger Gerd Strack. Wir kehrten regelmäßig im El Gaucho ein, einem fabelhaften Steakhaus am

Barbarossaplatz und gleichzeitig Stammlokal der Kölner Spieler. Es war nicht das Kölsch, es war dieses Steak, für das ich immer wieder nach Köln kam. Zwei, drei Mal im Monat ging es an den Rhein. Köln wurde für mich zur zweiten Heimat.

Letztlich bin ich nach München gegangen. Nicht des Geldes wegen, am Ende hätte ich in Mönchengladbach mehr verdienen können. Jupp Heynckes soll sogar 50 000 Mark aus seinem Privatvermögen mit auf den Tisch gelegt haben. Ich habe mich für den sportlichen Erfolg entschieden, wurde dann ja auch in vier Jahren dreimal Deutscher Meister und Pokalsieger. Es war definitiv die richtige Entscheidung. So war ich mit dafür »verantwortlich«, dass die Kölner nie wieder an ihren großen Erfolg von 1978 anknüpfen konnten – neben den vielen Eitelkeiten, den Eigeninteressen und dem berühmten Kölner Klüngel.

Als der Wechsel bekannt wurde, begegneten mir die Fans weiterhin mit Respekt. Ich denke jedoch, dass mich Jupp Heynckes die Entscheidung spüren lassen wollte. Nach dem Motto »Es geht auch ohne dich« setzte er mich beim Auswärtsspiel bei Waldhof Mannheim zuerst auf die Bank. Nachdem wir 1:2 zurücklagen, wechselte er mich ein, und ich schoss zwei Tore zum 3:2-Sieg. Das nur als Beispiel dafür, dass ich mich immer reingehängt und bis zum Schluss alles gegeben habe. Egal, zu wem ich wenig später gewechselt bin.

Wir spielten eine Riesensaison und belegten punktgleich den ersten Platz mit Stuttgart und Hamburg. Wir alle holten 48:20 Zähler. Der VfB kam auf eine Tordifferenz von plus 46, der HSV auf 39, wir nur auf 33. Das hatte es vorher noch nie gegeben. Bis zum Ende der Meisterschaft waren mir die Fans wohlgesinnt. Und dann kam das ominöse Pokalspiel. Sowohl Mönchengladbach als auch die Bayern hatten sich in dramatischen Halbfinalspielen ins Finale gekämpft. Ich war nervöser als sonst. Es war das letzte Spiel für meinen alten Arbeitgeber – und das ausgerechnet gegen meinen neuen Arbeitgeber.

Wir gingen als Außenseiter ins Spiel, schossen aber das erste Tor. Unser Fehler war, das knappe Ergebnis verwalten zu wollen, und so hat der FC Bayern kurz vor Schluss noch den Ausgleich geschafft. Ich habe schlecht gespielt. Jupp Heynckes hatte mich völlig überraschend nicht im defensiven Mittelfeld eingesetzt, auf meiner Paradeposition, sondern als rechten Verteidiger. Als rechten Verteidiger! Das sagte er mir wenige Stunden vorher in der Mannschaftssitzung. Er wollte wohl unbedingt Winfried Schäfer im Mittelfeld einsetzen. Ein klarer Fehler. Ich hatte keine Orientierung, wusste nie, wo ich hinlaufen sollte, hatte kaum Ballkontakte. Ich begriff gar nicht, warum ich überhaupt mitgespielt habe. Ich war auf dieser Position taktisch nicht geschult und habe einfach schlecht ausgesehen gegen zwei erfahrene Hasen wie Norbert Nachtweih und Bernd Dürnberger.

Rechter Verteidiger konnte ich nie gut spielen. Zweimal hat mich Jupp Heynckes als rechten Verteidiger eingesetzt. In diesem Pokalfinale, und später mit Bayern München gegen Real Madrid. In beiden Fällen sind wir ausgeschieden. Da hat er mir und dem ganzen Team keinen Gefallen getan. Im Pokalfinale gegen die Bayern sah es Heynckes noch nicht einmal ein, das Ganze in 120 Minuten zu korrigieren. In der Verlängerung bekam ich dann noch einen Schlag aufs rechte Auge, das prompt anschwoll. Beste Voraussetzungen für ein Elfmeterschießen, *das* Elfmeterschießen. Jupp Heynckes kam zu mir und sagte:»Du schießt.« Ich entgegnete:»Ich schieße nicht.« Er: »Du schießt.« Ich: »Ich schieße nicht. Ich habe schlecht gespielt. Ich habe kein gutes Gefühl.« Heynckes wieder: »Nein. Du bist immer der Elfmeterschütze Nummer eins bei uns gewesen.« Ich wieder:»Gut, wenn es unbedingt sein muss, dann schieße ich.« »Welchen Elfmeter willst du schießen?«, fragte mich Heynckes.»Gleich den ersten. Dann habe ich's hinter mir.«

Und genauso habe ich ihn geschossen. Ohne Sicherheit, ohne Motivation, ohne Konzentration. Ganz sicher wollte ich nicht vorbeischießen. Aber wenn dir auf dem Weg zum Elfmeterpunkt das schlechte Spiel, die Augenprellung und der Wechsel zu den Bayern im Kopf herumspukt, dann ist das einfach zu viel. Ich wollte eigentlich rechts unten verwandeln. Aber durch die Gedanken war ich so abgelenkt, dass ich Dinge machte, die einfach nicht mehr normal sind – und schoss über die Latte. Ich schwöre bei meinen Kindern, dass weder Absicht noch Geld im Spiel waren. Für mich wäre es das Größte gewesen, als Pokalsieger nach München zu wechseln. Stattdessen diese Schmach, ich wünschte, ich wäre unsichtbar gewesen. Ich habe mich unendlich geschämt.

Bei aller Legendenbildung will ich aber doch daran erinnern, dass ich nicht den *entscheidenden* Elfmeter verschossen habe. Da Klaus Augenthaler ein paar Schüsse später für Bayern München genauso versagte, konnte ich erst einmal durchatmen. Es stand wieder unentschieden. Und dann war es leider Norbert Ringels, der seinen Elfmeter an den Pfosten setzte. Die Entscheidung. Darüber spricht keiner mehr.

Zuerst waren die Fans bloß sauer, weil die Bayern der Konkurrenz mal wieder den Leistungsträger wegkauften. Dieser Unmut war nachzuvollziehen. Vielleicht nahm man mir auch die Aussage nicht ab, mich durch den Wechsel sportlich verbessern zu wollen. Denn ich hatte gerade meine bislang beste Saison in Mönchengladbach gespielt, und wir schlossen einen Platz vor den Bayern ab. Auch möglich. Dass dann aber eine solche Tragödie inszeniert wurde, in der ich die Rolle des Sündenbocks spielen sollte, das wurde meiner Zeit in Mönchengladbach nicht gerecht. Ich hatte fünf wunderbare Jahre dort und ein sensationelles Verhältnis zu den Fans. Zu erleben, dass ein einziger Schuss fünf Jahre Begeisterung und Freundschaft kaputtmachen kann, das war schon brutal.

Nein, es ist immer noch brutal. Manche Fans nehmen mir das heute noch übel. Ich wurde jahrelang gnadenlos ausgepfiffen, beleidigt, beworfen und bespuckt und trug fortan den Beinamen Judas. Erstmals hörte ich ihn in Form eines Sprechchores, als ich mit dem FC Bayern mein erstes Auswärtsspiel auf dem Bökelberg bestreiten musste. Tausendfach schallte es aus der Nordkurve: »Judas! Judas! Judas!« Mit einem solchen Hass hatte ich nicht gerechnet. Und ich finde es schade, dass der Verein Borussia Mönchengladbach das zugelassen und einen verdienten Spieler nicht durch einen eindeutigen Appell an die Fans geschützt hat.

Vielleicht war ja auch der Verein sauer auf mich. Die bösen Blicke der Verantwortlichen nach dem Spiel habe ich sehr wohl bemerkt. Fest steht, dass mir Jupp Heynckes die Sache ziemlich übel genommen hat. Aber hatte er nicht seinen Anteil an der Niederlage? Hatte er mich nicht gewaltig unter Druck gesetzt? Hatte er mich nicht in eine Pflicht genommen, der ich nicht gewachsen war? Meine Ablehnung, einen Elfmeter schießen zu wollen, hat er nicht verstanden. Aus diesem Desaster habe ich als Trainer gelernt. Meine Spieler sollen frei entscheiden, ob sie einen Elfmeter schießen oder nicht.

Danach spielte ich eine enttäuschende Europameisterschaft. Wir sind in der Gruppenphase gegen Spanien nach einem guten Spiel in der letzten Minute ausgeschieden. Das anschließende Alternativprogramm hieß Urlaub, genauer: Kreta. Das war auch bitter nötig. Denn ein grausamer Sommer lag hinter mir. Der grausamste meiner Karriere.

ERST MÜNCHEN, DANN MEXIKO

Nach der EM zog ich nach München. Ich entkam der Provinz endgültig. Dieses Mal ging es in eine Weltstadt, es war ein Sprung in eine neue Dimension. Hier war alles größer, edler, feiner, organisierter und professioneller. Wobei mich die Stadt und die berühmte Münchner Schickeria nicht interessierten. Baby Schimmerlos konnte mich mal gern haben. Ich war auf den Fußball fokussiert und in Sachen Fußball sehr viel unterwegs. Mir blieb nicht viel freie Zeit in München, und ich kann mich nicht erinnern, damals in Schwabing aus gewesen zu sein.

Beim FC Bayern musste ich wieder um meinen Platz kämpfen. Zwar hörten Spieler wie Breitner oder Rummenigge auf, dennoch traf ich auf einige gestandene Recken. Ich sollte im offensiven Mittelfeld für Schwung sorgen. Gott sei Dank hatte ich mit Udo Lattek einen Trainer, der mir Zeit gab, um mich einzugewöhnen. Er war ein Kumpeltyp, der gerne einen mittrank. Wenn Lattek gut drauf war, durfte auch mal ein Training ausfallen. Wenn er schlecht drauf war, hieß es Training statt Mittagessen, und es wurde die Peitsche rausgeholt. Wir wurden gequält, bis wir uns auf dem Trainingsplatz übergeben mussten. Es lohnte sich. Vom ersten bis zum letzten Spieltag stand der FC Bayern auf Platz 1 der Tabelle. Ich schoss 16 Tore, darunter eines gegen Mönchengladbach. Im Finale des DFB-Pokals mussten wir uns allerdings Bayer Uerdingen 1:2 geschlagen geben.

Kurz nach dem verpatzten Pokalendspiel flog ich mit der Nationalmannschaft nach Mexiko. Franz Beckenbauer war inzwischen Nationaltrainer. Er wollte uns schon mal mit den Gegebenheiten konfrontieren, mit denen wir uns in einem Jahr bei der Weltmeisterschaft zu arrangieren haben würden – die Höhenluft, die Hitze, die Infektionsgefahr.

Gleich am zweiten Tag ging es gegen die Engländer, die sich schon ein paar Tage länger an diese besondere Situation hatten gewöhnen können. Wir verloren 0:3. Ich glaube, es war auch gar nicht Sinn der Sache, gute Ergebnisse zu erzielen, sonst würde man nicht direkt am Tag nach einem Langstreckenflug in eine andere Zeitzone zu einem Freundschaftsspiel antreten. Wir waren total übermüdet. Die Begegnungen waren so terminiert, dass wir am frühen und späten Nachmittag, also in der größten Hitze, auflaufen mussten. Wir wussten ja, dass uns diese Uhrzeiten und die hohen Temperaturen auch bei der WM erwarten würden, damit die Spiele in der Heimat wie gewohnt am Abend live übertragen werden konnten.

Franz Beckenbauer gab uns am Abend nach dem Englandspiel frei und wies noch darauf hin, dass wir, falls wir in einer Bar einkehrten, bitte unsere Getränke ohne Eiswürfel zu uns nehmen sollten. Man wüsste ja um die Verunreinigungen im Leitungswasser. Ein Bacardi Cola schmeckt ohne Eiswürfel aber nun einmal überhaupt nicht. Am nächsten Morgen saßen nur Toni Schumacher und Uli Stein beim Frühstück, der Rest hatte mit fiesen Magen-Darm-Krämpfen zu kämpfen. Auch ich. Mir ging es sprichwörtlich scheiße. Zwei Tage lang lagen wir flach, in dunklen Zimmern, isoliert von der Außenwelt. Für jeden stand ein Eimer neben dem Bett, weil es oft nicht mehr bis zur Toilette reichte. Der Arzt versorgte uns mit Tee und Zwieback. Nur ganz langsam ging es wieder bergauf.

Nun mussten wir aber drei Tage nach dem England-Spiel gegen die Mexikaner auflaufen. Wir mussten! Wir konnten den Gastgeber unmöglich verprellen, das Spiel im Aztekenstadion in Mexiko City war bereits seit Wochen mit 100 000 Zuschauern ausverkauft. Wir wurden also geweckt, Franz Beckenbauer kam auf mein Zimmer. Und es war das erste Mal, dass ich wieder ein wenig Licht sah – was weniger an der Lichtgestalt lag, die plötzlich an meinem Bett stand. Franz fragte mich:»Wie geht es dir, Lothar?«»Oh, mir geht es gar nicht gut.«»Du musst spielen!« »Was soll ich spielen? Skat? Mir geht es ganz schlecht. Ich schaffe es noch nicht einmal aufzustehen.«»Lothar, du stehst auf. Wir müssen gegen die Mexikaner spielen. Es geht nicht anders.« Und dann erzählte mir Franz, dass die Lage so prekär sei, dass er sich vom DFB-Präsidenten die Ausnahmegenehmigung geholt hätte, sich selber aufzustellen – für den Fall der Fälle. Aber ein Franz ersetzt keine Nationalelf. Was sollten wir tun? Man kutschierte also eine kranke, geschwächte Mannschaft zum Stadion. Wir verzichteten aufs Warmmachen, das hätte uns zu viel Kraft gekostet. Jeder hatte ja drei, vier Kilo Körpergewicht verloren. Doch selbst in der Kabine kam es zu verzweifelten Aktionen. »Wo ist der Ludwig Kögl?«, rief Franz plötzlich. »Der sitzt auf Toilette«, meinte einer. »Der Ludwig muss spielen. Litti packt es doch nicht, der hat 39 Fieber.« Wir würfelten also irgendeine Mannschaft zusammen und warfen noch einmal Durchfalltabletten ein. Ich spielte notgedrungen auf meiner ungeliebten Position als rechter Verteidiger. Das Tempo war nicht so hoch, und wir standen sehr defensiv, sodass wir die Niederlage in Grenzen halten konnten. Mexiko gewann 2:0. Beim ersten Tor patzte der einzige Gesunde, Uli Stein, bei einer Ecke im Fünfmeterraum – dafür hielt er wenig später einen Elfmeter.

Die Mexikaner waren glücklich, die Deutschen besiegt zu haben. Wir waren froh, dass es nur 2:0 ausgegangen war. Und jetzt kommt's, auch wenn mir das keiner glaubt: Nach dem Spiel sind wir zum Flughafen, und mit einem Mal war alles vorbei. Alle Krämpfe, alle Übelkeit, einfach weg. Plötzlich ging es uns allen wieder gut. Als hätte jemand einen Fluch aufgelöst. Vielleicht ist ja doch etwas dran an Montezumas Rache.

Der Trip war uns eine Lehre. Zur WM ein Jahr später reisten wir vier Wochen vorher mit einem riesigen Betreuerstab an. Wir nahmen sogar ein Labor mit, in dem jeden Tag alles Mögliche kontrolliert und gemessen wurde. Gegen diese deutsche Gründlichkeit hatte Montezuma keine Chance.

MIT HEILERHÄNDEN AUS HOLLAND

Das große Thema der Weltmeisterschaft in Mexiko 1986 war der Fight zwischen Toni Schumacher und Uli Stein. Franz Beckenbauer hielt an seinem Stammtorhüter Schumacher fest, obwohl Stein im Training und in den wenigen Freundschaftsspielen, in denen er ran durfte, überragend gehalten hatte. Grüppchenbildung war die Folge, München und Hamburg gegen die Kölner. Das gipfelte darin, dass Uli Stein Franz Beckenbauer einen Suppenkasper nannte – und prompt nach Hause geschickt wurde.

Ich teilte mir acht Wochen lang mit Karl-Heinz Rummenigge ein Zimmer. Das erzähle ich, weil Rummenigge bei großen Turnieren oft mit Verletzungsproblemen beschäftigt war. Er war selten richtig fit und daher eher ein Problemfall. Aber er war der Kapitän, und ich hatte den Eindruck, dass er spielen musste. Möglicherweise weil da Werbeverträge im Hintergrund gestanden haben. In Mexiko ist Karl-Heinz teilweise noch nachts um zwei wegen seines Muskelfaserrisses im Oberschenkel behandelt worden. Aber nicht von unseren Leuten. Wir hatten heimlich Besuch vom Physiotherapeuten der dänischen Nationalmannschaft, einem Holländer namens Richie Smith. Unser Masseur Professor Heini Hess durfte das auf keinen Fall mitbekommen, er wäre zutiefst beleidigt gewesen. Daher traf man sich nachts um zwölf bei uns auf dem Zimmer, und Karl-Heinz wurde stundenlang von den holländischen Wunderhänden behandelt.

Was war so wundersam an diesen Händen? Smith wendete eine Praktik an, die ich heute für eher fragwürdig halte. Er massierte in die Wunde, in den Muskelfaserriss hinein und betäubte mit seinem Druck den Schmerz. 1987 behandelte mich Smith am Tegernsee mit derselben Methode, daher weiß ich, welche höllischen Schmerzen man dabei erst einmal aushalten muss. Da man den Schmerz anschließend aber nicht mehr spürt, ist man bereit, wieder zu laufen – erhöht meiner Meinung nach jedoch das Risiko, dass sich die Verletzung im Muskel weiter verschlimmert. Was sollte Karl-Heinz machen – er wollte unbedingt spielen, und Smith galt damals als Guru. Also musste er ins Kissen beißen, denn schreien durfte er ja nicht.

Wir waren in einer alten Hazienda untergebracht, deren Gänge mit dickem Teppich ausgelegt waren. Nach den Heilritualen absolvierte Karl-Heinz darauf mitten in der Nacht Steigerungsläufe. Hin und her, hin und her. Filmreife Szenen waren das. Richtig fit wurde Karl-Heinz nie, war aber zumindest einsatzbereit.

Es wurde eine lange WM, wir hatten keine überragende Mannschaft und haben uns auch hier wieder ein wenig durchgemogelt bis ins Finale. Ich machte erstmals alle Spiele mit und fühlte mich als Stammspieler pudelwohl. Wir kamen als einer der besten Gruppendritten in die nächste Runde. Normalerweise tritt man als Dritter gegen einen starken Gruppenersten an. Dieses Mal war der dritte Platz unser Glück, denn wir mussten gegen Marokko ran, die nun wirklich keine Übermannschaft waren. Trotzdem geriet das Spiel sehr mühevoll, es war eine Hitzeschlacht. Erst in der 89. Minute erlöste ich uns mit einem Freistoßtor aus 32 Metern. Als ich mir den Ball schnappte und anlief, schaute Karl-Heinz Rummenigge schief, weil *er* eigentlich schießen wollte. Hätte ich ihn nicht reingemacht, unten rechts mit voller Wucht – er hätte mich sicher umgebracht.

In der nächsten Runde ging es wieder gegen die Mexikaner. Wir flogen mit einer dunkelgrünen, propellerbetriebenen Militärmaschine des mexikanischen Präsidenten nach Monterrey. Sie war höchst elegant ausgestattet mit Ledersesseln und breiten Tischen, an denen man Karten spielen konnte, die Stewardessen waren bildschön, alles sehr beeindruckend. Aber was nutzt das, wenn man abstürzt? Wir gerieten mit dieser Maschine in einen irrsinnigen Gewittersturm. Es hat uns hin und her geschüttelt. Rechts und links zuckten die Blitze, aber nicht mal eben für fünf Minuten, sondern fast eine halbe Stunde lang. Wir klammerten uns an unsere Sitze. Plötzlich fing Thomas Berthold an zu singen. Ich weiß nicht mehr, was er sang, es war seine Weise, mit der Angst umzugehen.

Dieses Mal waren wir körperlich besser drauf als die Mexikaner. Wir gewannen das Viertelfinale im Elfmeterschießen. Unser bestes Spiel dieser WM machten wir im Anschluss mit dem 2:0 gegen Frankreich, das als amtierender Europameister und mit Platini als Spielmacher als großer Favorit galt. Unsere Strategie war es, genau diesen kleinen Giganten auszuschalten. Franz setzte Wolfgang Rolff auf ihn an. Es begann für uns optimal. Nach neun Minuten gingen wir nach einem Torwartfehler von Joel Bats in Führung. Er ließ einen haltbaren Freistoß von Andy Brehme durch. Danach mussten wir jedoch Schwerstarbeit in der Defensive leisten. Zum Glück machte Toni Schumacher eine großartige Partie, parierte drei, vier hundertprozentige Chancen der überlegenen Franzosen. Er leitete auch das 2:0 durch Rudi Völler in der 90. Minute ein, als ihm ein platzierter Abwurf über den halben Platz gelang. An das Spiel erinnere ich mich aber noch aus einem anderen Grund annähernd jeden Tag: In der ersten Halbzeit bin ich so unglücklich auf meine rechte Hand gefallen, dass ich mir den Mittelhandknochen brach. Weil anschließend nicht operiert wurde, sondern man den Knochen einfach zusammenwachsen ließ, sieht meine rechte Hand bis heute ein wenig, sagen wir, unsymmetrisch aus.

Im Finale, das ich mit einer unauffälligen, hautfarbenen Manschette bestritt, um die Aufmerksamkeit des Gegners nicht allzu sehr auf meine Verletzung zu lenken, trafen wir in Mexiko City auf Argentinien. Die Mannschaft um Diego Maradona hatte bis dahin eine überragende WM gespielt. Die Argentinier sind schnell mit 2:0 in Führung gegangen, durch zwei Standardsituationen konnten wir ausgleichen. Eigentlich waren wir dadurch in einem psychologischen Vorteil, aber dann pennte unsere Abwehr, vor allem Hans-Peter Briegel. Er hob das Abseits auf und ermöglichte dem Argentinier Burruchaga, alleine auf Schumacher zuzulaufen und das Tor zu machen. Und dann der Toni. Hätte er so gehalten wie im Halbfinale gegen Frankreich, wären wir Weltmeister geworden. An einem guten Tag hätte er alle drei Bälle gehabt. Bei der Gesamtleistung konnte ihm aber niemand böse sein. Unterm Strich holten Argentinien und Maradona verdient den Titel.

EIN UNMORALISCHES ANGEBOT

Maradona hat damals schon in Neapel gespielt, ich verdiente mein Geld noch immer in Deutschland. Aber Maradona schätzte mein Fußballspiel so sehr, dass er seinen Club dazu drängte, mich in die Mannschaft zu holen. Tatsächlich entsandte der SSC Neapel Ende 1986 eine Delegation nach München. Mein Manager Norbert Pflippen traf sich mit den Herrschaften an einem Samstagabend im Caminetto, einem italienischen Restaurant im Münchner Stadtteil Solln. Ich hatte ein Auswärtsspiel und stieß später hinzu. Was ich dann erlebte, war filmreif. Dieses Mal jedoch für einen Mafiafilm von Martin Scorsese.

Was man mir an jenem Abend erst einmal anbot, war ein Vertrag bis zur Saison 1989/90, nicht weiter überraschend. Mein Vertrag in München lief aus, dadurch hätte ich eine billige Ablöse gehabt, um nach Neapel zu gehen. Nun war es allerdings in Italien Mode, ausländische Spieler zu blockieren. Was heißt das? »Wenn Sie nach Italien kommen, Signor Matthäus, dann können Sie für einige Jahre nur bei uns spielen.« So etwas hat natürlich seinen Preis. Nicht umsonst hatten die Neapolitaner einen schwarzen Koffer zu ihren Füßen stehen. Sie ließen die Schlösser aufspringen, und es offenbarte sich mir eine Million Mark in cash. Ich hätte noch an diesem Abend einen Vertrag unterzeichnen, den Koffer nehmen, im Sommer 1987 bei Neapel beginnen und dort bis 1990 spielen können.

Aber jetzt kommt's: Hätte ich den Vertrag unterschrieben, hätte ich nicht zwingend zu Neapel wechseln müssen. Ich hätte die Million aus dem Koffer gehabt und lediglich die Bedingung erfüllen müssen, in den nächsten drei Jahren zu keinem anderen italienischen Verein zu wechseln. So ist damals in Italien Personalpolitik gemacht worden. Man hat Spieler nicht dafür bezahlt, dass sie *für* eine Mannschaft spielen, sondern dafür, dass sie *nicht* für die Konkurrenz spielen. Nur wenige Monate zuvor war mir Ähnliches mit dem AC Mailand passiert – mit dem Unterschied, dass die Herren aus Italien keinen Koffer zu den Verhandlungen in die Villa des damaligen Bayern-Präsidenten Willi O. Hoffmann mitgebracht hatten, sondern mir die Summe von 500000 Mark direkt in den Vertrag hineinschreiben wollten.

Beim Anblick des neapolitanischen Koffers sind bei mir die Alarmglocken angegangen. Ich habe sofort an die Mafia gedacht und den Deal samt dem womöglich schmutzigen Geld abgelehnt. Auch wenn es kein Mafiageld gewesen wäre, hätte ich den Koffer nicht mit nach Hause genommen. Das war mit meiner Moral nicht zu vereinbaren. Ich wollte nicht käuflich und damit unfrei sein.

Beim FC Bayern München habe ich ein Viertel dessen verdient, was in dem Koffer war. Doch wenig später einigte ich mich mit Uli Hoeneß bei einem Asientrip auf der Insel Macao vor Hongkong in einer Rikscha per Handschlag auf eine Vertragsverlängerung um weitere zwei Jahre. Jahresgehalt, zack – binnen zwei Minuten war die Sache erledigt. Ich habe nicht verhandelt, weil ich wusste, dass Uli die Qualität eines Spielers erkennt und ein faires Angebot macht.

Das Geld stand bei mir nie im Vordergrund. Ich hatte schon Anfang der achtziger Jahre ein Angebot von Juventus Turin ausgeschlagen, wo ich das Zwanzigfache meines Mönchengladbacher Gehalts hätte verdienen können. Bei Hellas Verona hätte ich 1981 das Vierzehnfache verdienen können. Aber ich blieb.

EIN KAPITÄN AM PRANGER

Die Saison 1986/87 war die letzte mit Udo Lattek als Trainer. Mit nur einer Niederlage holten wir souverän unsere zehnte deutsche Meisterschaft – und standen im Finale der Landesmeister, der heutigen Champions League. Als großer Favorit reisten wir nach Wien, um die Mannschaft aus Porto abzufertigen. Es ging auch gut los. 1:0 für uns. Weil Porto keinen großen Widerstand leistete, sahen wir uns schon auf der Siegerstraße, und das sollte man niemals tun. Udo Lattek gab hinterher auch zu, dass er die Halbzeitpause nicht dazu genutzt habe, um uns wachzurütteln. Er hat sich mit uns einlullen lassen. Mit der Konsequenz, dass wir den in der zweiten Halbzeit offensiver agierenden Portugiesen nichts entgegenzusetzen hatten und wie aus dem Nichts zwei Tore fingen. Wir haben uns ergeben, es folgte kein Aufbäumen. Es war eine ganz bittere, weil überflüssige Niederlage.

Danach hat mich die Presse an den Pranger gestellt und mir vorgeworfen, in den wichtigen Spielen nicht die Verantwortung zu übernehmen, die man von einem Kapitän erwarten müsste. Auch aus dem eigenen Team gab es Kritik, man nannte mich öffentlich einen Versager. Aber hatten die Kritiker nicht auch mitgespielt? Ich erinnere mich, wie Dieter Hoeneß nach dem Spiel in die Mikrofone sagte: »Jetzt haben wir gesehen, wie wichtig er ist!« Wo war denn Hoeneß in diesem Spiel? Ich habe diese Frage damals nicht gestellt. Wenn ich selbst mit meiner Leistung nicht im Reinen bin, welches Recht nehmen sich solche Spieler heraus, auf andere zu zeigen? Ich habe gelernt, dass drei Finger auf mich selber deuten, wenn ich auf jemand anderen zeige. Das geht nicht. Das gehört nicht in den Mannschaftssport.

Das Schöne an 1987: Franz Beckenbauer berief mich zum ersten Mal in meiner Karriere zum Kapitän der Nationalelf. Nachdem der etatmäßige Chef Klaus Allofs ausgefallen war, kam ich in einem Freundschaftsspiel gegen Israel zu der Ehre. Die Begegnung in Tel Aviv war eine politisch sehr wichtige. Der DFB wollte den Israelis die Möglichkeit geben, der UEFA zu zeigen, dass sie – auch wenn sie geografisch nicht zu Europa gehören – in Europa die einzige Möglichkeit hätten, fußballerisch nach vorne zu kommen. Das Sportliche – unser 2:0 – war zweitrangig. Es ging darum, zu helfen und zu demonstrieren, dass Israel zu uns gehört. Sieben Jahre später ging der Wunsch in Erfüllung, das Land zwischen Mittelmeer und Jordan wurde Teil der UEFA-Zone.

Das Jahr 1987 stand auch im Zeichen eines Enthüllungsbuchs. Mein Freund Toni Schumacher hatte auf seine noch junge Karriere zurückgeblickt und seine Erinnerungen »Anpfiff« genannt. Obwohl die Biografie hohe Wellen schlug und Toni sowohl aus der Nationalelf verbannt als auch vom 1. FC Köln suspendiert wurde, gebe ich zu, sie nie gelesen zu haben. Es war darin auch um Doping in der Bundesliga und in der Nationalmannschaft gegangen. Gerade in der zweiten Hälfte der achtziger Jahre sollen breite Teile des Profilagers vor allem mit dem Medikament Captagon stimuliert worden sein. Wenn es wirklich so gewesen sein sollte, muss ich blind gewesen sein. Denn weder wurde mir dieses Zeug angeboten, noch habe ich irgendjemanden dabei beobachten können, wie er es zu sich nahm. Im Übrigen hatte ich nie das Gefühl, mich dopen zu müssen, weil ich mich immer stark genug gefühlt habe.

Natürlich habe auch ich bei der Nationalmannschaft Spritzen bekommen. Aber soweit ich weiß, waren das Vitaminspritzen oder Magnesiumspritzen gegen die Müdigkeit und für eine schnellere Erholung. Ich hatte volles Vertrauen zu den Ärzten, die mich behandelten. Wenn Toni Schumacher etwas Derartiges mitbekommen haben will, heißt das ja nicht, dass jeder andere dasselbe erlebt haben muss. Ich will nicht sagen, dass er mit seinen Behauptungen komplett unrecht gehabt hat, aber wenn sich einer wie Toni entscheidet, darüber zu schreiben, dann muss er das Kind auch beim Namen nennen. Das hat er aber nicht. Ich bin davon überzeugt, dass beim DFB niemals Medikamente benutzt worden sind, die mit Doping zu tun haben. Das kann sich ein Verband wie der DFB gar nicht leisten und auch nicht die Ärzte, die dort arbeiten. Vielleicht bin ich naiv, aber für mich war und ist der Fußball immer ein sauberer Sport.

DER ERSTE ABSCHIED AUS MÜNCHEN

Für mich wurde es Zeit, München Servus zu sagen, auch wenn ich ein Jahr zuvor zu der italienischen Verlockung noch nein gesagt hatte. Es stellte sich heraus, wer auf Udo Lattek folgen würde: Jupp Heynckes. Obwohl mit ihm ein alter Bekannter zum Verein stieß, hatte ich nicht das Gefühl, dass er mich so schätzte, wie es Lattek getan hatte. Möglicherweise hatte er auch noch das misslungene Elfmeterschießen von 1984 im Kopf. Man kannte sich, man arbeitete wieder miteinander, aber irgendetwas störte. Die Saison ist dann auch prompt nicht so verlaufen wie erhofft. Ich erzielte zwar siebzehn Tore, die reichten aber nur zum zweiten Platz.

Also ließ ich mich auf Verhandlungen mit Giovanni Trapattoni ein. Zwei, drei Mal besuchte mich der Trainer von Inter Mailand in München, er kämpfte um mich. Und er kam ohne dubiosen Geldkoffer, ohne merkwürdige Bedingungen, nur mit einem ganz normalen Vertrag, wie ich ihn aus Deutschland kannte.

Währenddessen arbeitete man in München an einem personellen Schnitt. Jüngere Spieler wie Stefan Reuter, Roland Grahammer oder Olaf Thon wurden verpflichtet. Spieler, die um die dreißig waren, wurden aussortiert. Es war für beide Seiten ein idealer Moment, sich zu verabschieden, gleichzeitig aber auch auf eine gemeinsame erfolgreiche Zeit mit drei Meistertiteln zurückzublicken.

DER BREHME-TRANSFER UND ICH

Nachdem Trap und ich uns einig waren, dass wir nach der Europameisterschaft zusammenarbeiten würden, war es die Aufgabe Norbert Pflippens, die Sache mit den Bayern auf den Weg zu bringen. Der neue Vertrag brachte mir das Dreifache meines Münchner Salärs. Aber ich sollte nicht alleine nach Italien gehen. Ich rief Paolo Giuliani an, den damaligen Generaldirektor von Inter: »Hör zu, wir könnten einen sehr guten Spieler für ganz wenig Geld nach Italien holen. Andreas Brehme. Kostet unter einer Million.« »Kenne ich nicht«, sagte er. Ich erklärte ihm, wie vielseitig verwendbar Brehme sei, dass er rechts wie links könne. »Ja, ist gut«, meinte Giuliani, »wir beobachten ihn.«

Wenig später stand mein letztes Meisterschaftsspiel mit Bayern München auf dem Plan – gegen Bayer Leverkusen. Tatsächlich hatte sich ein Scout von Inter Mailand ins Ulrich-Haberland-Stadion bemüht, um Andy Brehme unter die Lupe zu nehmen. Er sah eine sehr unterhaltsame Begegnung, nach einem 0:3-Rückstand gewannen wir 4:3. Am Tag darauf bekam ich einen Anruf aus Italien: »Hat dieser Andreas Brehme überhaupt mitgespielt?« Um Gottes willen, was für eine furchtbare Frage. »Ja«, antwortete ich zögerlich, »der hat mitgespielt.« »Er ist unseren Leuten aber nicht aufgefallen.« »Er trug die Nummer 6«, sagte ich wie zur Bestätigung und wiederholte meinen Appell: »Glaubt mir, ihr müsst ihn kaufen!«

Warum setzte ich mich so für ihn ein, wo wir uns doch nicht einmal freundschaftlich verbunden gewesen sind? Ganz einfach: Auch Andy, fast genauso alt wie ich, war unzufrieden beim FC Bayern. Ich wusste, dass er ein super Spieler ist und uns in Mailand würde helfen können. Außerdem war es für mich angenehmer, wenn noch ein weiterer Deutscher im Team sein würde.

Trotz des Missverständnisses von Leverkusen nahm Inter Mailand Kontakt auf zu Brehme und den Bayern – sie holten ihn, wenn ich mich richtig erinnere, für 800000 oder 900000 Mark. Damit kauften die Italiener einen totalen Nobody – zumindest südlich der Alpen war er das. Aber wer schoss später das erste Tor bei der EM gegen Italien? Andreas Brehme. Es war der Ausgleich zum 1:1. So wurde er vor Amtsantritt bei seinem neuen Club doch noch in Italien bekannt – und in unserer ersten Saison zum besten Spieler Italiens gewählt.

DIE BEL-AMI-AFFÄRE

Zur Vorbereitung auf die EM 1988 im eigenen Land hatte der DFB zu einem Osterturnier in Berlin geladen. Wir erwarteten Besuch von den Teams aus Argentinien, Schweden und Russland. Es war ein politisches Turnier, das nur deshalb zustande gekommen war, weil die Sowjetunion und die DDR den DFB dazu gedrängt hatten, bei der bevorstehenden EM auf einen Spielort Berlin zu verzichten. Das Vier-Länder-Turnier war als vorweggenommene Wiedergutmachung für die Berliner zu verstehen. Diese Episode erzähle ich nur, weil sich zwischen den Fußballspielen Kurioses zutrug. Denn nach der ersten Partie, die wir im Elfmeterschießen gegen Schweden verloren, machten sich einige Spieler auf ins Berliner Nachtleben. Es fing damit an, dass wir in der Sportschule Wannsee kegelten und es gegen halb zwölf ziemlich langweilig wurde. Es fanden sich fünf Spieler, die dieser tristen Bohnerwachs-Spießigkeit ein Ende setzen wollten. Wir organisierten uns einen Opel, zwei Mann saßen vorne, drei hinten. Wir trugen schwarze Freizeitanzüge mit dem DFB-Emblem auf der Brust. Ich meinte noch: »Hey, sollten wir uns nicht eben noch umziehen? Guckt mal, wie wir aussehen hier mit dem Wappen. So auffällig.« »Ach was«, meinten die anderen, »uns erkennt doch sowieso jeder.« Na gut. Wir also los und rein in jeden besseren Laden Westberlins – von der Edel-Disco, über die Currywurst-Bude bis hin zum Bel Ami, einem gepflegten Bordell in der Nähe des Olympiastadions. Wir ließen uns ein paar Stunden in der Lounge nieder, tranken flaschenweise Champagner mit den »Damen«, und nicht allen reichte es aus, den Abend nur im Sessel zu verbringen. Letztlich kamen wir auf eine Rechnung von ein paar Tausend Mark. Wir hatten kein Bargeld dabei, also musste ich einspringen und alles mit meiner Kreditkarte zahlen. Wunderbar, bis hierhin alles kein Problem. Doch wir hatten nicht bemerkt, dass wir vor dem Bel Ami gesehen worden waren – von irgendeinem Denunzianten.

Gegen sechs Uhr in der Früh parkten wir den vom Hausmeister geliehenen Wagen wieder vor dem Quartier. Wir legten uns noch zwei, drei Stündchen hin, um bei der Mannschaftssitzung um elf Uhr wenigstens halbwegs fit zu sein. Nichts Böses ahnend saßen wir wie immer in

U-Form um ein paar Tische, als Franz auf uns losging. Ich korrigiere: als er auf *mich* losging. »Du bist immer dabei!«, schrie er. »Du musst endlich mal dein Hirn einschalten!« Er benutzte alle ihm bekannten Schimpfwörter, das war wirklich vom Allerfeinsten. Und jetzt kommt's: Er war nicht sauer, dass wir in diesem Laden waren. Er fand es unmöglich, dass wir mit dem DFB-Anzug dort eingekehrt sind! Hätte ich mich doch durchgesetzt! Einen Tag später spielten wir gegen Argentinien und gewannen 1:0 durch mein einziges Kopfballtor in der Nationalmannschaft – dank Vorlage von Rudi. Unsere Art der Wiedergutmachung. Damit sicherten wir uns den dritten Platz. Die Schweden gewannen das Turnier durch einen 2:0-Finalsieg gegen die Russen.

DAS VERTRAUEN DES KAISERS

Franz Beckenbauer hat mich immer kritischer beäugt als andere. Nicht etwa, weil er in mir einen unberechenbaren Faktor sah. Im Gegenteil. Er wusste, welche Expertise, welches Vertrauen, welche Ehrlichkeit er von mir als seinem Wunschkapitän erwarten konnte. Er sah mich als seinen verlängerten Arm auf dem Platz und sagte mir oft: »Lothar, wenn du siehst, dass im Spiel etwas falsch läuft und geändert werden muss, dann ändere es! Frag mich nicht!«

Franz hat immer intensiven Kontakt zu mir gesucht. In ungezählten Vieraugengesprächen deklinierten wir die Begegnungen des nächsten Tages durch. Er und ich alleine auf seinem Zimmer, eine Viertelstunde vor dem Abendessen. Franz sagt bis heute: »Nur dumme Menschen ändern ihre Meinung nicht.« Und er hat oft seine Meinung geändert nach unseren Gesprächen. Wir sind die komplette Strategie durchgegangen, und er fragte dabei immer ganz genau, was ich davon halten würde. Er wollte sogar wissen, in welcher Formation ich spielen würde. Denn er wusste, dass ich mir sehr viele Gedanken machte über die Mannschaft. Er wusste, dass ich als Spieler sehr viel beobachtete und fast schon wie ein Trainer arbeitete. Er wusste, dass ich näher an der Mannschaft dran bin als er. Und er wusste auch, dass ich im Hinblick auf die Mannschaftsaufstellung ehrlich war. Mir ging es als Kapitän nie darum, meine Freunde durch Klüngelei in die Mannschaft zu bringen, sondern die aktuell besten Spieler zu empfehlen, die zum Gesamterfolg am meisten beitragen konnten. Mir ist wichtig zu sagen, dass ich dabei nie jemanden verraten oder aus persönlichen Beweggründen schlechtgemacht habe. Ich habe Franz meine fachliche Meinung vermittelt und ihn in brenzligen Situationen darauf hingewiesen, dass er seine Augen aufmachen muss. Auch da habe ich keine Namen genannt, sondern gesagt: »Pass auf, Franz, da braut sich etwas zusammen.«

Aus dieser Verbindung zu Franz, aus diesem Vertrauen, ist auch privat ein vertrautes Verhältnis geworden. Wir haben nicht nur Respekt voreinander, wir mögen uns. Ich habe immer seine neuesten Telefonnummern. Und wenn ich das Bedürfnis hätte, mit ihm zu sprechen, hätte er auch immer Zeit für mich. Das weiß ich. Franz hat ein großes Herz.

BLÜH IM GLANZE DIESES GLÜCKES ...

Ende der achtziger Jahre muss Franz Beckenbauer aufgefallen sein, dass die komplette Mannschaft die Nationalhymne nicht mitsingt, sondern teilnahmslos der Kapelle zuhört. Ich auch. Die meisten kannten den Text gar nicht. Und das störte Franz kolossal, gerade auch weil andere Mannschaften aus voller Kehle für ihr Land sangen. Also verteilte er Zettel mit der dritten Strophe des Lieds von Hoffmann von Fallersleben, und wir hatten zu lernen. Er zwang uns nicht dazu, aber er erwartete es von uns und kam uns emotional: »Ihr könnt doch stolz sein, für euer Land zu spielen! Wieso singt ihr dann nicht!«

Also schnappte ich mir den Zettel, lernte den Text auswendig und sang dann auch voller Inbrunst mit: »Blüh im Glanze dieses Glückes ...« Ganz oder gar nicht. Das erste Mal die Hymne zu singen, mit der Kamera vor dem Gesicht, das war schon unangenehm. Vermutlich für alle. Aber Franz hat es geschafft, diese Kultur ins Team zu tragen. Und ich denke, dass es auch ein wichtiges Zeichen an die Zuschauer geworden ist. Wir gehören zusammen! Wir sind ein Land! Wir haben unser Lied!

Ich war tatsächlich immer stolz, für Deutschland aufzulaufen, aber Patriot war und bin ich nicht. Denn ich habe immer die Schwachstellen gesehen. Auf gesellschaftlicher und vor allem auf zwischenmenschlicher Ebene. Ich habe immer alles für dieses Land gegeben, habe versucht, es als Spieler und als Trainer so gut es geht zu repräsentieren. Ich bin respektvoll und freundlich zu den Menschen und fälle kein Urteil über jemanden, den ich nicht kenne. Und das erwarte ich auch von anderen.

STRESS MIT HOLLAND

Die Vorbereitung auf die Europameisterschaft verlief – abgesehen von unserem kleinen Ausflug ins Bordell – reibungslos. Wir absolvierten ein optimales Trainingslager in Malente, und auch die Atmosphäre innerhalb des Teams stimmte. Ich hatte mir viel vorgenommen. Erstens wollte man natürlich in der Heimat ein solches Turnier gewinnen, zweitens traten wir als Vizeweltmeister auf. Und drittens trug ich inzwischen die Kapitänsbinde.

Die Vorrunde verlief ordentlich. Wir spielten 1:1 gegen Italien. Andreas »Nobody« Brehme machte sich durch das Ausgleichstor im Lande seines zukünftigen Arbeitgebers bekannt. Danach gab es zweimal ein 2:0 – gegen Dänemark und Spanien. Damals waren die Europameisterschaften noch keine so großen Spektakel wie heute. Sie waren vor allem kürzer, komprimierter. Auf die drei Vorrundenspiele – es gab nur zwei Viererguppen – folgte sofort das Halbfinale. Es sollte unsere Endstation sein.

Ausgerechnet die Holländer erwarteten uns. Mit ihnen hatten wir in der Vergangenheit bereits unangenehme Erfahrungen gemacht, damit meine ich weniger das Sportliche. Ich erinnere mich, wie ich mal im Stadion in Rotterdam auf einem Plakat mit Hitler verglichen wurde. Bei anderer Gelegenheit wurden wir vor einem Spiel in Holland durch eine Bombendrohung aus dem Schlaf gerissen. In Holland schlug uns in den Achtzigern purer Hass entgegen.

So wurde auch das EM-Spiel von den holländischen Medien mit Anleihen aus dem Zweiten Weltkrieg entsprechend angeheizt. Das führte dazu, dass im Hamburger Volksparkstadion mehr Orange zu sehen war als Schwarz-Rot-Gold. Und leider konnten wir erleben, dass offenbar auch bei den Spielern noch irgendetwas in den Köpfen hing, was nicht mit Fußball zu tun hatte.

Die erste Hälfte war umkämpft. Erst zu Beginn der zweiten Halbzeit brachte ich uns mit einem Elfmetertor in Führung. Doch die Oranjes spielten in der zweiten Halbzeit ihre individuellen Qualitäten aus, glichen ebenfalls durch einen Elfer aus und machten zwei Minuten vor Schluss durch ein Tor von van Basten den Sack zu. Natürlich waren wir enttäuscht. Aber die Niederlage war verdient, und zumindest ich steckte sie schnell weg. Was mir nachhaltig hängen blieb, waren viel mehr die Reaktionen der Holländer nach dem Spiel. Nicht die Fans, nicht die Medien, sondern die Spieler selbst benahmen sich komplett daneben. Nach dem Trikottausch wischte sich Ronald Koeman mit einer unmissverständlichen Geste mit Olaf Thons Trikot lachend den Hintern ab. Er tat das also nicht aus Enttäuschung, sondern aus Schadenfreude. Für so etwas habe ich überhaupt kein Verständnis. Derartige Entgleisungen habe ich auch bis heute kein zweites Mal erlebt. Und Torwart van Breukelen sagte doch tatsächlich während des Spiels zu mir: »Ich hoffe, dass du tierisch stirbst!« Ist das nicht unglaublich? Zur Ehrenrettung von van Breukelen muss ich aber hinzufügen, dass er sich inzwischen für diesen Satz schämt, sich Jahre später bei mir entschuldigte und die üble Stimmung nicht mit Deutschenfeindlichkeit erklärte. In einem Interview erzählte er, dass die Mannschaft von 1988 derart übermotiviert gewesen sei, da die Goldene Fußball-Generation um Johann Cruyff die damaligen Spieler wegen ihrer fehlenden Einstellung heftig kritisiert und sie als Pommes-Generation beschimpft hatte. Das ist eine mögliche Erklärung, aber sicher keine Rechtfertigung für so ein Verhalten. Zumal es sich bei der WM 1990 fortsetzen sollte ...

NEUE HEIMAT ITALIEN UND DIE NUMMER 10

Für mich war der Wechsel nach Italien ein Riesenschritt. Wir hatten noch Grenzkontrollen, es gab noch keine Handys, der Euro war noch längst nicht in Sicht, und kein Satellitenfernsehen versorgte uns mit Meldungen aus der Heimat. Die deutschen Zeitungen, die man kaufen konnte, waren zwei Tage alt. Ich kam nach Italien und befand mich in einer anderen Welt – obwohl Mailand auch damals nur vier Autostunden von München entfernt gewesen ist.

Hinzu kamen die fehlenden Sprachkenntnisse. Ich konnte kein Italienisch, und kaum ein Italiener sprach Englisch. Und die, die Englisch sprachen, taten das so bruchstückhaft wie Andy und ich. Wir verständigten uns mit Händen und Füßen. Die Italiener brachten uns die ersten Wörter bei, im Trainingslager dankten wir es ihnen mit Weißbier, das wir in Badewannen kühlten. Wenn ich eines in dieser Anpassungszeit gelernt habe, dann, dass man sich gar nicht in einer gemeinsamen Sprache fließend unterhalten können muss, um sich zu verstehen. Man fühlt, oder man fühlt nicht. Die Sprache sollte auf dem Fußballplatz oder in einer Beziehung nicht das Problem sein. Wenn man sich liebt, liebt man sich. Und wenn man einen Weg sucht, findet man ihn auch. Selbst Trapattoni präsentierte sich bei den Vertragsverhandlungen mit schepperndem Englisch und rudimentärem Deutsch, aber ich spürte: Trapattoni will mich! Er braucht mich! Es gab eine Herzensverbindung.

Die zeigte sich auch bei der Trikotvergabe. Trapattoni fragte mich, welche Nummer ich denn gerne auf dem Rücken tragen würde. Ich sagte: »Die 6 oder die 8.« »Die sind schon vergeben«, meinte er. »Was hältst du von der 10?« »Ich? Ich bin keine 10«, sagte ich und stellte klar: »Ich bin nicht Maradona und auch nicht Platini.« »Du bist nicht Maradona. Du bist nicht Platini. Das stimmt«, konterte Trapattoni, »aber du bist genauso wertvoll wie sie.« Gegen diese Argumentation war ich chancenlos. Trapattoni verhalf mir so zur Nummer 10, einer Nummer, die damals noch eine viel stärkere Bedeutung und Wertigkeit hatte als heute, wo sich jeder irgendeine sinnlose Primzahl auf den Rücken drucken lassen kann. Die 10 war etwas!

Andy und ich haben mit unseren Familien nicht in Mailand gewohnt, sondern in Carimate, einem kleinen 3500-Seelen-Dorf zwischen Como und Mailand. Das bot sich an, da das Trainingsgelände von Inter in der Gegend war, sodass wir jeden Morgen nur 15 Minuten fahren mussten. Ich konnte mir dort mit meiner Frau Silvia und meinen beiden Töchtern Alisa und Viola – sie kamen 1986 und 1988 zur Welt – ein wunderbares Ferienidyll gestalten und das Dolce Vita genießen. Wir hatten ein schönes Zuhause mit großem Garten, und auf dem Comer See lag ein Boot. Ich genoss die italienische Küche, fand erstmals Gefallen an der Mode von Gucci, Versace und Prada und wurde vor allem durch den damaligen Inter-Torhüter Walter Zenga, einem gebürtigen und sehr stilbewussten Mailänder, an die Hand genommen und in die High Society eingeführt. Besonders der italienische Lebensstil hat mir imponiert, die Freiheit, die Lockerheit, das Lachen, das Leben auf der Straße.

Und zusammen mit Andy Brehme arbeitete ich mit Volldampf an einem besseren Italienisch. Wir lernten per Wörterbuch, per Zeitung, per Fernseher, per Mitspieler. Während die Franzosen beim FC Bayern – ich denke da nur an Jean-Pierre Papin oder Bixente Lizarazu – noch nach Jahren ihre Interviews auf Französisch gaben, saßen Andy und ich nach drei Monaten in italienischen Talkshows – ohne Dolmetscher. Wahrscheinlich haben wir uns angehört wie irgendein Fremder, der nach Deutschland kommt und nach drei Monaten versucht, Witze zu erzählen. Aber wir haben uns bemüht, um uns schnell zu integrieren. Die Italiener bemerkten das und begegneten uns von Beginn an mit Sympathie.

Auch fußballerisch schwammen wir direkt auf der Erfolgswelle. Wir starteten mit einem Sieg in Ascoli und eroberten am vierten Spieltag Platz eins, den wir bis zum Schluss nicht mehr hergaben.

FREISTOSS ZUR MEISTERSCHAFT

Speziell das Rückspiel in der ersten Saison zwischen Inter Mailand und dem SSC Neapel war für mich ein ganz besonderes. Maradona auf der einen Seite als amtierender Meister, ich auf der anderen Seite als kommender Meister. Die Meisterschaft sollten wir genau in diesem Duell klarmachen, vier Spieltage vor Saisonende. Neapel lag damals fünf oder sechs Punkte hinter uns auf Platz 2. Neapel ging 1:0 in Führung, wir glichen aus, und sechs Minuten vor Schluss machte ich das Siegtor. Aber wie! Ein Zweikampf in der Luft brachte uns einen Freistoß aus rund 18 Metern in zentraler Position. Andy schnappte sich schnell den Ball und wartete, bis der Schiedsrichter die Spieler in der Mauer gemaßregelt hatte. Der Ball wurde freigegeben, Brehme lief an, ein Neapolitaner bewegte sich jedoch zeitgleich zu schnell aus der Mauer. Ein Pfiff, das Ganze noch einmal. Die Mauer wurde gestellt, der Schiedsrichter gab den Ball ein zweites Mal frei, dieses Mal kam Brehme zum Schuss und traf einen Spieler, der wieder zu früh aus der Mauer gelaufen war. Wieder wurde abgepfiffen. Diskussionen. Maradona mischte sich ein. Inzwischen bestand die Mauer aus neun Mann. Mir wurde die Sache zu blöd. Ich sagte: »Andy, geh weg, lass mich mal machen« und holte mir den Ball. Dann bemerkte ich eine entscheidende Kleinigkeit, die ich noch bei keinem anderen Freistoß gesehen hatte. Der Torwart stellte die Mauer so, dass zwischen den Spielern ein Loch entstand. Wahrscheinlich, damit er den Ball sehen konnte. Merkwürdig. Ich nahm fünf Schritte Anlauf und schoss das Ding volle Pulle ganz bewusst durch diese minimale Lücke. Der Ball hatte Effet, unten links schlug es bei Neapel ein. Das Tor zum Sieg, das Tor zur Meisterschaft. Von Jubel ließ sich in dem Falle nicht sprechen. Ein wahrer Hurrikan ging durchs Stadion, in einer selten noch einmal erlebten Lautstärke. Nach zehn Jahren ohne Meistertitel und der Vorherrschaft des AC Mailand mit seinen holländischen Superstars beschenkten wir die Fans mit einem neuen Punkterekord von 58:10. Und das will schon etwas heißen – in der damals stärksten Liga der Welt.

Solche Momente nährten eine italienische Verehrung, die in meinem Beinamen Il grande gipfelte. Mein damaliger Vize-Kapitän Giuseppe Bergomi, Weltmeister von 1982, erklärte die Faszination einmal damit, dass ich es schaffte, den Siegeswillen und den unbedingten Glauben an uns selbst in die Mannschaft zu tragen. »Wir hatten eine enorme Auswärtsschwäche«, erklärte er bei Sky Italia. »Bevor wir auf den Platz des Gegners liefen, fragte uns Lothar: Wie hoch wollen wir heute gewinnen? Und wer schießt die Tore? Sein Selbstbewusstsein hat die ganze Mannschaft geformt.«

HARMONIE TOTAL

So Gott es wollte, konnten wir uns im letzten Moment für die WM 1990 qualifizieren – durch ein Tor von Thomas Häßler in Köln gegen Wales. Angefangen mit diesem Treffer verlief alles, wirklich alles, nur noch so, als hätte uns ein großer Regisseur das Drehbuch für ein Jahrhundertepos geschrieben. Unser Trainingslager schlugen wir in Kaltern in Südtirol auf. Wir fühlten uns dort sehr wohl, und die Mannschaft war von Anfang an ein eingeschworener Haufen. Wir hatten über Jahre zueinander gefunden. Das ist wahrscheinlich kaum jemandem aufgefallen: Im WM-Finale standen fünf Spieler, die zehn Jahre vorher in der U21-Nationalmannschaft zusammen gespielt haben: Völler, Littbarski, Brehme, Buchwald und ich. Das ergab ein starkes Fundament – nicht nur auf dem Platz. Wir waren sehr eng. Und wir kümmerten uns auch um die Jungen wie Andy Möller. Es wurde keiner ausgegrenzt. Es gab Spieler wie Frank Mill oder Paul Steiner, die nicht eine Minute gespielt haben, aber zufrieden waren, weil sie akzeptierter und respektierter Teil der Mannschaft waren.

Die Harmonie hielt sich über das gesamte Turnier, von Kaltern über Mailand und Turin bis Rom. Franz Beckenbauer hatte daran großen Anteil. Er ließ uns Freiheiten, sperrte uns nicht ein, sondern nahm uns selbst in die Verantwortung. Man musste sich nicht heimlich wegschleichen, um bestimmte Dinge zu erledigen. Wir haben Grillabende veranstaltet, die nicht jeder unter 0,8 Promille beendete. Grillabende sind nun mal nichts für Freunde des Sprudelwassers. Diese Momente haben wir genossen, aber wir haben nie vergessen, warum wir da waren.

Unser Hauptquartier lag nur sieben Kilometer von meinem Wohnort entfernt. Wir bezogen ein romantisches Schloss, dessen Grundmauern auf das 10. Jahrhundert zurückgehen. Das Castello di Casiglio bei Erba war viele Jahrhunderte Sitz der einflussreichen italienischen Familie Parravicini und wurde in den 1980er Jahren liebevoll renoviert. Es lag inmitten einer verwunschenen Parkanlage. Man hatte uns rechtzeitig einen Swimmingpool und einen kleinen Fußballplatz aufs Gelände gebaut, um uns als Gäste zu gewinnen. Es war ein ideales Quartier. Der DFB hat sich mächtig ins Zeug gelegt und erfüllte uns jeden Wunsch, kümmerte sich um Tickets, besorgte uns Zeitungen und Videofilme. Ich hatte außerdem mein Auto dabei, einen roten Peugeot Cabrio, der uns Spielern Mobilität garantierte. Der Schlüssel steckte immer, er war die Hure für jeden.

FAVORIT IM EIGENEN WOHNZIMMER

Was für ein glücklicher Umstand, dass die WM nicht nur in dem Land, in dem ich lebte und arbeitete, über die Bühne gehen sollte, sondern wir die ersten fünf Spiele in meinem Wohnzimmer spielen durften, dem San-Siro-Stadion von Mailand. Das gab zumindest mir zusätzliche Sicherheit. Und ich denke, dass auch Andy Brehme und Jürgen Klinsmann davon profitierten, Jürgen war ja ebenfalls zu Inter gewechselt. Da wir drei Deutschen von den Inter-Fans bejubelt, verehrt und hofiert wurden und auch die Anfahrtswege für die deutschen Fans nicht so beschwerlich waren, hatten wir quasi Heimspiele. Und nicht nur das spielte uns in die Karten. Neben uns Mailändern kickten zu dieser Zeit ja noch einige andere Deutsche in der italienischen Liga: Jürgen Kohler, Rudi Völler, Thomas Berthold, und Thomas Häßler stand kurz vor seinem Wechsel. Italien erlebte seine deutsche Phase. Uns begleitete ein Gewinner-Image. Weil alle sechs Legionäre ihre volle Leistung brachten, nannten uns die Gazetten respektvoll »Il Panzer«. Die psychische Stärke, die wir alle durch den Wechsel ins Ausland erfahren durften, hatte einen großen, wichtigen, entscheidenden Einfluss auf unsere Dominanz bei dieser Weltmeisterschaft.

Mit dem 4:1 gegen Jugoslawien gelang es uns sofort, für Ruhe und Respekt zu sorgen. Mit diesem ersten nachhaltigen Auftritt wurden wir zum Favoriten des Turniers, ich machte mit zwei Toren vielleicht mein bestes Länderspiel von insgesamt 150, und wir alle fühlten uns bereit, nach 16 Jahren wieder Weltmeister zu werden. Wir spielten von Beginn an überragend und hatten dadurch intern eine klare Hierarchie, die Erfolg versprach. Es lief. Selbst die Journalisten schafften es dieses Mal nicht, für Unruhe zu sorgen.

Das zweite Match gegen die Vereinigten Arabischen Emirate musste ein Pflichtsieg sein, und wir gewannen das Regenspiel tatsächlich ungefährdet mit 5:1. Wir standen als Gruppensieger fest, sodass das letzte Vorrundenspiel gegen Kolumbien nur eins für die Statistik war. Dass die Kolumbianer in der letzten Minute noch den 1:1-Ausgleich erzielten, scherte uns wenig. Für die Kolumbianer allerdings – sie boten mit ihrem verrückten Torhüter René Higuita und dem schauspielerisch begabten Mittelfeldspieler Carlos Valderrama große Unterhaltung – war der Treffer wichtig: So kamen sie in die nächste Runde.

Zwischen den Spielen lagen immer drei, vier Tage, die wir nicht nur zum Trainieren nutzten, sondern auch zum Wasserskifahren. Oft verschwanden wir nach dem Mittagessen Richtung Comer See und saßen nach zehn Minuten Fahrt in Badehose auf meinem Motorboot – zuweilen mit ein paar Flaschen Bier. Die Ehefrauen hatten die Gelegenheit, ihre Männer zu besuchen. Die Tür zum Hotel stand ihnen offen, nicht immer, aber doch regelmäßig. Da hat Franz Beckenbauer die richtige Mischung gefunden zwischen Entspannung und Konzentration.

Die war nötig, denn bereits im Achtelfinale trafen wir auf die Holländer. Das muss man sich mal vorstellen: Deutschland gegen Holland war immer schon ein aufgeladenes Duell. Doch jetzt kam es in der Begegnung noch zusätzlich zum Stadtduell zwischen den drei Ausländern von Inter Mailand (Brehme, Klinsmann, Matthäus) und den drei Ausländern vom AC Mailand (Gullit, Rijkaard, van Basten). Anpfiff war am 24. Juni 1990, 21 Uhr. Die Stimmung im Stadion kochte. 80 000 Zuschauer standen unter Strom. Die ersten zwanzig Minuten beherrschte Holland das Spiel klar, hatte viele Chancen und hätte eigentlich in Führung gehen müssen. Doch langsam bekamen wir das Spiel in den Griff und erkämpften uns Feldüberlegenheit. Dann kam es zu einer der unmöglichsten Szenen einer WM: zur Attacke von Frank Rijkaard gegen Rudi Völler. Nachdem Rudi Völler im Kampf um den Ball über Torhüter Hans van Breukelen gesprungen war und dieser den sterbenden Schwan spielte, gerieten die beiden aneinander. Es kam zur Rudelbildung im Strafraum der Holländer. Das Chaos gipfelte darin, dass Rijkaard Völler zweimal in die Locken spuckte. Einmal vor der roten Karte, die beide Spieler erhielten, obwohl Völler nichts verbrochen hatte. Und einmal nach der roten Karte beim vorzeitigen Herunterlaufen vom Platz. Wie niederträchtig! Man spuckt nicht! Man spuckt nicht privat, man spuckt nicht auf dem Platz! Und erst recht spuckt man niemandem absichtlich ins Gesicht. Diese roten Karten haben den Holländern glücklicherweise mehr geschadet als uns. Hätten sich die Oranjes auf das Wesentliche konzentriert, nämlich aufs Fußballspielen, hätten sie uns auch bei der WM 1990 rausschmeißen können. So kippte das Spiel.

In der zweiten Halbzeit war es dann Jürgen Klinsmann, der sein wahrscheinlich bestes Länderspiel machte. Beim Zehn gegen Zehn hatte er plötzlich mehr Platz im Strafraum und konnte sich besser entfalten. Er schoss das erste Tor aus fünf Metern nach einem Pass von Guido Buchwald. Andy Brehme zirkelte wenig später den Ball aus sechzehn Metern ins lange Eck, ebenfalls nach einem Zuspiel von Buchwald. Der Anschlusstreffer per unberechtigtem Elfmeter konnte uns nicht mehr nervös machen. Die Revanche für das Ausscheiden bei der EM 1988 war gelungen, wir spürten große Genugtuung. Auch wegen der vielen unschönen Szenen. Und Franz Beckenbauer meinte sogar, dass mit diesem Sieg die WM eigentlich vorbei sein könnte. Hatten wir doch den Erzrivalen und den Mitfavoriten des Turniers ausgeschaltet. Gott sei Dank haben wir weitergemacht.

KURZURLAUB WÄHREND DER WM

Nach dem Erfolg gegen Holland erwartete uns eine Pause von sechs Tagen bis zum Viertelfinale gegen die Tschechen. Franz Beckenbauer gab uns zwei Tage frei, die wir gnadenlos nutzten, um es uns gut gehen zu lassen. Thomas Berthold und ich sind mit unseren Frauen zum Gardasee gefahren. Er hat damals in Verona gespielt und lebte in einem Anwesen direkt am See. Wir haben unsere deutschen Freunde dorthin eingeladen, zelebrierten Weißweinpartys bis in den frühen Morgen und fuhren angeheitert Wasserski. Jeder Spieler genoss diese zwei Tage in Form eines individuellen Kurzurlaubs, Karl-Heinz Riedle fuhr sogar nach Deutschland zurück zu seiner Familie. Bei Rudi Völler begann die Liebe mit Sabrina, seiner zukünftigen Frau, mit der er viele romantische Stunden verlebte. Solch eine Freiheit bei einer WM, das war schon allerhand. Angst, dass dieser Kurzurlaub uns an die Substanz gehen würde, hatte ich nicht. Vier Tage bis zum nächsten Spiel sollten genug sein, um das ganze Zeug wieder auszuschwitzen und auszuschlafen.

Zurück im Hauptquartier stand für Rudi Völler und mich eine Reise nach Rom an. Wir wollten bei der FIFA gegen unsere Verwarnungen im Hollandspiel protestieren. Er wollte seine rote Karte tilgen, ich hatte unberechtigterweise Gelb gesehen. Wir hätten uns den Trip sparen können.

Die Verhandlung geriet sehr kurz, und unser Einspruch war erfolglos. Aber nun waren wir in Rom, und auch Rudis neue Liebe Sabrina war in Rom. Die beiden hatten sich bei Thomas Bertholds Junggesellenabschied kennengelernt. Rudi überredete mich, die Gelegenheit zu nutzen und gemeinsam mit seiner neuen Flamme essen zu gehen. Obwohl wir eigentlich am Abend rechtzeitig zurück sein mussten, um mit der Mannschaft auf der Insel Comacina in der Mitte des Comer Sees zu dinieren. Trotz des Zeitdrucks ließen wir es uns in einem römischen Fischrestaurant gut gehen, verplauderten uns prompt, tranken mehr, als wir eigentlich wollten, und schauten viel zu spät auf die Uhr. Den Flieger konnten wir vergessen. »Rudi«, sagte ich, »was soll's. Wir bleiben hier und sagen dem Franz, wir hätten den Flieger verpasst. So viel Verkehr hier in Rom, kann doch alles passieren. Wir nehmen einen Flieger später, steigen dann in mein Motorboot und fahren den Jungs hinterher.«

Rudi war verzückt von dem Plan. Er ging auch problemlos auf – bis es darum ging, nach dem Mannschaftsdiner von der Insel zurück ans Festland zu schippern. Ein gewaltiger Sturm war aufgezogen, und die Wellen des Comer Sees türmten sich. Für das Ausflugsboot kein Problem, für mich in meiner neun Meter langen Tullio Abbate, dem Porsche unter den Sportbooten, aber sehr wohl. Mir blieb nichts anderes übrig, als dem Ausflugsboot im Windschatten hinterherzutuckern. Ein kurioses Ende dieser freien Tage. Jetzt hieß es wieder: volle Konzentration auf das Spiel gegen die Tschechen.

WER TRINKT, KANN AUCH TRAINIEREN

Wie passt das bier- und weinselige Dolce Vita mit der vermuteten Disziplin eines Fußballprofis zusammen? Wunderbar passt das. Ich bin und war sicher kein Alkoholiker. Dennoch habe ich mir als Spieler durchaus mal ein Gläschen zu viel genehmigt. Das wurde dann am nächsten Tag aber wieder abgearbeitet. Sicher war ich auch mal mit Restalkohol beim Training. Die ersten fünfzehn Minuten musste man tapfer sein, dann verschwand der Kater durch die frische Luft und die körperliche Belastung automatisch.

Auch den Zigaretten konnte ich Jahrzehnte nicht widerstehen. Ich fing mit zwölf, dreizehn an zu rauchen und habe selbst als Spieler zwischen fünf und zehn Stück pro Tag in Asche verwandelt. Nach 25 Jahren hörte ich von einem auf den anderen Tag auf. In Wien hatte ich durch einen Bekannten eine attraktive Iranerin kennengelernt. Er rauchte, ich rauchte, und wie selbstverständlich boten wir dem Mädel auch eine an. »Danke, ich rauche nicht«, sagte sie. Überrascht von mir selbst antwortete ich: »Wenn du nicht rauchst, rauche ich ab heute auch nicht mehr.« Das Versprechen habe ich gehalten – nicht ganz. Heute rauche ich vielleicht ein, zwei Zigaretten im Monat.

Und dann die Ernährung. Ich legte nie Wert auf Ernährung, auch nicht bei einer WM. Ich habe immer gegessen, was ich wollte. Es hieß damals zwar immer schon: mehr Nudeln, weniger Käse, die Cola weglassen, aber Speisepläne gab es nicht. Die Ernährungswissenschaftler ändern ihre Ratschläge doch sowieso alle zwei Jahre. Mal sollte man Nudeln essen, mal Kartoffeln, dann wieder Fleisch. Ich sage: Nein, man soll sich wohlfühlen im Leben. Dann hast du auch die Kraft, Leistung zu bringen. Was bringt es mir, wenn ich jeden Tag etwas essen muss, nur weil es irgendwo steht, fühle mich aber nicht mehr wohl? Mir sind Spieler begegnet, die haben sich streng nach Richtlinie ernährt, verzichteten völlig auf Alkohol, gingen immer früh ins Bett, waren die totalen Asketen – und wurden doch keine Stammspieler. Das ist doppelt frustrierend. Dann lieber mal einen Hamburger statt schon wieder Gemüse – und dafür in der ersten Elf stehen.

Früher war ich auch mit diesem Bewusstsein immer in körperlich guter Verfassung und konnte – wenn es darauf ankam – meine Leistung abrufen. Heute tue ich viel zu wenig und genieße viel zu viel. Fünf Kilo habe ich heute mehr an Gewicht als damals als aktiver Spieler. Auf zwei, drei Kilo könnte ich verzichten, wenn es einen Anlass gäbe. Würde jemand zu mir sagen: »Lothar, du bist zu dick«, ließe ich sofort die tägliche Cola weg. Die Kilos würden schnell verschwinden. Ich kann mich quälen, ich kann mich kasteien. Ich weiß ja, an was es liegt.

Der eine oder andere Freund bezahlt viel Geld für Entschlackungskuren, trinkt dann Unmengen Tee und kriegt bloß ein Körnerbrötchen pro Tag zu essen. Drei Kilo verlieren die dann, haben sie aber nach ihrer

Rückkehr in zwei Tagen wieder drauf. Glückwunsch. Das Gleichgewicht von Lebensfreude und Disziplin hat bei mir immer funktioniert. Aber wieder zurück zur WM.

FRANZ MAL WILD, MAL MILD

Die wohl heftigste Kabinenpredigt erlebte ich nach dem 1:0 gegen die Tschechoslowakei im Viertelfinale. Wir waren weiter! Doch Beckenbauers Reaktion fiel so aus, als hätten wir haushoch verloren. Er schmiss alle Offiziellen aus der Kabine, er wollte nur die Mannschaft haben. Er knallte die Tür zu und trat dann gegen eine Kühlbox, und die Eiswürfel flogen uns nur so um die Ohren. Jetzt flohen auch die Masseure. Franz konnte sich gar nicht mehr beherrschen. Er lief von rechts nach links, von links nach rechts. Er wütete, er schrie. Er trat nach allem, was herumstand. Man hätte eine Zwangsjacke gebraucht, die vom Kopf bis zu den Füßen reichte. Er ist auf jeden einzelnen Spieler losgegangen, hat uns beleidigt. Wir seien bekloppt, wir seien nicht mehr normal. Es war schockierend mitzuerleben, wie man nach einem erfolgreichen Spiel so ausflippen kann. Vielleicht haben wir auch ein wenig geschmunzelt. Denn da hatte sich einer total verloren. Man hätte ihn mit einem Lasso einfangen müssen. Der simple Grund für seinen Ausraster: Ein Tscheche war vom Platz geflogen. Eigentlich ein Riesenvorteil für uns, wenn man strategisch darauf eingegangen wäre. Wir nahmen die neue Situation aber zu locker, ließen trotz Überzahl in den letzten zwanzig Minuten zahlreiche Chancen zu. Beckenbauers Unmut war schon während des Spiels mitzuerleben. Er flippte total aus. Ich weiß noch, wie er Andy Brehme zurief: »Spiel bloß nicht mehr den Jürgen an! Der verliert jeden Ball! Der spielt gegen uns!« Herrlich. Das Nachspiel mit Franz war eigentlich interessanter als das Spiel, das wir durch ein Elfmetertor von mir gewinnen konnten. Gleichzeitig war es das letzte Spiel in meinem Mailänder Wohnzimmer. Auch Franz beruhigte sich wieder. Er hatte das gedurft. Er war der Kaiser.

Der Kaiser hatte seinen Adjutanten, das war Holger Osieck. Eigentlich war er der Trainer, Holger gab die Übungen vor. Woher sollte Franz es auch wissen, er hatte ja nie eine Trainerausbildung – brauchte er auch nicht. Obwohl man heute zwingend einen Trainerschein benötigt, um ein Team zu trainieren, könnte Franz wahrscheinlich noch mit achtzig ohne diese Urkunde irgendwo auf dem Platz stehen. Für ihn würde man alle Augen zudrücken. Was Jogi Löw 2006 für Jürgen Klinsmann war, war Holger 1990 für Franz. Osieck hatte viel Erfahrung und ein gutes Standing, war Trainerausbilder beim DFB, arbeitete für UEFA und FIFA. Er war aber auch der Kumpel der Mannschaft und funktionierte als Bindeglied zum Kaiser für diejenigen, die nicht so einen engen Draht nach ganz oben hatten.

Im Halbfinale ging es in Turin gegen die Engländer, ebenfalls alte Rivalen. Franz wollte etwas ändern. Er wollte angeschlagenen Spielern eine Pause und frischeren eine Chance geben. Beim Training, mitten im Spiel »Fünf gegen Zwei«, kam Franz zu mir und sagte: »Lothar, komm doch mal gerade her. Was meinst du? Ich muss dem Litti sagen, dass er morgen nicht spielen wird. Ich plane mit Olaf Thon. Kannst du mitkommen, wenn ich's ihm erkläre?« »Nee, nee«, lehnte ich ab, »das ist deine Aufgabe. Ich spiele lieber hier weiter.« Ich sah aus der Ferne, wie Franz Litti mit der Entscheidung konfrontierte. Der trug es mit Fassung, und Olaf Thon machte gegen England ein überragendes Spiel.

Ich selbst stand unter ziemlichem Druck. Mein Gegenspieler war der bullige Paul Gascoigne. Wie gesagt, ich war mit einer gelben Karte vorbelastet. Hätte ich in diesem Spiel die zweite Gelbe erhalten – und das hätte gerade gegen einen wie Paul schnell passieren können –, wäre ich fürs Endspiel gesperrt gewesen. Eine Horrorvorstellung. Ich hatte Glück. Es war ein hochklassiges Spiel mit großem Kampf. Nach 120 Minuten stand es 1:1, und es ging ins Elfmeterschießen, was gegen die Engländer immer Spaß macht. Denn wir wissen: Die können's nicht. Das haben sie bis heute nicht gelernt – wie man bei der EM 2012 mal wieder erleben konnte.

Für Deutschland trafen zuerst Andy Brehme, danach ich und zum Schluss Karl-Heinz Riedle und Olaf Thon. Stuart Pearce schoss Bodo Illgner gegen die Beine, und Chris Waddle jagte den Ball in den Himmel von Turin. Bevor ich mich dem totalen Jubel hingab, ging ich zu Waddle und tröstete ihn. Es muss wohl eine berührende Szene gewesen sein, denn ich werde noch heute in England auf sie angesprochen. Aufgrund meines Elfmetertraumas von 1984 konnte ich bestens nachvollziehen, wie sich Waddle fühlen musste. Dann ließ auch ich der Euphorie freien Lauf. Die Stimmung in der Kabine war mindestens genauso laut und gut wie nach dem Endspiel.

DER ZERBROCHENE SCHUH
UND DER TRIUMPH VON ROM

Wir waren schon glücklich, überhaupt im Endspiel zu sein. Doch wir waren umso glücklicher, als klar war, dass wir gegen Argentinien antreten müssen und nicht gegen die Italiener. Die Argentinier hatten den Gastgeber im Elfmeterschießen ins Tal der Tränen geschickt. Somit hatten wir in Rom kein Auswärtsspiel, sondern ein Stadion, das komplett auf unserer Seite war. Hinzu kam, dass Diego Maradona außerhalb Neapels ziemlich unbeliebt war und wir einen Rudi Völler in unseren Reihen hatten, der beim AS Rom große Sympathien genoss.

Am Abend vor dem Spiel war ich wieder mit Franz Beckenbauer zur Besprechung verabredet. Und er eröffnete mir, dass er vorhatte, Thon wieder aus der Mannschaft zu nehmen und mir im Mittelfeld wieder Littbarski an die Seite zu stellen. Aber wer nimmt es mit Maradona auf? »Spielst du gegen ihn wie vor vier Jahren? Oder doch lieber Buchwald?«, fragte Franz mich rhetorisch, um seine Entscheidung direkt hinterherzuschieben: »Ich glaube, ich habe vor vier Jahren in Mexiko einen großen Fehler gemacht, Lothar. Ich habe unsere Offensive geschwächt, weil ich dich geopfert habe, um Maradona auszuschalten. Den Fehler mache ich nicht noch einmal. Guido spielt gegen Diego, okay?« Natürlich war das okay.

Guido Buchwald hat die Aufgabe wunderbar gelöst. Nicht von ungefähr nannten wir ihn bereits vor dem Turnier Diego Buchwald, weil er uns mit plötzlichen Tricks überraschte, die wir von ihm gar nicht gewohnt waren. Von Maradona war also nicht viel zu sehen. Bekanntlich wurde das Spiel durch einen Elfmeter entschieden, der eigentlich keiner war. Ich passte den Ball zu Rudi Völler, der im richtigen Moment abhob und den Pfiff provozierte. Wildes Durcheinander. Ich sagte zu Andy Brehme: »Neue Schuhe. Schieß du!«

Das muss ich erklären. Es klingt merkwürdig, aber diese spontane Entscheidung geht zurück auf das Jahr 1988. Genauer: auf das Abschiedsspiel von Michel Platini in Nancy. Ich war mit größerem Gepäck angereist, da es für mich danach zur EM-Vorbereitung ging. Daher hatte ich sowohl meinen Adidas-Schuh für die Nationalelf dabei als auch meinen Sponsoren-Schuh von Puma, mit dem ich im Verein, aber auch bei solchen Benefizspielen auflief. Ich saß mit Maradona beim Mittagessen, als ihm aus heiterem Himmel einfiel, dass er seine Fußballschuhe vergessen hatte. Ich fragte ihn: »Was hast du für eine Größe, Diego? Vierzigeinhalb? Passt!« Ich gab ihm meine Nationalelf-Schuhe von Adidas. Kurze Zeit später erlebten die einen magischen Moment: Maradona veränderte vor dem Spiel die Schnürung des Schuhs. Er nahm die Senkel komplett raus, arrangierte sie nach einem ganz bestimmten Muster – über kreuz, gerade hoch, über kreuz, gerade hoch – und band den Schuh lockerer.

Diese Schnürung à la Maradona habe ich danach nie verändert. Und da ich diesen Schuh nur rund zehn Spiele pro Jahr getragen habe, hielt er natürlich sehr lange. Das letzte Spiel mit diesem Schuh sollte das WM-Finale 1990 in Italien sein. Nach dreißig Minuten fiel er auseinander, die Sohle brach, und ich musste auf komplett neue Schuhe wechseln. Was wäre das für ein Moment gewesen, den entscheidenden Elfmeter gegen Argentinien mit Schuhen zu schießen, die der berühmteste Argentinier selbst gebunden hatte. Immerhin: Zwei Jahre lang habe ich mit der Maradona-Schnürung gespielt und uns damit durch alle WM-Spiele ins Finale geschossen. Aber als es in die entscheidende Phase im Spiel gegen Argentinien ging, verließ mich sein Geist. Als ob er einen Sieg gegen Argentinien verhindern wollte.

Nun also der neue Schuh. Ich fühlte mich einfach nicht sicher in ihm. Und wenn ich mich nicht sicher fühle, riskiere ich nichts. Ich habe mich also nicht der Verantwortung entzogen, wie schon während des Spiels Karl-Heinz Rummenigge als Co-Kommentator ins ARD-Mikrofon ätzte, sondern habe an den Erfolg der Mannschaft gedacht. Ein vernünftig denkender Mensch weiß doch: Wenn du einen nagelneuen Schuh anhast, der noch nicht einmal eingelaufen ist, dann ist das physisch und psychisch eine hochsensible Angelegenheit. So ein Schuh muss wie eine zweite Haut sitzen. Und so saß er nicht. Er passte einfach noch nicht. Und deshalb kam Andy die entscheidende Rolle zu.

Sergio Goycochea im Tor der Argentinier galt als Elfmetertöter. Ich weiß noch, wie Andy mitten in dem Getümmel am Elfmeterpunkt stand und völlig in sich ruhte. Gegen seinen platzierten Schuss hatte Goycochea keine Chance. Die letzten Minuten des Spiels waren ein frustriertes Gehacke der Argentinier, die noch zwei rote Karten kassierten. Drei Minuten Nachspielzeit, Schlusspfiff. Glücksgefühle pur. Gänsehaut. Der größte Moment, den ein Fußballer erleben kann. Ich küsste den Pokal und reckte ihn in die Höhe. Ein Augenblick für die Ewigkeit.

In der Kabine ging es hoch her. Wir sangen, tanzten, tranken. Und dann stand der unvermeidliche Bundeskanzler im Raum, umgeben von zwei Dutzend nackten und halbnackten Männern. Der Herr Kohl. Was soll ich dazu sagen. Wenn sich ein Politiker vier Jahre nicht bei einem Freundschaftsspiel blicken lässt, warum muss ich ihn dann beim Endspiel sehen? Das wäre so, als würde ich mich zehn Jahre beim FC Bayern nicht sehen lassen und plötzlich nach Eintrittskarten fragen, weil man das Champions-League-Finale erreicht hat. Das würde ich niemals machen, da käme ich mir blöd vor. Ich würde mich schämen. Ganz oder gar nicht. Aber gut, die Politik unterstützt den Fußball, und so hat sie wahrscheinlich auch das Recht, sich in unserem Lichte zu sonnen und Reklame in eigener Sache zu machen. Uns war's egal.

Ich erinnere mich weniger an das Festessen im Hotel als feierlichen Schlusspunkt einer erfolgreichen WM. Nein, es war ein ganz einsamer Moment mit meinem Zimmerkollegen Andreas Brehme, der sich mir nachhaltig eingebrannt hat. Wir entfernten uns am frühen Morgen von der Partygesellschaft, setzten uns mit einer Flasche Bier auf die Wiese im Park des Hotels, blickten in die aufgehende Sonne Roms und ließen die WM noch einmal Revue passieren – mein Traumtor gegen Jugoslawien, den Ehrensieg gegen Holland, das Elfmeterschießen gegen England, den erlösenden Elfmeter. Diese WM ist kein Selbstläufer gewesen. Wir hatten es geschafft, fünf Hochkaräter auszuschalten.»Hai fatto bene, Andy!«, sagte ich.»Hai fatto bene, Lothar!«, sagte er. Hast du gut gemacht.

Warum, das wurde ich in den letzten Jahren immer wieder gefragt, warum entwickelte sich die Fußballbranche mehr oder weniger vorbei an ihren Stars von 1990? Warum hat sich mit Ausnahme von Rudi Völler in Deutschland kaum jemand dauerhaft einen angemessenen Arbeitsplatz erkämpfen können? Möglicherweise dachten viele Vereine, dass die Weltmeister im eigenen Lande ihnen zu viel Aufmerksamkeit stehlen würden. Im Ausland hat es ja für einige durchaus funktioniert. Ich bin im Ausland Meister geworden, Littbarski ist im Ausland Meister geworden, Buchwald ist im Ausland Meister geworden. Und an denen, die tatsächlich mal die Chance hatten, in der Bundesliga zu wirken – wie Klinsmann oder Brehme –, hat man nicht sehr lange festgehalten. Die andere Theorie ist, dass schon 1996 eine nächste erfolgreiche Generation nachgekommen ist, die sich nach Karriereende einfach besser vernetzt und verkauft hat als die 1990er-Weltmeister. Oliver Bierhoff ist heute als Teammanager der Nationalmannschaft äußerst erfolgreich, Matthias Sammer kümmerte sich vorbildlich um den Nachwuchs beim DFB, Andreas Köpke hält die Torhüter der Nationalelf fit, und Markus Babbel trainiert reihenweise Bundesliga-Mannschaften.

WEST + OST = UNSCHLAGBAR

Das legendäre Statement, mit dem Franz Beckenbauer nach WM-Gewinn und Deutscher Einheit für Aufsehen sorgte, klang auf den ersten Blick abenteuerlich, arrogant und aggressiv.»Über Jahre hinaus werden die Deutschen nicht zu besiegen sein. Es tut mir leid für den Rest der Welt.« Das sagte er auf einer Pressekonferenz, um die Perspektiven des deutschen Fußballs mit der chirurgischen Präzision eines Metzgers zu umreißen. Was Franz meinte, konnte ich nachvollziehen. Wir sind gerade Weltmeister geworden und bekamen danach noch gute Spieler aus dem Osten dazu. Außerdem sah Franz den Nachwuchs im Westen mit jungen Wilden wie einem Stefan Effenberg. Wer könnte uns also noch gefährlich werden? Franz bürdete seinem Nachfolger Berti Vogts mit dem Spruch eine große Last auf, aber im Grunde hatte er recht. Dass es Vogts 1994 nicht schaffte, dieser neuen und viel stärkeren Mannschaft ein Gesicht zu geben, konnte Beckenbauer nicht ahnen. Vorweg: Mit dem Potenzial von 1994 hätten wir Weltmeister werden *müssen.*

Von der deutschen Wiedervereinigung hatte ich in Italien kaum etwas mitbekommen. Mehr als das, was die italienischen Zeitungen berichteten, wusste ich nicht. Aber nun galt es, der Welt zu zeigen, was wir wirklich gemeinsam draufhaben. Und zwar am 19. Dezember 1990. In Stuttgart, gegen die Schweiz. Matthias Sammer durfte ran und Andreas Thom. Der Neu-Leverkusener schoss sogar das 3:0 beim 4:0-Erfolg. Auch Ulf Kirsten und Torwart Perry Bräutigam gehörten zum Kader. Vier neue Leute also. Vor dem Spiel kam Berti Vogts zu mir und sagte, dass er mich und Andreas Brehme im Quartier auseinanderlegen wollte, damit ich mich als Kapitän ein bisschen um Matthias Sammer kümmern konnte. Jeder Ossi durfte zu einem Wessi aufs Zimmer, das war Integration. Matthias sieht zwar älter aus, aber er ist zehn Jahre jünger als ich. Wenn ich ihn heute so reden höre mit seinem Fachwissen, denke ich, da steht ein anderer Mensch vor mir. Vor zwanzig Jahren hat er sich unter die Bettdecke verkrochen und in zwei, drei Tagen kein Wort mit mir geredet. Er hat höchstens mal genickt, wenn ich ihn etwas gefragt habe. Er war schüchtern und genant.

Matthias spricht tatsächlich ab und zu über unsere kurze Zeit als Zimmergenossen. Irgendjemandem erzählte er von der Telefoniererei im Hotel, eine Anekdote, die mir völlig entfallen war.»Du hast die ganze Zeit das Telefon benutzt. Warum muss ich die Hälfte der Rechnung zahlen?«, soll er mich damals gefragt haben, als es ans Auschecken ging. Und ich erwiderte angeblich:»Weil es so ist.« Damals vielleicht ein bisschen grob, im Nachhinein aber schon ein bisschen lustig.

Fremd waren wir uns allerdings nie, es gab keine Blockbildung. Wir nahmen die Fähigkeiten der»Ossis«, die sie ja auch schon in ihren neuen Clubs wie Bayer Leverkusen oder dem VfB Stuttgart unter Beweis gestellt hatten, ernst. Wir hatten Respekt. Und auch das Ausland wurde aufmerksam. Wenig später wechselte Matthias Sammer ja sogar zu mir nach Italien. Nachdem Klinsmann Inter Mailand verlassen hatte, Andy Brehme keinen Vertrag mehr bekam und ich mich verletzte, sagte Matthias bei seiner Vorstellung in Mailand zu mir: »Lothar, ich hoffe, dass du noch bleibst, damit ich zumindest noch mit einem Deutsch sprechen kann.« Drei Monate später war auch ich weg.

Matthias Sammer halte ich heute für einen der wichtigsten Männer im deutschen Fußball. Bevor er im Sommer 2012 als neuer Sportdirektor zum FC Bayern wechselte, kümmerte er sich – ebenfalls im Amt des Sportdirektors – um die DFB-Nachwuchsförderung. Nach der verkorksten EM 2000 hatte beim DFB ein Umdenken eingesetzt. Man verpflichtete jeden Profiverein, ein Leistungszentrum zu betreiben. Seitdem haben die deutschen Clubs Hunderte Millionen Euro in den Aufbau ihrer Talente gesteckt. Die Fußballinternate und die Talentförderung, die Sammer ja noch aus der DDR kannte, haben sich als Schlüssel zum Erfolg erwiesen. Das haben die Vereine inzwischen auch begriffen. Talente schon im frühen Alter von professioneller Hand auszubilden, nutzt nicht nur der eigenen Nationalmannschaft – darum ist ja deren Altersschnitt stark gesunken –, sondern auch den Vereinen selbst, die viel weniger in teure Einkäufe investieren müssen. Allein das Internat des FC Bayern hat Profis wie Lahm, Schweinsteiger, Müller oder Badstuber zutage gefördert. Das Leistungszentrum von Borussia Mönchengladbach, das 2011 von der Deutschen Fußball Liga ausgezeichnet wurde, brachte Talente wie Marin, ter Stegen, Jantschke oder Hermann hervor. Über allem: Matthias Sammer. Er legte in großen Teilen das Fundament für den Erfolg, den Jogi Löw heute erntet.

ALS WELTSPORTLER AUF DEM ZENIT

In Italien war ich mit einem wahnsinnigen Selbstvertrauen in die neue Saison gegangen. Der Erfolg ließ meine Schultern breiter werden, und irgendwann merkte ich: »Mir kann keiner was.« Als Bestätigung für meine Leistungen im Verein und während der WM wurden mir in den Folgemonaten einige Preise überreicht: Deutschlands Fußballer des Jahres, Europas Fußballer des Jahres, Weltfußballer des Jahres. Die Anerkennung war riesengroß. Vorher hatte man noch gespottet, dass Matthäus in wichtigen Spielen versagen würde, aber wenn ein Kapitän seine Mannschaft zur Weltmeisterschaft führt, kommen auch die Kritiker irgendwann ans Ende ihres Lateins. Den Journalisten war das natürlich unangenehm: Sie mussten zähneknirschend ihre Meinung ändern. Einigen Stimmen war deutlich anzumerken, dass sie mich gerne weiter in der Schublade des Drückebergers und nervlichen Versagers gesehen hätten. Und dann wurde ich 1991 auch noch zum Weltsportler gekürt. Welcher Mannschaftssportler ist bisher Weltsportler geworden? Ich bin der Einzige, das ist einmalig. Aber das vergisst man, das passt nicht ins Medienimage des Lothar Matthäus.

Mit den Titeln erfuhr ich plötzlich eine neue Art von Respekt. Gleichzeitig jedoch traten die Schulterklopfer auf den Plan. Da ich lange Zeit erfolgreich war, wurde ich von vielen falschen Freunden begleitet – Menschen, die sich an meinem Ruhm bereichern wollten, auch wirtschaftlich. Es gab große Versprechen, es gab große Komplimente. Ich habe zu schnell vertraut, weil ich immer zuerst das Positive im Menschen sehe – oder sehen will. Im Endeffekt erlebte ich aber einige herbe menschliche Enttäuschungen. Wer die wahren Freunde sind, stellt sich eben nicht nach ein paar Tagen heraus, sondern erst nach ein paar Jahren.

Eine der größten Enttäuschungen erlebte ich einige Zeit später mit jemandem, der mit der Geschäftsidee an mich herantrat, gemeinsam eine Sportagentur aufzumachen. Das war 2001, als ich aus Amerika zurückkehrte und Trainer bei Rapid Wien wurde. Ich sollte zu fünfzig Prozent stiller Teilhaber der Firma sein und gleichzeitig als Zugpferd von ihr betreut werden. Ich vertraute dem Geschäftsmann anfangs zu hundert Prozent. Die einzige finanzielle Sicherheit, die er jedoch hatte, war ich. Die Räumlichkeiten haben mir imponiert, aber eigentlich waren sie viel zu groß. Er überwies sich wunderbare Monatsgehälter im fünfstelligen Bereich und gab nichts anderes aus als mein Geld. Bis die Banken plötzlich anfingen, für die Kredite, die zurückgezahlt werden mussten, an mein Privatvermögen ranzugehen. Ich habe viel zu spät die Reißleine gezogen und erkannt, dass ich mal wieder ausgenutzt wurde.

Aber zurück ins Jahr 1991. Dieses Mal ruhte ich mich nicht auf meinen Lorbeeren aus wie noch zehn Jahre zuvor in Mönchengladbach. Im Gegenteil. Ich drehte noch einmal auf und netzte 17 Mal ein. In der Meisterschaft wurden wir zwar nur Zweiter hinter Sampdoria Genua mit ihren Topstars Vialli und Mancini. Parallel holte ich jedoch mit Inter Mailand meinen ersten internationalen Vereinstitel. An die Spiele im UEFA-Pokal erinnere ich mich durchweg als umkämpft und hochklassig. Im ersten Match gegen Rapid Wien machten wir die nächste Runde erst in der Verlängerung unseres Heimspiels klar. In der zweiten Runde schafften wir ein 3:0 im Rückspiel nach einem 0:2 im Hinspiel gegen Aston Villa. In der dritten Runde traf ich gegen Partizan Belgrad. Im Viertelfinale schalteten wir Atalanta Bergamo aus, im Halbfinale Sporting Lissabon.

Nachdem wir das Finalhinspiel mit 2:0 gegen Rudi Völlers AS Rom gewonnen hatten, setzte Giovanni Trapattoni im Rückspiel auf die absolute Mauertaktik. Rom startete einen totalen Sturmlauf auf unser Tor. Nach 67 Minuten brachte Trapattoni einen weiteren Verteidiger für einen Stürmer. Hinter Jürgen Klinsmann wurde ich zum offensivsten Spieler. Eigentlich hätten wir hoch verlieren müssen. Wir hatten extrem viel Glück und mit Walter Zenga einen überragenden Torhüter, der sogar einen Elfmeter hielt. Es blieb bei einem 0:1. Der Pokal gehörte uns! So kam ich zu meinem dritten großen Titel in Rom: Nach dem EM-Titel 1980 und dem WM-Titel 1990 wurde ich im Stadio Olimpico nun, 1991, UEFA-Cup-Sieger. Rom scheint für mich ein gutes Pflaster zu sein. Diese Erfolge waren außerdem gute Argumente, um ein zweites Mal zum Weltfußballer gekürt zu werden.

UND JETZT ZUR WERBUNG

Mit all diesen Erfolgen wurde ich plötzlich auch für die Wirtschaft interessant. Ganz zu Anfang hatte ich kurz vor dem Wechsel zu Borussia Mönchengladbach mit Puma-Chef Dassler meinen ersten Werbevertrag geschlossen, der aber wohl eher eine gut gemeinte Anstoßfinanzierung meiner Karriere gewesen war. Ich bekam drei Jahre lang jeweils 25 000 Mark dafür, dass ich bei den Spielen Puma-Schuhe trug. Aber das taten ja alle

Gladbacher Spieler. Es war schon verwunderlich: Wie konnte jemand ahnen, dass sich so ein Deal lohnen würde mit einem jungen Kerl, der noch kein einziges Profispiel absolviert hatte? Vielleicht hatte Dassler ja auch mit der Borussia gesprochen und angeboten, mein Gehalt aufzubessern. Ich weiß es nicht.

Bereits vor der WM in Italien durfte ich mit Ruud Gullit, Gianluca Vialli und dem Russen Zawarow die Hauptrollen in einer italienischen TV-Werbekampagne für den Süßwarenhersteller Ferrero spielen. Es war so eine Punktesammelgeschichte. Für ein Duplo einen Punkt, für 300 Punkte hätte es einen Ball gegeben, ein Trikot oder irgendein anderes Kleidungsstück. An mir war es, eine Giubbotto, eine Regenjacke, anzupreisen. Und ich bekam diesen einen einfachen Satz nicht über die Lippen. Für jedes italienische Kind wahrscheinlich eine Leichtigkeit, für einen deutschen Gastarbeiter wie mich ein unaussprechlicher Zungenbrecher. Wir mussten 25 Wiederholungen drehen. Damit amüsierte ich das gesamte Team, die Italiener haben sich kaputtgelacht. Mir selbst war es einfach nur extrem peinlich.

Der für mich interessanteste Vertrag ergab sich unmittelbar nach der WM. Ich war zur Marke geworden und stand wie kein anderer für den Erfolgsfußballer schlechthin. American Express wollte mit Sportlern aus fünf, sechs verschiedenen Disziplinen eine weltweite Kampagne schnüren. Die amerikanische Starfotografin Annie Leibovitz sollte die Bilder machen. Geld war dabei allerdings kaum zu verdienen. Ich hoffe, man glaubt mir, wenn ich sage, dass ich damit genauso viel verdiente wie bei meinem Deal mit Puma, nämlich 25 000 Mark. Das war damals so.

Die Produktion war hochprofessionell. Wochen vor dem Shooting besuchten mich Mitarbeiter der Werbeagentur in Mailand, um in langen Gesprächen herauszufinden, welche Geschichte mit meinem Motiv am besten erzählt werden könnte. Die Fotos wurden in Erding geschossen. Die Altstadt wurde dafür abgesperrt, riesige Scheinwerfer beleuchteten ganze Straßenzüge. Das Motiv: ich als Straßenfußballer. Pflastersteine unter mir, eine abgebröckelte Hauswand und eine alte Holztür hinter mir, vor mir ein historischer Lederball. Ich trug keine Fußballschuhe, sondern abgewetzte Halbschuhe. Dazu eine hochgekrempelte Hose mit Hosenträgern, ein weißes Unterhemd und Gel in den Haaren. Vierzig Menschen mühten sich von morgens bis abends. Acht Assistenten lasen Leibovitz jeden Wunsch von ihren Lippen und passten auf, dass die Königin der Fotografie nicht von ihrer Leiter fiel, von der aus sie die Bilder schoss. Es war fast schon übertrieben.

Danach folgten Verträge für Gatorate und Panasonic, der Puma-Vertrag wurde ausgeweitet. Eine eigens entworfene Matthäus-Kollektion kam auf den Markt: Turnschuhe, Freizeitschuhe, Freizeitanzüge in verschiedenen Farben. Die Honorare läpperten sich, kein Vergleich mehr zu den bescheidenen Einnahmen, die ich bisher für die Panini-Klebebildchen zu den großen Turnieren (ich glaube, es waren 2 000 Mark) oder für die Schallplatten mit der Nationalmannschaft bekommen hatte. Aber immer noch viel weniger als die Werbehonorare, die heute ein Lionel Messi einstreichen kann. Damals war man einfach stolz, zum Beispiel bei einer Schallplatte mitmachen zu dürfen.

Ich erinnere mich noch gut an die Aufnahmen mit Michael Schanze für die WM 1982. Da standen wir in unseren bordeauxroten Trainingsanzügen in einem Studio in Köln und waren völlig gehemmt. Keiner wollte sich blamieren. Erst als Champagnerflaschen herumgereicht wurden, lockerten sich unsere Zungen, und wir trauten uns endlich, den WM-Song »Olé España« einzusingen. Dank der Kopfhörer, die jeden mit dem Playback versorgten, konnten wir uns selber nicht hören. Zum Glück, es klang einfach grausam. Immerhin hat es für diese Katastrophenleistungen, die die Nationalmannschaft alle vier Jahre bis zur WM 1994 in den USA abliefern musste, zwischen 5 000 und 10 000 Mark gegeben.

Heute würde man für diese Summen keinen Finger bewegen. Der Fußball hat sich eben auch als Werbemarkt entwickelt, hat die Massen erreicht, ist allgegenwärtig. Werbeikonen wie Beckham oder Messi sind längst keine Ausnahme mehr. Die Inszenierung von Fußballhelden für Produktmarketing stand 1991 noch sehr am Anfang.

4. Kapitel
Meine Verletzungen, meine Rückschläge

DER TRAUM VON REAL MADRID

Die Erfolge führten zu einem fantastischen Angebot. Im März 1991 trafen Norbert Pflippen und ich uns mit Ramón Mendoza, dem Präsidenten von Real Madrid, zu einem Geheimtreffen in einem Genfer Hotel. Wir sind uns schnell einig geworden über das Gehalt und die Vertragslaufzeit und gaben uns die Hand. Ich war in froher Hoffnung, aber längst nicht sicher, dass der Wechsel steht. Denn jetzt mussten sich noch die Vereine einig werden, ich hatte ja noch einen laufenden Vertrag bei Inter. Madrid kontaktierte also Mailand – und was passierte? Mailands Präsident Ernesto Pellegrini erklärte mich für unverkäuflich! Diese Haltung hatte wohl mit dem geplatzten Wechsel des Stürmers Iván Zamorano zu tun, der, statt bei Inter, bei Real unterschrieben hatte. Die Mailänder waren immer noch beleidigt. Nachdem ich von dem Veto erfahren hatte, bat ich um ein Vieraugengespräch mit dem Inter-Präsidenten. Ich wollte ihn direkt überzeugen. Immerhin waren 17 Millionen Mark Ablöse im Spiel, und schließlich hatte ich enorm viel für diesen Club geleistet. Ich versuchte ihm klarzumachen, dass ich hier in Italien alles erreicht hätte bei einem Verein, der zu einer großen Liebe geworden war, dass ich mich aber mit dreißig Jahren noch ein letztes Mal verändern wollte, bevor ich meine Fußballschuhe an den Nagel hängen würde. Ich konnte ja zu der Zeit nicht ahnen, dass ich bis 39 spielen würde. Damals hätte ich mir maximal noch zwei, drei Jahre auf höchstem Niveau gegeben.

Außerdem eröffnete ich dem Präsidenten, dass ich mich hier nicht mehr sicher fühlen würde, da ich von dem gescheiterten Versuch erfahren hatte, meine Kinder zu entführen. Wie kam es dazu? Es handelte sich um zwei Täter aus Ostdeutschland, die in Bayern geschnappt worden waren, nachdem sie eine andere Entführung im Schilde geführt hatten. Sie hatten sich Felix Neureuther ausgeguckt, den Sohn von Christian Neureuther und Rosi Mittermaier. Glücklicherweise fiel den Anwohnern dieser VW-Bus mit dem merkwürdigen Kennzeichen auf, der tagelang in der Siedlung parkte. Die Polizei nahm die Verdächtigen hoch und entdeckte in dem Wagen die ganzen Unterlagen, die sie über mich und meine Familie gesammelt hatten. Sie gaben zu, dass sie es zuerst auf meine Kinder abgesehen hatten, den Plan aber verwarfen, als sie merkten, dass die Sicherheitsvorkehrungen zu groß gewesen sind. Selbst bei dieser Geschichte sagte Pellegrini wieder: »No!«

Nach dem letzten Saisonspiel gegen Lecce entschloss ich mich, den Druck zu erhöhen. Ich trat vor die Presse und sagte: »Ich will mich bedanken bei allen Inter-Fans. Es waren tolle Jahre. Ich stehe vor einem Wechsel zu Real Madrid.«

Das stieß wohl übel auf beim Präsidenten. Es gab ein zweites Gespräch. Er sagte mir: »Hör zu, Lothar. Wenn du in deinem Wohnzimmer einen Picasso hängen hast und ihn nicht verkaufen musst, dann verkaufst du ihn auch nicht. Du bist mein Picasso auf dem Fußballplatz, verstanden? Wenn es um Geld gehen sollte, dann können wir uns morgen hinsetzen und darüber reden.« »Nein«, stellte ich klar, »es geht nicht um Geld. Es geht mir darum, etwas Neues zu erleben, in diesem königlichen Trikot zu spielen, eine neue Sprache zu lernen.« Ich war noch einmal bereit, einen großen Schritt zu machen zu einem Verein, der vielleicht noch eine Stufe über Inter einzuordnen war. Diesen Schritt hat mir der Präsident verbaut. Sauer konnte ich nicht sein, denn es hatte mich nur jemand an meinen Vertrag erinnert. Aber ich war enttäuscht. Wäre ich ein abgezockter Typ gewesen, hätte ich vielleicht aus meinem Vertrag rauskommen können. Doch ich hatte ihn damals schließlich zufrieden unterschrieben.

MEINE ERSTE EHE GEHT ZU ENDE

Mein Leben stand in diesen Jahren völlig im Zeichen des Fußballs. Doch obwohl ich wenig zu Hause war, hatten meine Jugendliebe Silvia und ich eine intensive Zeit. Wir gingen zusammen durch dick und dünn, verlebten tolle Urlaube, sie hielt mir den Rücken frei, wir bekamen zwei Kinder: Alisa und Viola. Aber wir begehrten uns nicht mehr. Es war eine gut organisierte Ehe, bei der die intensiven Gefühle verschwunden waren. Sie plätscherte dahin ohne jede Aufregung.

Ich gebe zu, dass ich meine Frau nach Rosi noch einmal betrogen habe, mit einer Frau aus Saarbrücken, mit der ich sogar heimlich Urlaub in Tunesien machte. Auch diese Affäre entpuppte sich als Irrfahrt. Wieder beichtete ich meinen Fehltritt, ich konnte das nicht für mich behalten. Wieder wurde mir verziehen. Noch ein drittes Mal musste Silvia den Namen einer anderen Frau ertragen. Der Name war Lolita.

Das erste Mal sah ich Lolita Morena – aus gutem Grund ein paar Jahre zuvor Miss Schweiz geworden – bei einem Hallenfußballturnier 1986 in Genf. Sie arbeitete für die Agentur, die das Turnier, an dem ich mit dem FC Bayern München teilnahm, organisiert hatte. Lolita saß auf derselben Tribüne, auf der sich die Mannschaften in den Spielpausen entspannten. Nicht nur mir fiel auf, dass da diese hochattraktive Frau war. Nun konnte ich mich nicht einfach plump und vor den Augen aller neben sie setzen. Aber ich wusste, Bayern-Doc Wilhelm Müller-Wohlfahrt würde mit Lolita und ein paar anderen einen trinken gehen. Er war es, der mir von dem Abend ihre Telefonnummer mitbrachte. Ich rief Lolita an, sie sprach perfektes Deutsch, wir verabredeten uns zum Essen. Ich wollte einen Menschen, der mir gefiel, näher kennenlernen.

In diesem Fall war es Liebe auf den ersten Blick. Vielleicht auch, weil man zu Hause nicht mehr die Schmetterlinge im Bauch spürte. Ich gestand Silvia, dass ich mich verliebt hätte, und begann eine Fernbeziehung mit Lolita. Es war sicher keine einfache Situation. Ich war zu Hause, aber ich nahm mir meine Freiheiten, um den Gefühlen für eine andere Frau nachzugehen. Silvia wusste, wo ich am Wochenende war. Natürlich war sie traurig, natürlich weinte sie. Ich hatte aber den Drang zu gehen, ich war fokussiert auf Lolita. Fast jedes Wochenende zog es mich in die Schweiz. Ich sagte Silvia, dass mein Herz woanders wäre und schlug vor, uns scheiden zu lassen. Ich sagte ihr auch, dass ich es akzeptieren würde, wenn sie nach einem meiner Wochenendtrips nicht mehr hier sein würde.

Aber Silvia blieb. Sie wollte wohl die Familie nicht verlieren. Deshalb ertrug sie so viel. Es tut mir leid, was ich ihr zugemutet habe. Aber mir war einfach etwas passiert, was täglich tausend anderen passiert: Ich hatte mich in eine andere verliebt. Und ich bin kein Typ, der Liebe vorspielt. Vor der WM 1990 begann meine Liebe zu Lolita wieder aufzuflammen. Sie plante, mich während des Turniers zu besuchen. Leider machte ihr

Job uns einen Strich durch die Rechnung. Für die deutsch-schweizerische Kino-Coproduktion »Der doppelte Nötzli« musste sie sechs Wochen in Berlin vor der Kamera stehen. Ich kam auf eine Telefonrechnung von einigen tausend Mark.

1991 war dann endgültig Schluss mit Silvia und mir. Ich kündigte an, mit Lolita Sommerurlaub in der Karibik zu machen, und ging davon aus, dass Silvia bei meiner Rückkehr weg sein würde. Und genauso war es auch. Der gemeinsame Urlaub war zu viel. Es standen noch Möbel in der Wohnung, aber die Wohnung war leer. Sie fühlte sich leer an. Ich habe das nicht nur verstanden, sondern voll akzeptiert.

Meine Kinder müssen erst beim Auszug 1991 realisiert haben, dass es aus war. Es gab nie dramatische Momente mit Viola und Alisa, in denen sie mir vorwarfen, nicht mehr für sie da zu ein. Dennoch tat mein Herz weh, wenn ich an sie dachte. Die zu Ende gehende Liebe zu meiner Frau hatte ja nichts mit der Liebe zu meinen Kindern zu tun.

Ich bin nicht der Meinung, dass man eine Ehe nur wegen der Kinder aufrechterhalten sollte. Man sollte offen miteinander umgehen und einen gemeinsamen Weg finden. Natürlich empfindet sich dabei immer einer als Verlierer. Silvia ist die einzige Frau, die richtig sauer auf mich sein könnte. Als Gewinner sah ich mich aber nicht, denn ich war es ja, der ausgebrochen ist. Vieles war mir nicht mehr zeitgemäß, ich habe nach etwas mehr Aufregung gesucht. Es kristallisierte sich die Idee in meinem Kopf heraus, etwas versäumt zu haben als Mann. Eine einzige Frau im Leben? Ja, mein Vater würde das vielleicht gut finden. Aber nicht ich.

Lolita – seit unserer ersten Begegnung vor fünf Jahren hatte sie eine rasante Karriere als TV-Moderatorin gemacht – lebte bisher in Genf und zog jetzt zu mir nach Italien. Wir verbrachten keinen einzigen Tag in meinem bisherigen Haus in Carimate. Nach wenigen Wochen fanden wir einen ansprechenden Ersatz in Civate, einem etwas nördlicher gelegenen Bergdörfchen. Es hatte zwar keinen Pool wie das erste, aber einen ebenso großen Garten, der von einem Gärtner auf den Zentimeter genau gepflegt wurde. Das Haus war hochmodern und passte eigentlich gar nicht in dieses landschaftliche Idyll. Als wir Mailand Mitte 1992 verließen, zog der holländische Stürmer Dennis Bergkamp dort ein.

DER ÜBERFALL
UND ANDERE POLIZEIGESCHICHTEN

Das Anwesen sah wohl so verlockend aus, dass es zum Schauplatz eines Verbrechens wurde. Es war der 18. März 1992, drei Tage vor meinem 31. Geburtstag. Inzwischen war Lolita schwanger. Mit Inter Mailand musste ich zu einem Freundschaftsspiel nach Klagenfurt. Vom Klagenfurter Flughafen aus rief ich bei Lolita an, erzählte ihr kurz, dass wir gewonnen hätten, und fragte sie, ob bei ihr alles klar sei. »Ja, ja«, sagte sie, »alles klar.« Ich setzte mich in den Flieger, landete in Mailand, fuhr nach Civate – und sah schon aus der Ferne Blaulicht vor unserem Haus. In der Küche traf ich auf meine hochschwangere Frau und zwei Polizisten. Ein riesiges Einschussloch zierte den Hängeschrank. Lolita trank auf den Schock einen Grappa und berichtete mir von vier vermummten Kerlen, die über die Terrasse in die Küche eingedrungen waren. Lolita war durch das Gebell unserer Hunde alarmiert worden und hatte versucht, die Terrassentür rechtzeitig zu schließen. Zu spät. Einer der Verbrecher rammte den Lauf seiner Pistole dazwischen und gab einen Schuss ab. Was sollte sie anderes machen, als sich zu ergeben? Die Typen setzten Lolita im Kaminzimmer in einen Sessel und räumten dann eine Stunde lang das Haus leer. Sie konzentrierten sich auf den Schmuck, auf die Uhren (darunter eine, die Lolita mir wenige Tage später zum Geburtstag schenken wollte) und nahmen nebenbei noch Medaillen und den goldenen Fußball mit, den ich als Europafußballer erhalten hatte. Bis heute wurde der Raubüberfall nicht aufgeklärt, die Beute tauchte nie wieder auf. Ich gehe davon aus, dass die italienische Polizei an einer Aufklärung des Falls nicht besonders interessiert war. Man nahm die Angelegenheit zu Protokoll, danach brach der Kontakt zu den Behörden ab.

»Warum hast du mir das nicht erzählt, als ich dich aus Österreich anrief?«, fragte ich Lolita. »Weil ich dich nicht aufregen wollte. Du hättest mir doch sowieso nicht helfen können«, sagte sie. Das war lieb von ihr. Am nächsten Tag bin ich in das Uhrengeschäft gegangen und habe die gleiche Uhr noch einmal gekauft. Lolita sollte wieder ein Geschenk für mich haben.

Der Überfall war nicht der einzige Kontakt mit dem Verbrechen in Italien. Dreimal hatten es irgendwelche Banditen auf meine Autos abgesehen. Zuerst kam mein roter Peugeot abhanden. Dieses Mal kümmerte sich die Polizei tatsächlich darum. Sie fand den Wagen – aufgebockt auf Ziegelsteinen und völlig ausgeschlachtet – in einem Waldstück in der Nähe von Mailand wieder.

Mein erster Mercedes Cabrio SL verschwand vor dem Mailänder Flughafen. Ich brachte Lolita dorthin, parkte im Halteverbot und sagte dem Polizisten, der gerade dabei war, Strafzettel zu verteilen, er solle mich doch bitte verschonen, weil ich nur eben meine Frau am Check-In abliefern wollte. Er war so freundlich. Doch als ich nach drei Minuten wiederkam, war der Mercedes weg. Ich ging zu dem Polizisten und meinte, dass wir doch eine Absprache getroffen hätten, wieso er mich denn habe abschleppen lassen. Er hatte nichts dergleichen getan – das Auto war vor seinen Augen gestohlen worden.

Mein zweiter Mercedes Cabrio SL fuhr davon, während ich mit Lolita auf einer Restaurantterrasse in unserem Wohnort Civate saß. Ein Gast sprang plötzlich auf und schrie auf Italienisch:»Lothar, Lothar, dein Auto!« Ich hatte mit dem Rücken zum Parkplatz gesessen und drehte mich um. Tatsächlich, ein fremder Kerl saß am Steuer meines Wagens und kurvte gerade vom Gelände. Da war dieser Gast aber schon aufgesprungen, rannte ihm entgegen und stellte sich todesmutig vor das Fahrzeug. Der Dieb stoppte nicht. Der Mann flog über die Kühlerhaube, knallte auf die Steine und brach sich dabei das Bein. Mit quietschenden Reifen entfernte sich mein Mercedes auf der Landstraße. Kaum waren wir im Polizeipräsidium, bekamen wir die Nachricht: Wagen gefunden! Der Idiot hatte ihn mit Achsenbruch an irgendeinem Bordstein stehen lassen.

Eine glückliche Begegnung mit den Carabinieri hatte ich auf einer Tour nach Rimini, wo ich Lolitas Großmutter besuchen wollte. Es war Ferragosto, August, *der* Urlaubsmonat der Italiener. Auf den Autobahnen von Mailand Richtung Osten staute sich der Verkehr zig Kilometer lang. Das dauerte mir zu lange, also zog ich rechts rüber auf den Standstreifen. Ich fuhr und fuhr und fuhr – acht Kilometer weit. Als ich am Horizont einen Polizeiwagen sichtete, fädelte ich wieder in den Stau ein. Sie hatten mich jedoch gesehen, holten mich aus dem Stau heraus, kontrollierten meine Papiere und wiesen mich zurecht. »Sie wissen, dass Sie nicht über den Standstreifen fahren dürfen, Herr Matthäus?« Jetzt musste mir ganz schnell etwas einfallen. »Ja, natürlich«, sagte ich, »aber ich muss um 14 Uhr in Rimini sein, da warten 300 bis 400 Inter-Fans bei einer Veranstaltung auf mich.« »Tut mir leid«, sagte der Polizist, »Sie müssen leider die gleichen Spuren benutzen wie die anderen Autofahrer.« Gut, immerhin musste ich nichts zahlen. Ich also wieder rein in den Stau. Als der Polizeiwagen hinter mir außer Sichtweite war, zog es mich wieder nach rechts auf den Standstreifen. Dieses Mal schaffte ich rund sechs Kilometer, als vorne der nächste Streifenwagen auftauchte. Ich wieder ab nach links. Wieder wurde ich gefunden, rausgeholt und kontrolliert. »Sie wissen, dass Sie nicht über den Standstreifen fahren dürfen, Herr Matthäus?« Die Antwort hatte ich längst parat. Nur steigerte ich diesmal die Dramatik. »Ja, natürlich, aber ich muss dringend um 14 Uhr in Rimini sein, da warten 300 bis 400 Inter-Fans bei einer Veranstaltung auf mich. Und wenn es um die Fans meines Vereins geht, tue ich alles, um sie nicht zu enttäuschen.« Da näherte sich der Polizeiwagen von der ersten Kontrolle. Die beiden besprachen sich, der zweite Beamte übergab dem ersten meine Papiere, und ich wurde sehr deutlich gebeten, dessen Wagen zu folgen. Mit Blaulicht legten wir fünf, zehn, zwanzig, dreißig Kilometer zurück. Er fuhr einfach immer weiter, nahm keine Abfahrt, hielt auf keinem Parkplatz. In was für einem Knast würde er mich bloß abliefern? Als der komplette Stau passiert war, gab er mir ein Zeichen, rechts ranzufahren. Er händigte mir meine Papiere aus und gab mir einen Zettel mit seiner privaten Postadresse. »Ich würde mich freuen, wenn Sie mir ein Trikot von Inter Mailand mit den Unterschriften der ganzen Mannschaft zuschicken würden. Ich hoffe, Sie sind jetzt rechtzeitig bei Ihren Fans. Eine schöne Fahrt noch, Herr Matthäus.«

MEIN GOTT, DAS KREUZBAND!

In Mailand war es bereits 1991 mit Trapattonis erneutem Wechsel zu Juventus Turin ungemütlich geworden. Corrado Orrico, ein Trainer aus der zweiten Liga, durfte sich auf dem Trainerposten versuchen. Während uns sein Co-Trainer beim Morgentraining um acht Uhr laufen ließ, saß er in kurzer schwarzer Turnhose, weißem ärmellosem T-Shirt und Badeschlappen auf einem Stuhl, wie er sonst nur um Swimmingpools herumsteht, und rauchte einen Zigarillo. »Wow, was für ein Typ!«, dachte ich mir. Wir kamen gut miteinander aus, aber er erreichte die Mannschaft nicht. Inter Mailand war eine Nummer zu groß für den Mann aus der Toskana.

Wir spielten eine durchwachsene Saison, wir erreichten noch nicht mal mehr die UEFA-Cup-Plätze. Vielleicht waren einige Spieler auch ein wenig satt von dem Erreichten. Die Saison erlebte ihren negativen Höhepunkt bei dem verhängnisvollen Heimspiel am 12. April 1992 gegen Parma. Der Rasen in Mailand war eigentlich immer mies, so auch an diesem Tag. Selbst neu ausgerollter Belag war schon nach vier Wochen wieder hinüber, weil zu wenig Sonne ins Stadion fiel und er von gleich zwei Mannschaften malträtiert wurde. Es kam zu einem Zweikampf, es gab einen Pressschlag mit dem Gegner, und als ich wieder aufkam, trat ich in eines der Löcher im Rasen, knickte links weg, verdrehte mir das Knie. Ein kurzer Schmerz, und ich merkte, dass es nicht mehr stabil war. Ich wusste sofort, dass etwas Schwerwiegendes passiert sein musste. Mein Kreuzband war gerissen.

Ich hatte mir in meinen Vertrag schreiben lassen, dass ich alle anfallenden Untersuchungen in Deutschland durchführen lassen konnte. Am nächsten Tag bin ich zu Dr. Müller-Wohlfahrt nach München geflogen und bekam dort die traurige Bestätigung. Was blieb mir übrig? Ich hatte natürlich von zahlreichen Kreuzbandoperationen gehört, und ich wusste auch, dass zu diesem Zeitpunkt ein Kreuzbandriss für viele das Karriereende bedeutete. In diesem Bewusstsein agierten wohl auch die Mailänder Clubchefs, die mich mit meiner Verletzung völlig allein ließen und den Kontakt annähernd einstellten. Vielleicht dachten sie an die Erfahrung mit David Fontolan, dem Torschützenkönig aus der zweiten Liga, der teuer eingekauft wurde, umgehend einen Kreuzbandriss erlitt und ein ganzes Jahr pausieren musste.

Andererseits wusste ich, dass es Sportler gab, denen innerhalb kürzester Zeit ein Comeback gelungen war. Diese Hoffnung hat mich getragen. Ich schloss mich mit diesen Sportlern kurz: mit dem Skiläufer Marc Girardelli und dem Torhüter Raimond Aumann. Ich war an ihren Erfahrungen interessiert. Beide hatten sich von dem amerikanischen Chirurgen Richard Steadman in Vail, Colorado, operieren lassen. Zehn Tage nach der Verletzung reiste ich mit Norbert Pflippen in die USA und begab mich in die Obhut dieses Professors, der weltweit nur »Kniepapst« genannt wurde und die prominenten Patienten in seinem Flur in einer langen Fotogalerie präsentierte. Die Operation – es war die erste in meinem Leben – dauerte anderthalb Stunden. Es wurde dabei eine neue Technik angewandt: Steadman implantierte einen Teil der Patellasehne ins Kreuzband.

Damals standen die Chancen 50:50, dass man nach so einer Verletzung wieder aktiv würde Fußball spielen können; heute schätze ich die Chance auf 95:5 ein. Mein Bruder hatte Ende der siebziger Jahre seine Fußballkarriere beenden müssen wegen einer läppischen Meniskusoperation und trug sogar noch eine dreißig Zentimeter lange Narbe davon. Meine Narbe 13 Jahre später maß nur noch fünf Zentimeter. Heute macht man das Ganze per Arthroskopie.

Beeindruckend war, dass meine Reha bereits am Tag nach der Operation begann. Ich konnte sogar schon wieder auftreten und bin auf dem Heimtrainer Fahrrad gefahren. In den Nächten hielt ein Mechanismus mein Bein immerzu in Bewegung, sodass es schnell wieder zu einem Rhythmus zurückfinden konnte. Mit einer solchen Aktivität hatte ich nicht gerechnet, sie gab mir Mut. Dennoch hatte ich einen harten und ungewissen Weg vor mir. Die unvermeidlichen Schlagzeilen, die schon vom Karriereende des Lothar Matthäus fabulierten, steigerten meine Motivation nur weiter. Ich wollte den Journalisten zeigen, dass sie mal wieder völlig falsch lagen.

Als ich aus den USA zurückkam, steckte ein vierteiliges Rehaprogramm in meiner Tasche, das ich mit Prof. Steadman und Dr. Müller-Wohlfahrt erarbeitet hatte. Da sich Lolita in den letzten Wochen der Schwangerschaft befand, verbrachte ich die erste Zeit meiner Rekonvaleszenz bei ihr in der Schweiz. In ihrem Appartement in der Nähe von Genf richtete ich mir einen Reharaum ein. Für die ersten Übungen, die auf dem Programm standen, waren nicht mehr als drei Geräte wichtig: ein Heimtrainer, eine Massagebank und ein Gummiband. Ich suchte mir außerdem einen Swimmingpool, um weitere Übungen unter Wasser machen zu können. Durch das Programm quälte ich mich allein, vormittags zwei Stunden, nachmittags zwei Stunden. Ohne Masseur, ohne Physiotherapeut, ohne Trainer.

Ich erinnere mich, dass ich in diesen Tagen in Genf einen Anruf von einem neunzehnjährigen Spieler vom Karlsruher SC erhielt. »Guten Tag, Herr Matthäus, hier ist Mehmet Scholl«, meldete er sich ganz förmlich, und ich musste ein wenig schmunzeln. »Du kannst ruhig Lothar zu mir sagen. Wir sind doch Kollegen«, entgegnete ich. Denn genau wie ich stand er bei Norbert Pflippen unter Vertrag. Der Grund seines Anrufs: Mehmet war sich nicht sicher, ob er zu Eintracht Frankfurt oder zum FC Bayern München wechseln sollte. Heute dachte er so, morgen wieder ganz anders. Norbert schlug ihm deshalb vor, doch mal mit mir zu sprechen und sich meine Expertise als bayernerfahrener Weltfußballer einzuholen. Ich erklärte ihm vor allem, dass er beim FC Bayern dauerhaft Erfolg haben würde und nicht nur saisonweise wie in Frankfurt. Ich schilderte ihm die Professionalität des Clubs und die Lebensqualität der Stadt. Es blieb nicht bei dem einen Gespräch. Es folgten weitere Telefonate, an die sich Mehmet sicher auch erinnert. So brachte ich ihn nach München, und dadurch ist aus ihm der Mehmet Scholl geworden, der er heute ist. Wäre er zu Frankfurt gegangen, wäre es nahezu unmöglich geworden, das, was er heute erreicht hat, zu toppen: Champions League gewonnen, Meisterschaften gewonnen, Nationalspieler geworden, in ganz Deutschland zum Idol aufgestiegen.

Loris kam am 17. Mai 1992 auf die Welt. Ein paar Tage vorher hatten wir noch gemeinsam in einer Genfer Disco heftig getanzt, Lolita mit dickem Bauch, ich mit geschientem Bein. Was für ein Bild! Nach der Geburt verlagerten wir unseren Lebensmittelpunkt und damit den Fitnessraum komplett in unser Haus in Italien. Ich ließ mir alle notwendigen Geräte – nun waren es einige mehr – mit einem LKW nach Civate bringen. Physiotherapeut Klaus Eder hat mir dabei unheimlich geholfen. Ich verteilte die Apparaturen – darunter Laufband und Beinpresse – so in der riesigen Garage, dass mein Blick sowohl auf den Fernseher fiel, der mich inzwischen mit sämtlichen Satellitenprogrammen und allen Spielen der Europameisterschaft in Schweden versorgte, als auch auf einen an der Wand klebenden Zeitungsausriss: »Matthäus: Karriereende«, stand da, versehen mit Fragezeichen, Ausrufezeichen, Punktpunktpunkt, was weiß denn ich. Dieser elenden Schlagzeile wollte ich widersprechen. Meine Karriere beende ich immer noch selber. Der zweite Teil der Reha konnte beginnen. Auch jetzt war ich auf mich allein gestellt. Drei Trainingseinheiten pro Tag, sechs Wochen lang: nur ich und das Knie. Alle zehn Tage ließ ich die Fortschritte von Dr. Müller-Wohlfahrt in München kontrollieren. Es war wirklich keine einfache Zeit. Der Verein kümmerte sich nicht um mich, und ich musste mich zusätzlich zum Aufbautraining um meine Frau und unseren Sohn kümmern. Ich hatte an vielen Ecken zu kämpfen, um das alles unter einen Hut zu bringen. Da ich die Reha nie vernachlässigen durfte, ging ich immer dann zum Trainieren in die Garage, wenn der Kleine schlief.

Langsam, aber doch schneller, als es ein Arzt empfehlen würde, steigerte ich das Programm. Der Resonanzkörper war allein ich selbst. Ich hörte immer wieder in mich hinein und traute meinem Knie mehr und mehr zu. Irgendwann merkte ich, dass mein Oberschenkel wieder an Kraft gewann. Vier Zentimeter hatte er im Umfang verloren und war fast wieder in den normalen Zustand zurückgekehrt. Ich fühlte mich so weit, um wieder im Freien und mit Ball zu trainieren. Also suchte ich mir einen Fußballplatz in der Nähe meines Wohnortes. In Civate gab es ein Restaurant, das von einer sehr netten Familie geführt wurde. Der Sohn dieser Familie stand in dem Restaurant nicht nur hinterm Herd, er war auch der Torhüter des örtlichen Fußballclubs. Mit ihm trainierte ich wieder erstmals im Freien und auf unebenem Boden. Ich war so sensibilisiert, dass ich kleinste Veränderungen im Untergrund bemerkte. Der Koch war mein Sparringspartner. Er warf mir die Bälle zu, ich spielte sie ihm zurück. Mit ihm machte ich Koordinations-, Technik- und Schussübungen. In meinem Garten hatte ich außerdem ein Trampolin aufgestellt. Lolita musste mir Bälle zuwerfen, die ich zurückspielte. Das half, um wieder Stabilität zu bekommen. Über vier Monate habe ich mir so mein eigenes Programm zusammengestellt.

Die letzte und vierte Phase verlegte ich nach Crans Montana. Sie bestand vor allem aus einsamen Wald- und Bergläufen mit Belastungen bis zum Erbrechen. Als ich mich so alleine durch die Natur quälte, fühlte ich mich an die Rocky-Filme erinnert, in denen ein willensstarker Sylvester Stallone das Comeback plant und sich auf den nächsten Fight vorbereitet. Ich habe keine Baumstämme herumgewuchtet, aber ich suchte mir für meine Ausdauerläufe und Sprints Extreme, Wurzelböden, Steigungen, rutschiges Laub, tiefen Matsch. Ich habe bewusst schwierigen Untergrund gesucht, um zu spüren, ob mein Körper mit unvorhergesehenen Situationen zurechtkommt. Ich durchkämmte den Wald wie kein anderer, und das zweimal pro Tag. Am Ende kannte ich jeden Quadratmeter. Genossen habe ich diese Waldbesuche nie. Wenn du Fußball spielen willst, fühlst du dich nicht im Fitnessraum zu Hause und auch nicht im Wald. Du magst es auch nicht, alleine zu sein. Du willst mit der Mannschaft trainieren, um dich vollwertig zu fühlen.

Am schwierigsten war es, die Ungeduld zu überwinden. Ich durfte keinen Schritt unüberlegt machen. Alles, was im Knie passiert war, ist vom Kopf aus gesteuert worden. Jede Kleinstbewegung, jedes Knirschen, jeden Schmerz habe ich registriert, was mich dazu veranlasste, doch wieder ein bisschen weniger zu belasten. Spürte ich nichts, belastete ich weiter.

Natürlich war ich ab und zu an einem Punkt, aufgeben zu wollen. Natürlich war ich der Versuchung ausgesetzt, eine Trainingseinheit wegzulassen oder mal mit der Familie ein Wochenende in den Urlaub zu fahren. Aber ich habe immer widerstanden.

Vor jedem Spiel, in das ich gegangen war, pflegte ich ein kleines Ritual. Ich saß in der Kabine, schloss inmitten der Hektik die Augen. Ich betete nicht, sondern hielt zwanzig Sekunden lang stumme Zwiesprache mit mir selbst. Ich redete mir ein, heute alles geben zu müssen, um das Beste für die Mannschaft herauszuholen. Ich redete mir ein, dass ich, wenn ich alles geben würde, besser bin als mein Gegenspieler. Ich redete mir ein, dass ich, wenn ich arbeite, belohnt werde.

Genauso beseelt war ich während meiner Rekonvaleszenz. Ich war besessen von dem Gedanken, wieder gesund zu werden. Ich hatte den Willen, morgens aufzustehen. Ich hatte den Willen, immer wieder in diese langweilige Garage zu gehen. Ich hatte den Willen, jeden Tag aufs

Neue an meinen geschundenen Körper zu appellieren. Ich glaube, mir und meiner Familie ist damals im Höchsttempo ein kleines Wunder gelungen. Ich programmierte mich auf Heilung.

GEHEIMAKTION MÜNCHEN

Während dieser Tortur besuchten mich eigentlich nur zwei Personen. Giovanni Trapattoni, der Mann, der mich nach Mailand geholt hatte und jetzt Trainer von Juventus Turin war. Ich gab ihm die Videokassette von meiner Operation mit. Er hat sie immer noch. Man sollte einfach keine Filme verleihen, kriegt man in den seltensten Fällen wieder.

Und es kam ein alter Freund von Franz Beckenbauer nach Mailand, der auch mir ans Herz gewachsen war: Rudi Houdek, Fleischfabrikant aus Starnberg und bis zu seinem Tode Mitglied des Verwaltungsbeirats des FC Bayern München. Er war sehr interessiert an meiner Reha, und ich erzählte ihm von meinen Fortschritten.

Und nicht nur davon: Auch mein abgekühltes Verhältnis zu Inter Mailand war Thema. Da ich die uninteressierten Verantwortlichen meines Vereins absichtlich nicht ständig informierte, waren sie wohl der Meinung, dass ich entweder Invalide werden oder vielleicht erst ein Jahr darauf wieder zur Verfügung stehen würde. So war es Houdek, der Franz Beckenbauer dafür sensibilisierte, mit Uli Hoeneß über die Möglichkeit einer Rückkehr nach München zu sprechen. Wir wurden uns einig, auch der Trainer Erich Ribbeck war einverstanden, doch herauskommen durfte die Absprache noch nicht. Die Italiener sollten ruhig glauben, dass ich noch längere Zeit brauchen würde. Das war auch einer der Gründe, warum ich mich einsam im Wald fit gemacht hatte und nicht bei irgendeinem Verein. Meine Fortschritte wären zu offensichtlich gewesen.

Die Bayern fragten dann dezent und unauffällig an, und ich sprach mit Präsident Pellegrini erneut über einen Wechsel. Wieder reagierte er ablehnend, aber beileibe nicht so ablehnend wie im Falle von Real Madrid. Es kam zu einem Treffen zwischen den Clubchefs und mir in der Villa Pellegrini. Mit Hängen und Würgen bekamen wir es hin, dass der Deal an diesem Abend geschlossen wurde. Die Ablösesumme belief sich nicht mehr auf 18 Millionen Mark. In der Annahme, einen halben Krüppel zu verkaufen, waren es nur noch rund vier Millionen. Und da ich ja auch dem FC Bayern nicht garantieren konnte, dass es tatsächlich wieder mit mir klappen würde, vereinbarten wir, dass ich ihnen einen Teil meiner damals sehr hohen Invaliditätsversicherung überlassen würde.

Der Wechsel schien perfekt. Ich war nicht mehr Pellegrinis Picasso, ich war nur noch seine Micky Maus. Doch plötzlich fiel dem Präsidenten etwas für ihn nicht Unerhebliches ein. Er wollte sich dagegen absichern, dass ich den FC Bayern als Zwischenstation benutzen würde und nach ein paar Monaten bei einem anderen italienischen Konkurrenzverein einen Vertrag unterschreibe – italienische Blockadepolitik. Erinnerungen an den schwarzen Koffer kamen hoch. Letztlich war es die pure Angst, die Pellegrini zu der Intervention veranlasste. Mich in seiner Fantasie für einen anderen italienischen Verein erfolgreich spielen und Pokale gewinnen zu sehen und damit die eigenen Fans gegen sich zu haben, das war die absolute Horrorvorstellung für ihn. »Für den Fall, dass du den Vertrag mit dem FC Bayern vorzeitig beenden solltest, um zu einem anderen italienischen Verein zu wechseln, möchte ich als Sicherheit eine Bankgarantie über sieben Millionen Mark«, sagte Pellegrini. Sieben Millionen? Die Bayern waren überrascht, ich war überrascht. Wo sollten wir abends um acht diese Sicherheit herkriegen? Alle Banken hatten geschlossen. Wir wollten das doch heute alles noch über die Bühne bringen. Nach langen, langen Gesprächen ließ sich Pellegrini auf Rummenigges, Beckenbauers und mein Wort ein. Wir machten ihm klar, dass der FC Bayern ein seriöser Club sei, der seine Spieler strategisch kauft und sie nicht nach einem halben Jahr wieder ziehen lässt. Um zehn Uhr abends gaben wir uns die Hand, und alles war erledigt.

Noch in derselben Nacht fuhr ich zurück nach Crans Montana, packte meine Sachen und machte mich am nächsten Morgen um sechs mit dem Auto auf den Weg nach München. Um zwölf Uhr sollte es im Olympiastadion eine riesige Pressekonferenz geben, am Nachmittag das erste Training mit der Mannschaft – und nach zehn Tagen das erste Meisterschaftsspiel gegen Wattenscheid. Nach vier Monaten und 18 Tagen war ich wieder im Einsatz.

Gemeinsam ging es nur selten in die Kirche: 1966 feierten wir die Heilige Kommunion meines Bruders Wolfgang (r.)

Durch ihn lernte ich, mich am Ball durchzusetzen: Mein vier Jahre älterer und einen Kopf größerer Bruder Wolfgang und ich

Auch Ausflüge mit der ganzen Familie waren eher die Ausnahme wie hier 1965. Hauptsächlich wurde gearbeitet im Hause Matthäus

Nur Fußball im Kopf: So sahen Ende der 60er, Anfang der 70er die Wände unseres gemeinsamen Kinderzimmers aus

Die Nationalmannschaft im Mai 1984: Unter Bundestrainer Jupp Derwall dauerte es lange, mich durchzusetzen und als Stammspieler zu empfehlen

Mit einem typisch mexikanischen Ranchero bei der WM 1986. Mode wurde mit der Zeit immer wichtiger. Vor allem Italien wurde später für mich stilprägend

Auch wenn mir der verschossene Elfer von 1984 immer nachhing: Bei großen Turnieren – wie hier im EM-Halbfinale 1988 – übernahm ich Verantwortung

Kirchentreu war ich nie. Dennoch begegnete ich sogar dem Papst – 1989 mit der Mannschaft von Inter Mailand

(oben) WM-Songs gehörten bis 1994 zur Pflichtübung: Wir dilettierten mit Michael Schanze, Peter Alexander und hier 1989 mit Udo Jürgens

(unten) Familie FC Bayern: Mein Sohn Loris – hier zwischen Co-Trainer Michael Henke und Ottmar Hitzfeld – wurde jedoch zum eingefleischten Inter-Fan

Eines meiner vielen Kräftemessen mit Diego Armando Maradona: Hier entschied ich mit Inter Mailand 1989 die Meisterschaft gegen Neapel *(rechts)* Rom, 8. Juli 1990, später Abend: die beste Turnierleistung meiner Laufbahn (5 Tore) gekrönt vom größten Moment

(unten) Heimflug: Zum dritten Mal wurde ein WM-Pokal nach Deutschland transportiert. In diesem Fall durch einen »Kaiser« und seine Gefolgschaft

(oben) Die Weltmeistermannschaft von 1990: Ans Ziel kamen wir vor allem durch zwei Dinge: totale Harmonie und klare Hierarchie

(unten) Das Aus bei der WM 1994 in den USA: Bulgariens Stoitchkov überwindet die Mauer. Wir scheiterten, obwohl unser Team besser besetzt war als 1990

Nicht unbedingt ein Freund: Trotzdem feierten Jürgen Klinsmann und ich gemeinsame Erfolge in Mailand, der Nationalelf und München (hier 1995)

Mein Abschiedsspiel 2000: Durch die nachträglichen Auseinandersetzungen mit dem FC Bayern sind meine Erinnerungen daran eher zwiespältig

Attraktivere Testspiele, Millioneneinnahmen durch neue Sponsoren: In Ungarn leistete ich 2004 als Nationaltrainer vor allem Aufbauarbeit

Als Pelé in den 60ern das Puma-Werk in meiner Heimatstadt besuchte, interessierte er mich nicht die Bohne. Hier bei der Auslosung zur WM 2006

Keine einfache Beziehung: 2006 wurde
mir in Salzburg Giovanni Trapattoni vor die
Nase gesetzt. Als Trainer sind wir einfach
zu verschieden

Ich lernte viele Künstler kennen, die fußballerisch äußerst begabt waren. Hier mit Robbie Williams 2006 bei einem Kick für UNICEF in Manchester

Wolfgang, Heinz, Katharina, Lothar: Früh entschied ich mich, ein völlig anderes Leben als meine Eltern und mein Bruder zu leben

(*rechte Seite oben*) Meine Töchter Viola (links) und Alisa (rechts) aus meiner ersten Ehe mit Silvia: Ich bedauere, nicht mehr Zeit mit ihnen verbracht zu haben. Heute ist das glücklicherweise anders. Unser Verhältnis ist sehr herzlich

(*rechte Seite unten*) Meine Mutter und Loris: Alle drei Enkel besuchen regelmäßig ihre Großeltern in der fränkischen Provinz

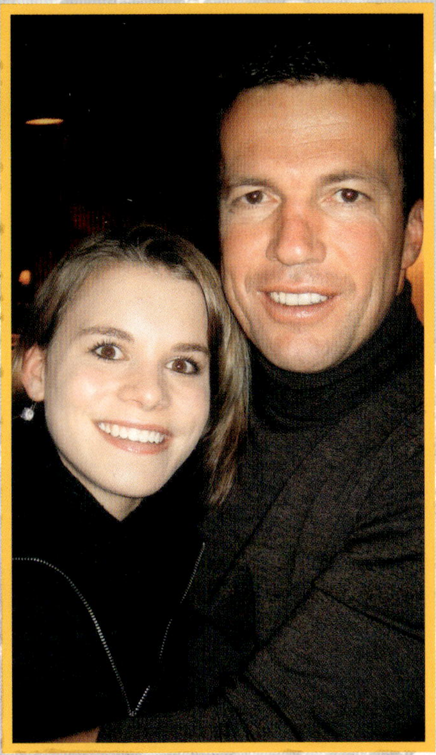
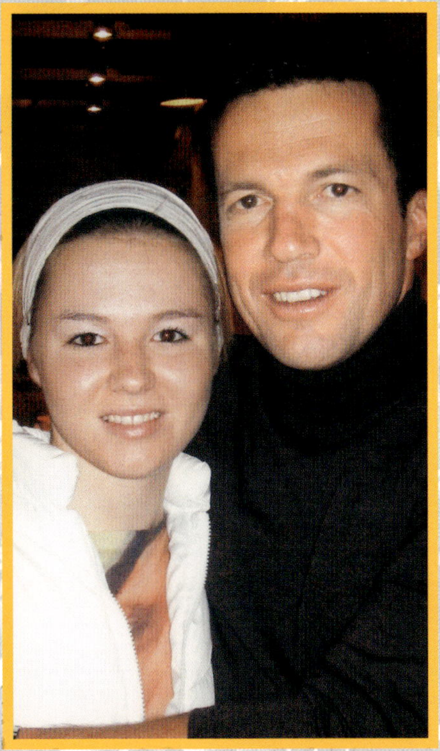
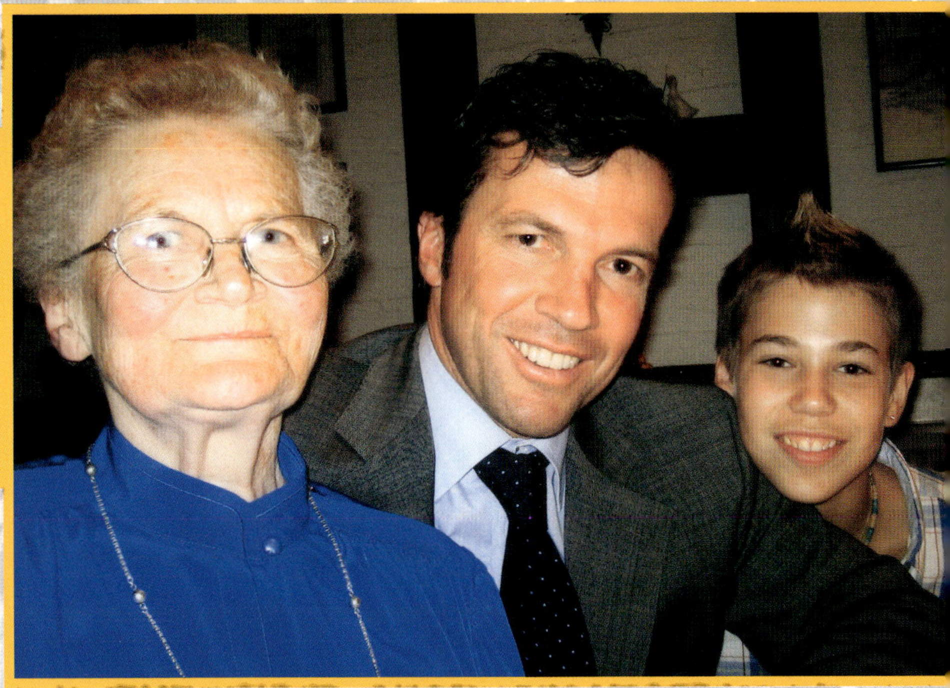

Der Traum der Unschlagbarkeit blieb ein Traum. Doch West und Ost wuchsen fest zusammen. 2010 kickten Ulf Kirsten und ich in Leipzig zur 20-jährigen Fußball-Einheit

Als Nationaltrainer in Bulgarien: Mein zuerst hoffnungsvolles Engagement in Sofia geriet in jeglicher Hinsicht zu einem Missverständnis

(oben) Wenn Reinhold Beckmann ruft, komme ich gern: Seit 2005 veranstaltet der Moderator den „Tag der Legenden" am Hamburger Millerntor für sein Sozialprojekt NestWerk. Die Begegnungen mit Fans und Fußball-Dinos wie Horst Eckel, Uwe Seeler oder Felix Magath haben für mich etwas von Klassentreffen

(unten) Alte Bekannte: In der Qualifikation zur EM 2012 traf ich mit Bulgarien auf Ottmar Hitzfelds Schweizer. Beide Teams schafften es nicht ins Turnier

(oben) Wieder vertragen: Beim letzten EM-Test gegen Israel im Juni 2012 in Leipzig platzierte man mich neben einen alten Bekannten

(unten) Die Freundschaft mit DFB-Präsident Wolfgang Niersbach reicht zurück in die Gladbacher Tage. Hier mit Rudi Völler beim DFB-Bundestag 2012

Die italienischen Gazetten waren voll von dem Wechsel. Einige Kommentatoren fühlten sich getäuscht. Die Presse schrieb, ich habe ein Spielchen gespielt. Aber hatte sich der Verein nicht null Komma null um mich gekümmert? Hatte man nicht mit den Neueinkäufen von Matthias Sammer, Darko Pancev aus Mazedonien, Rubén Sosa aus Uruguay und dem Russen Igor Schalimow ein klares Zeichen gesetzt? Nicht ein einziges Mal hatte sich der neue Trainer bei mir gemeldet. Und nur einmal, 1992 während des EM-Spiels Deutschland gegen Russland, hatte ich den Präsidenten am Telefon. In dem Spiel wirkten zwei Neuzugänge von Inter mit: Sammer und Schalimow. Deren Leistung war aber alles andere als überragend, sodass mich Pellegrini nach dem Spiel fragte, wie es mir denn eigentlich ginge und was ich von den beiden Spielern halten würde. Ich meinte nur, dass das Top-Leute seien und er doch dieses eine Spiel nicht überbewerten sollte.

Wie sehe ich die Sache heute, zwanzig Jahre danach? Ja, ich bin davongelaufen. Ich hatte mich vom Verein im Stich gelassen gefühlt und darauf gedrängt, gehen zu dürfen. Einerseits konnte ich dadurch acht schöne weitere Jahre bei Bayern München erleben. Andererseits war ich immer jemand, der gekämpft hat, der sich zurückgekämpft hat. Ich bin aber auch aus Angst davongelaufen, es nach dieser schweren Verletzung nicht mehr zu schaffen. Obwohl ich so schnell wieder einsatzbereit war, fehlte mir wohl der hundertprozentige Glaube an mich. Ich war bei Inter Mailand zweimal zum Weltfußballer gewählt worden, und plötzlich kaufte der Verein vier neue Ausländer. Damals durften aber nur drei Ausländer auf dem Platz stehen. Ich wäre der fünfte Ausländer gewesen. Wie sollte ich das deuten?

VOM KRÜPPEL ZUM WIEDERAUFERSTANDENEN

19. September 1992: die Rückkehr ins Olympiastadion. Mein erster Spieltag war der siebte der laufenden Saison. Es ging zu Hause gegen Wattenscheid, eigentlich einen mehr als schlagbaren Gegner. Zeitgleich fing das Oktoberfest an, die allgemeine Laune in München war also blendend.

Nach dem Spiel, das 1:1 ausging, protokollierte der Kicker über mich: »Vierzig Pässe, davon elf Fehlpässe, fünf von acht Zweikämpfen gewonnen, kein Torschuss, zwei Flanken, zwei Ecken, ein Einwurf, ein Hackentrick, zwei Fouls, zweimal gefoult worden.« Weil man mich unbedingt in die Mannschaft einbauen wollte, musste ich als linker Verteidiger ran. Nicht gerade eine Position, die ich mochte.

Natürlich musste ich nach meinen ersten Einsätzen die erwartbaren Kritiken lesen: »Comeback misslungen!«, »Matthäus: Fehleinkauf!«. Keine Rücksicht, kein Verständnis, keine Fachkenntnis. Die Journaille haute schlicht drauf. Der 14. Spieltag, es war der 21. November 1992, zeigte mir dann endlich, dass es so etwas wie eine höhere Gerechtigkeit geben musste. Eine Instanz, die dich belohnt für den Kampf und dafür, nie aufgegeben zu haben. Wir spielten in Leverkusen, zweite Halbzeit. Beim Stand von 1:1 bekamen wir eine Ecke zugesprochen. Eine Sache für Mehmet Scholl. Im Strafraum tummelten sich rund 15 Spieler, Christian Wörns, Ioan Lupescu, Christian Ziege, Bruno Labbadia. Nur ich nicht. Ich stand allein in zentraler Position rund 25 Meter vom Tor entfernt. Wie einstudiert schlug Mehmet die Ecke nicht klassischerweise vors Tor, sondern hoch und weit in meine Richtung. Der Ball flog lange. Sehr lange. Ich fixierte ihn, beschwor ihn förmlich in seinem Flugverlauf, ging ein, zwei, drei Schritte nach vorne und traf den Ball perfekt mit dem rechten Fuß, dem verletzten Bein. Über die Köpfe der staunenden Mitspieler hinweg rauschte das Ding links oben unter die Latte. Ich hatte das Tor des Jahres geschossen und mich jetzt auch bei den Zweiflern zurückgemeldet. Dieses Tor war für mich mehr als ein Tor. Es war auch mehr als ein Tor des Jahres. Es war wesentlich mehr. Ich hatte den gerechten Lohn erhalten. Ich hatte mich befreit. Von nun an wusste auch ich wieder, zu was ich fähig bin.

Nach dem 4:2 in Leverkusen lief es plötzlich wie am Schnürchen. Zwei weitere Traumtore gelangen mir in den nächsten beiden Spielen gegen Karlsruhe und Bochum: Ich war wieder der gefeierte Star. Wenige Wochen vorher galt ich noch als Invalide, der den Bayern nicht mehr helfen kann. Solche Episoden machen den Fußball natürlich spannend. Doch ich muss auch immer wieder sagen, dass man für solche Berg-und-Tal-Fahrten gute Nerven haben muss. Ich war der Vollidiot und der Superstar. Ich war der Krüppel und der Wiederauferstandene. Man muss stabil sein, um in diesem Geschäft bestehen zu können. Ich habe mich von den Niederlagen, Intrigen und Rückschlägen nie beeindrucken lassen, weil ich immer an meine eigene Stärke geglaubt habe. Wichtig ist doch, dass man im Leben einmal mehr aufsteht als man hinfällt.

Wir spielten keine schlechte Saison, wurden Zweiter. Erst am letzten Spieltag entschied sich die Meisterschaft zugunsten von Werder Bremen. Ein Erfolg, wenn man bedenkt, dass der FC Bayern in der vorhergehenden Saison gegen den Abstieg gespielt hatte. Parallel dazu fand ich den Weg zurück in die Nationalmannschaft, die in meiner Abwesenheit bei der EM 1992 das Finale erreicht hatte.

ACH, ROM!

Die ersten Wochen in München mussten Lolita, Loris und ich improvisieren. Wir wohnten zuerst in einer Art Generationenhaus, in der See-Villa von Rudi Houdek. Unten wir, im ersten Stock Erich Ribbeck und seine Frau. In so einem Haus begegnet man sich zwangsläufig, und so hatte der aktuelle Bayern-Trainer auch unseren Loris oft auf dem Arm. Dann fanden wir ein wunderschönes Haus in der Nähe des Starnberger Sees. Lolita ließ all ihre Tiere nachkommen, nicht nur ihre Hunde und Katzen. Auch ein Pferd und ein Pony mussten in der Nachbarschaft untergebracht werden.

Für mich lief alles wie früher. Ich fuhr zum Training, war viel unterwegs. Aber Lolita hat gelitten. Sie hat nie darüber gesprochen, und ich realisierte das erst hinterher. Sie hatte zwar ihre Moderationen in der Schweiz und regelmäßig Kontakt zu ihrer Familie. Aber trotz ihrer Tiere und des Kontakts zu einigen Spielerfrauen fühlte sie sich in München nicht wohl. 1993 floppte auch noch ihre erste deutsche TV-Show »Babys Bester«. Zwanzig Sendungen waren angekündigt, acht strahlte die ARD aus. Davor hatte sie noch nie eine Niederlage im Job hinnehmen müssen.

Kurz vor der Winterpause wurde Erich Ribbeck entlassen. In diesem Falle war es vor allem ein Spieler, der Politik gegen Ribbeck betrieben hatte:

der Holländer Jan Wouters. Das Training sei nicht zeitgemäß, es sei von gestern, wurde in die höheren Etagen vermittelt. Man entschloss sich, Ribbeck zu kündigen und Franz Beckenbauer für sechs Monate als Clubtrainer zu installieren. Franz wollte das erst nicht, er verwies darauf, dass Erich Ribbeck sein Freund sei, ließ sich dann aber doch überreden. Eine seiner ersten Amtshandlungen: Er machte mich wieder zum Kapitän. Torhüter Raimond Aumann, der die Binde getragen hatte, war nicht begeistert. Nach 1990 wieder ein Kreativteam mit Franz zu bilden, war sicher reizvoll, doch zum Sommer 1994 sollte mein Vertrag bei den Bayern auslaufen. Giovanni Trapattoni wusste das und rief mich an: »Lothar, verlängere deinen Vertrag nicht. Ich gehe zum AS Rom, und ich möchte dich unbedingt dabeihaben.« Lolita und ich waren begeistert von dem Angebot. Das war im März. Im selben Monat gewann der AS Rom jedoch sechs Spiele in Folge. Der Trainer war gerettet, Trapattoni stand nicht mehr zur Debatte und damit mein Wechsel nach Rom auch nicht mehr.

Dummerweise hatte ich schon unser Haus am Starnberger See verkauft, weil ich wirklich davon überzeugt war, dass wir nach Italien zurückgehen würden. Mit Glück fanden wir recht schnell ein neues, idyllisches Seegrundstück mit Bootsanleger. Die Tiere wanderten mit. Und weil sich Ponys schnell einsam fühlen und sich größere Pferde nicht um sie kümmern, bekam Lolita noch einen Esel dazu. Das Pony hatte nun Gesellschaft. Was ich nicht ahnte: Lolita fühlte sich ebenso wie das Pony vorher – entsetzlich einsam.

Wir ließen unsere römische Vision davonziehen, und ich verlängerte mit dem FC Bayern. Paradoxerweise beim Italiener, per Handschlag. Zu was diese Vertragsverlängerung in meiner Ehe führen würde, ahnte ich zu diesem Zeitpunkt noch kein bisschen.

WARTEN AUF DEN RUCK

Die Weltmeisterschaft 1994 in Amerika war für mich als Kapitän eine große Enttäuschung. Der Teamgeist in der Mannschaft und das Vertrauen von Berti Vogts zu mir – beides war miserabel.

Vogts vermutete, dass ich mit der *Bild*-Zeitung zusammenarbeiten und Interna herausgeben würde, was eine reine Unterstellung gewesen ist. Es wurden Dinge über mich geäußert, um mir zu schaden. Ich hatte einen guten, vielleicht zu guten Kontakt gehabt speziell zu einer Person von der *Bild*-Zeitung, aber »enger Kontakt« heißt nicht, dass ich Interna herausgebe. Das habe ich nie getan. Gegenüber der Mannschaft und dem Verein war ich immer loyal. Dennoch ist mir heute klar, dass mir die Nähe zu *Bild* teilweise mehr geschadet hat als geholfen.

Eine Information, die mir damals zugetragen wurde, fällt mir schwer zu glauben: Um seinen Verdacht zu erhärten, soll Vogts angeblich sogar meine Hotel-Telefonrechnung kontrolliert haben. So etwas geht natürlich nicht. Genauso wenig, wie sich zuerst mit anderen Spielern über die Mannschaftsaufstellung zu unterhalten, obwohl ich der Kapitän war. Der Kapitän sollte meiner Meinung nach der erste Ansprechpartner des Trainers sein.

Man kann argumentieren, dass es hier um verletzte Egos gegangen ist und ich das hätte wegstecken können. Habe ich auch. Das sportliche Grundproblem dieses Turniers lag jedoch ganz woanders: Berti Vogts hat die Spieler an der langen Leine gelassen und wurde dabei ausgenutzt. So erlaubte er einigen Spielern, sich vor dem Vormittagstraining zwei Stunden auf dem Golfplatz herumzutreiben. Wer kann denn nach zwei Stunden Golf beim Training noch konzentriert zur Sache gehen? Dann gab es ein Riesenchaos mit den Spielerfrauen, darunter sehr dominante Charaktere. Auch unter ihnen herrschte ein Konkurrenzkampf. Einige fühlten sich benachteiligt und drängten Vogts dazu, die Ausgangssperre zu lockern. Außerdem war jede von ihnen journalistisch vernetzt, was ausgenutzt wurde, um über die Medien Druck zu entwickeln. Es war furchtbar.

Vogts machte auf mich einfach einen überforderten Eindruck und setzte auf die falschen Spieler. Ein weiterer Fehler war, die Weltmeister Rudi Völler und Andy Brehme mitgenommen zu haben, obwohl andere Spieler auf diesen Positionen gesetzt waren, nämlich Riedle und Wagner. Rudi und Andy mussten sich wie das fünfte Rad am Wagen fühlen. Entweder ich setze auf jemanden, oder ich lasse ihn zu Hause. Alles andere bringt bloß Unruhe und Gesprächsstoff für die Journalisten.

Ich hatte vor, wieder alles zu geben, um den Weltmeistertitel zu verteidigen. Aber mir fehlte die Unterstützung vom Trainer. Das hat die Mannschaft gemerkt, folglich fehlte mir auch deren Unterstützung. Und dann waren natürlich auch kantige und selbstbewusste Spielertypen dabei wie Basler, Effenberg, Sammer, Illgner oder Strunz. Das Potenzial war sicher größer als 1990, wir hätten den Pokal behalten können, aber wir hatten zu viele Leitwölfe im Team. Die Hierarchie hat einfach nicht gestimmt. Vier Jahre zuvor hatte ich Rudi Völler, Andy Brehme und Pierre Littbarski hinter mir. Plötzlich stand ich alleine auf dem Platz mit Spielern, die selbst in der Hierarchie nach oben klettern wollten. Ich merkte schnell, dass weder die Harmonie, noch der Spaß, noch der Zusammenhalt da waren wie noch 1990. Ich wartete auf einen Ruck, aber der kam nicht.

Stattdessen brachte Effenbergs Stinkefinger-Affäre im Spiel gegen Südkorea nur noch mehr Unruhe. Natürlich war das eine falsche Reaktion gewesen. Aber muss man sich von den eigenen Fans beleidigen lassen? Sollen wir uns als Spieler verhalten wie Mumien? Wieso hat der Fan recht, der Spieler aber nicht? Der ins Publikum gerichtete Mittelfinger war vor allem für den DFB-Präsidenten Egidius Braun zu viel. Er entschied, nicht Vogts. Braun gab Stefan keine Chance, sich zu verteidigen. Er wurde angezählt und ausgeknockt. Auf Deutsch: ab nach Hause! Ich hätte als Trainer um Effenberg gekämpft. Selbst bei einer Verfehlung: Halte ich nicht erst einmal zu meinem Spieler und schütze ihn? Spreche ich nicht mit ihm, lasse mir die Situation erklären und gebe ihm die Möglichkeit, seine Überreaktion zu entschuldigen?

So kam es nach vier durchwachsenen Spielen im Viertelfinale zum Aus gegen Bulgarien. Ich hatte uns noch durch einen Elfmeter in Führung gebracht. Dann der Doppelschlag der Bulgaren rund zehn Minuten vor Schluss. Wir waren in den USA nicht in der Lage, unser gesamtes Potenzial abzurufen. Eine solche Weltmeisterschaft herzuschenken wie wir 1994, so dumm kann man eigentlich gar nicht sein.

Enttäuscht flog ich nach dem Turnier über Los Angeles nach Hawaii und machte erst einmal Urlaub. Dort erfuhr ich aus den Medien, dass Berti Vogts nicht abtreten würde, sondern einen Schnitt ankündigte, der darin bestand, mich aus der Nationalmannschaft zu entfernen und mit Matthias Sammer als Kapitän einen Neuanfang zu planen. Doch zumindest in den ersten Monaten nach der WM machte er seine Drohung nicht wahr.

Vogts gehörte meiner Meinung nach damals zu den Menschen, die sich immer verfolgt und verraten fühlen. Mir wäre es lieber gewesen, wenn er als mein Chef ein offenes Gespräch mit mir gesucht hätte. Dann wären einige Dinge nicht passiert, und ich hätte ihm helfen können, genauso wie ich Franz Beckenbauer 1990 geholfen habe. Berti Vogts hätte mir definitiv vertrauen können.

Inzwischen haben wir beide ein super Verhältnis zueinander. Beim Länderspiel der deutschen Nationalmannschaft gegen Israel Ende Mai 2012 saßen wir nebeneinander auf der Tribüne des Leipziger Stadions und diskutierten über den durchwachsenen Auftritt von Jogis Elf. Über unsere Vergangenheit sprechen wir allerdings nicht mehr. Ich will nicht nachhaken und eventuell neues Öl ins Feuer gießen. Das war einmal.

UND JETZT DIE ACHILLESSEHNE

Zurück ins Bundesliga-Geschäft: Wer sollte nun die Nachfolge antreten von Franz Beckenbauer als Interimscoach beim FC Bayern? Ich machte Franz darauf aufmerksam, dass Giovanni Trapattoni gerade frei sei und ich mir vorstellen könnte, dass er zu den Bayern passt. Gesagt, getan: Ich kannte Trap ja bereits und wusste, wie er trainiert. Sehr lange, sehr trocken, viel Taktik. Ich musste einige Male vermitteln zwischen Mannschaft und Trainer und wurde so zu einer Art Mittelsmann zwischen beiden Parteien.

Doch kaum hatten wir uns aufeinander eingestellt, kassierte ich im Januar 1995 meine zweite schwere Verletzung. Es geschah bei einem Freundschaftsspiel in Bielefeld. Der Boden war leicht gefroren. Ich wollte den Ball mit der Brust annehmen, machte einen langen Schritt, kam mit dem linken Fuß auf und hörte plötzlich einen unglaublichen Schlag – wie eine Explosion. Selbst das Publikum hat das gehört. Mir war klar, dass da nur die Achillessehne kaputtgegangen sein konnte. Ich schaute runter, und tatsächlich: Alles hing auseinander. Die Wade hing ganz oben, zwischen Ferse und Wade war nichts.

Ich wurde vom Platz getragen und nahm sofort Kontakt zu Dr. Müller-Wohlfahrt auf, der die nächsten Schritte einleitete. Dieses Mal wurde ich in München operiert und begann wieder direkt im Anschluss mit der Reha. Allerdings diesmal unter Aufsicht, da dem FC Bayern daran gelegen war, dass ich möglichst schnell wieder zurückkomme.

Auch in diesem Falle schaffte ich das Comeback in Rekordzeit. Ich saß bei Trapattonis letztem Spiel auf der Bank, das gleichzeitig das letzte Spiel der Saison gewesen ist. Es ging gegen Bremen, unseren größten Konkurrenten damals. Hätten wir gewonnen, und hätte gleichzeitig Dortmund sein Spiel gegen Hamburg gewonnen, wäre Dortmund Meister geworden. Hätte Bremen gewonnen und Dortmund verloren, hätte Bremen bei uns die Meisterschaft gefeiert. Wir waren also das Zünglein an der Waage.

Wir lagen knapp mit 1:0 in Führung, und Trapattoni wollte mich nach meiner viermonatigen Pause einwechseln. Ich hatte mich schon mit den anderen Reservespielern warm gemacht, als Trapattoni mich rief. Ich ahnte, was er vorhatte, und gab ihm aus der Ferne zu verstehen: »Nein! No! Ich nicht! Non voglio!« Ich wollte in diesem Moment nicht für einen Spielausgang verantwortlich sein, der die Meisterschaft beeinflusste, nur weil Trapattoni vorhatte, mir einen Gefallen zu tun und mich einsetzte, obwohl die Leistung noch nicht wieder auf gewohntem Niveau war. Auch in diesem Falle verhielt ich mich sportlich gegenüber Borussia Dortmund. Am Ende haben wir gewonnen, Dortmund hat gewonnen, Dortmund ist Meister geworden.

Mein erster Einsatz sollte erst in der neuen Saison stattfinden. Also machte ich mich mit meiner Familie auf in den Urlaub. Die Malediven! Im Banyan Tree Resort trainierte ich weiterhin jeden Tag am Strand. Nach meiner Rückkehr und dem Beginn der Saisonvorbereitung mit Otto Rehhagel merkte ich, dass meine Achillessehne wieder dicker wurde. Wir versuchten es immer wieder mit Kühlung, die Achillessehne schwoll aber immer wieder an. Es stellte sich heraus, dass sich direkt an der operierten Stelle eine Zyste gebildet hatte. Ich musste noch einmal aufgeschnitten und die Achillessehne an der betroffenen Stelle zu einem Drittel abgeschabt werden. Das bedeutete für den Heilungsprozess einen Rückschlag von vier bis fünf Monaten. Erst im November stieß ich wieder zur Mannschaft.

UNTER SCHOCK

1995 bereitete mir nicht nur die Achillessehne Kummer. In diesem Jahr erlebte ich den bisher düstersten Moment meines Lebens. Wegen einer PR-Aktion musste ich für den FC Bayern München auf der Automobilausstellung in Frankfurt herumturnen. Als ich am Abend an den Starnberger See zurückkehrte, war alles anders. Das Haus: leer. Keine Lolita, kein Loris. Keine Hunde. Nichts. Ein totes Haus. Ich war schockiert. Kein Zettel, keine Nachricht, keine Erklärung. Als ich feststellte, dass alle persönlichen Sachen Lolitas verschwunden waren, war mir klar, was hier passiert sein musste: Ich war völlig unvorbereitet verlassen worden.

Was sollte ich tun? Nachdem ich es mehrfach ohne Erfolg auf Lolitas Handy versucht hatte, rief ich meinen besten Freund an, der in der Nähe ein Restaurant betrieb und der auch für Lolita ein Bezugspunkt gewesen war.»Hör mal, hast du irgendetwas von Lolita gehört?«»Eigentlich sollte ich's dir ja nicht sagen, aber ein Freund von ihr aus der Schweiz ist heute mit dem Lieferwagen gekommen.«»Lieferwagen?«, fragte ich.»Ja. Sie hat es nicht mehr ausgehalten. Sie stand unter großem Druck. Sie hat sich nicht mehr wohlgefühlt, Lothar. Sie ist zurück in die Schweiz.«»Wie? Wo? Zurück?«, rief ich.»Wieso sagt sie mir nichts?« Ich stand so unter Schock, dass ich mich ins Auto setzte und die Autobahn Richtung Schweizer Grenze hinunterpreschte. Die Dämmerung setzte ein, Tränen liefen mir übers Gesicht, Gedanken überschlugen sich in meinem Kopf. Die ganze Zeit suchte ich nach einem Lieferwagen mit Schweizer Kennzeichen. Was für ein Lieferwagen das war? Welche Farbe er hatte? Ich wusste es nicht. Ich bin einfach nur gefahren und hoffte, sie vor der Grenze noch irgendwo einzuholen. Völlig wahnsinnig, meine Aktion. Denn Lolita hatte bereits vor fünf Stunden das Haus verlassen. Kurz vor der Grenze drehte ich um. Ohnmächtig, leer, verzweifelt. Ich liebte diese Frau.

Am späteren Abend erreichte ich Lolita am Telefon. Sie kannte mich zu gut und hatte den idealen Zeitpunkt abgepasst. Sie wusste, dass ich sie nicht so einfach hätte gehen lassen. Ohne Worte einfach zu verschwinden, auf diese Art konnte ich nichts mehr ausrichten. Aber plötzlich machte nach dem Gespräch alles irgendwie Sinn: Sie war nicht mehr glücklich, sie hatte die Nase voll von München, sie vermisste ihre Wurzeln. Mir war klar: Sie würde nicht mehr zurückkommen. Überreden zwecklos.

Bei unserer Hochzeit Anfang 1994 hatten wir abgemacht, dass wir uns nach meiner aktiven Laufbahn einen Bauernhof in der Schweiz suchen würden zum Leben. Aber meine Karriere hat sich länger hingezogen als bei anderen. Das hat ihr wohl zu lange gedauert, sie wollte einfach zurück in ihre Heimat. Ich habe noch ein halbes Jahr um sie gekämpft, bin oft in die Schweiz gefahren, versuchte sie zu überreden, verlebte mit ihr und Loris Heiligabend in unserer Hütte in Crans Montana, wo sie sich mittlerweile niedergelassen hatten. Es war sinnlos. Wir hatten uns verloren.

Wäre Lolita mit ihrer Einsamkeit offener umgegangen, hätte ich es möglicherweise auch verstanden, wenn sie mal einen Tag länger in der Schweiz geblieben wäre. Aber über Probleme muss man zuerst einmal reden. Das erwarte ich von meinen Lebensgefährtinnen wie von meinen Spielern. Ich habe im Fußball gelernt, immer den gesamten Organismus eines Systems zu sehen. Die Abwehr braucht die Hilfe der Offensive. Die Offensivspieler brauchen die Unterstützung der Abwehr. Das setzt klare Kommunikation voraus. Nur so geht Erfolg.

Vernünftige Gespräche sind für mich das Allerwichtigste, um Lösungen zu finden. Dazu gehört, offen und ehrlich mit Problemen umzugehen, ohne Scheu und falsche Scham. Richtig sauer werde ich, wenn mich jemand ganz bewusst anlügt oder versucht, mich zu täuschen. Zu meiner Form der Diskussionskultur passen keine Geheimnisse. Und es gehört auch dazu, Probleme des anderen ernst zu nehmen, auch wenn man es selber nicht als Problem sieht. Was für mich eine Bagatelle ist, kann für das Gegenüber eine Katastrophe sein. Welches Recht habe ich, mich mit einem übersteigerten Ego über die Bewertung des Anderen hinwegzusetzen? Keines. Aber, bitte, ich muss von dieser anderen Einschätzung ja erst einmal erfahren! Es lohnt sich, über jede Unstimmigkeit zu reden.

Kann man gar nicht mehr miteinander sprechen, spürt man nur noch Kälte und geht sich aus dem Weg, dann hilft vielleicht eine Paartherapie. Aber in dieses Stadium sind meine Beziehungen nie gekommen.

EIN VERLORENES SPIEL IST NICHT MEHR ZU GEWINNEN

Ich bedauere sehr, dass ich meine Kinder nur in den ersten Lebensjahren habe aufwachsen sehen. Und das noch nicht einmal richtig, weil ich mit meinen Vereinen viel unterwegs war. Alle drei Geburten lagen in meiner Blütezeit als Fußballer zwischen 1986 und 1992. Alisa kam kurz vor einem Auswärtsspiel in Hannover zur Welt. Ich flog dem Team hinterher. Zum 5:0 steuerte ich sogar ein Tor bei, das ich allerdings *nicht* meiner Tochter widmete. Trikot hochreißen, Daumenlutschen, Babywiegen, einen solchen Firlefanz hat es damals nicht gegeben. Auch bei der zweiten Geburt hatten wir ein Auswärtsspiel, und zwar in Hamburg. Dieses Mal konnte ich Silvia nicht beistehen. Die Fruchtblase war geplatzt, und Viola kam viel zu früh, nach nur 31 Wochen, mit 1050 Gramm und 31 Zentimetern auf die Welt. Die erste Zeit ihres Lebens verbrachte sie im Brutkasten. Es war ein großes Zittern und Bangen, nach sieben Wochen gab es Entwarnung. Die Geburt von Loris erlebte ich wieder hautnah. Und Gott sei Dank lief dieses Mal alles nach Plan.

Genauso wenig wie mich eine Scheidung demoralisierte, genauso wenig hat mich eine Geburt beflügelt. Das waren private Momente, die keine Auswirkungen auf den Sport hatten. Ging ich zum Training, fiel immer eine Klappe, und der Fokus war auf den Ball gerichtet. 220 bis 250 Tage pro Jahr war ich für meine Vereine und die Nationalmannschaft unterwegs. Und weil man in den ersten Jahren eines Menschenlebens noch nicht so viele Möglichkeiten hat, sich mit Babys zu beschäftigen, konnten wir in der wenigen Zeit kaum etwas unternehmen. Natürlich habe ich sie gewickelt oder ihnen das Fläschchen gegeben. Natürlich konnte ich ihnen dabei zusehen, wie sie im Hof mit dem Elektroauto herumfuhren. Natürlich haben wir auch hundert Mal »Aristocats« auf Videokassette geschaut. Aber das, wonach wir Männer uns so sehnen, nämlich mit ihnen Fußball zu spielen, schwimmen zu gehen, Ski zu fahren, einen anständigen Film im Kino zu gucken, geschweige denn sich mit ihnen zu unterhalten, das war einfach noch nicht möglich. Ich kann zu meinen Kindern heute nicht sagen: »Hey, ich bin der Vater, der mit euch alles erlebt hat.« Nein, das stimmt nicht ganz. Natürlich habe ich später, als meine Kinder älter waren, viele Wochenenden mit ihnen verbracht, oder wir machten gemeinsam Urlaub. Ich war mit Loris im Robinson Club, mit Viola in Las Vegas und am Grand Canyon oder später mal in einer Patchworksituation beim Skifahren oder auch auf Mallorca.

Die Intensität und Nähe eines gemeinsamen Alltags haben wir jedoch nie erlebt. Ich kam nach Hause, und plötzlich konnten sie stehen. Ein anderes Mal konnten sie ein neues Wort. Ich freute mich, aber gleichzeitig machte es mich traurig, dass ich nicht hautnah miterleben konnte, wie meine Familie sich entwickelte. Und dann folgten die Trennungen von meinen Ehefrauen, die die gemeinsame Zeit mit den Kindern weiter reduzierten. Nach drei bzw. fünf Jahren ging der direkte Kontakt zu Alisa, Viola und Loris verloren. Ich weiß, dass mich meine Kinder sehr vermisst haben.

Freilich tat es auch mir weh, wenn sie mich fragten, wann wir uns wiedersehen würden, und ich wusste, dass das wochenlang nicht der Fall sein würde. In den ersten Jahren war das schwierig für die Kinder zu verstehen. Auch, dass Papa plötzlich eine neue Partnerin hat. Ich hätte gerne intensiveren Kontakt gehabt, richtete deshalb auch für Viola und Alisa zwei große Kinderzimmer ein in meinem Haus am Starnberger See. Anderthalb Jahre standen sie leer. Ich hätte mir gewünscht, meine Töchter aus Kitzbühel rauszuholen, wo sie mit ihrer Mutter lebten und zur Schule gingen. Ich hätte ihnen gerne etwas zeigen wollen, was ich in diesem Alter nie habe erleben dürfen: die Welt zu sehen, rauszukommen von zu Hause. Ähnlich war es bei Loris. Aber ich konnte sie nicht zwingen.

Heute können sie die Abschiede nachvollziehen, weil sie selbst schon einmal Enttäuschungen in der Liebe erlebt haben. Daher machen sie mir heute auch keine Vorwürfe. Wiedergutmachen kann ich nichts. Man kann nicht nachträglich durch Aufmerksamkeiten die Vergangenheit aufbessern. Wenn ich gestern ein Spiel verloren habe, kann ich es morgen nicht mehr gewinnen. Wir müssen das Leben so akzeptieren, aber ich kann daraus lernen.

DIE INTRIGE

Weder gegenüber meinen Kindern und Frauen noch gegenüber meinen Vereinen war ich ein kalkulierender Mensch. Ich bin jemand, der emotional entscheidet, der geradlinig und offen ist – und damit öfter aneckt. Jürgen Klinsmann ist ein ganz anderer Typ. Er denkt über seine Entscheidungen lange nach. Er hat eine Strategie, von der er nicht halblinks oder halbrechts abrückt. Um diese Strategie durchzusetzen, scheute er nicht davor zurück, andere Menschen aus dem Weg zu räumen – oder räumen zu lassen. Jedenfalls ist mir schon damals häufiger zu Ohren gekommen, dass Jürgen hinterrücks den Weg zu den Oberen gegangen ist und sich über mich ausgeweint hat. Sowohl bei Bayern München als auch bei der Nationalmannschaft.

Besonders ein Erlebnis ist dafür symptomatisch. Ich war zwar nach meinen beiden Operationen an der Achillessehne wieder fit, doch das vorweihnachtliche Freundschaftsspiel der Nationalelf in Südafrika sollte ohne mich über die Bühne gehen. Berti Vogts hatte mich noch vor der Abreise angerufen und gemeint, er würde mich nicht mitnehmen. Bei mir wüsste er, woran er wäre, ich sei auf dem richtigen Weg, er würde ein paar andere Spieler testen wollen. Stattdessen fuhr ich mit dem FC Bayern in die Alpen zum Skifahren. Irgendwann, nachts um elf, klingelt das Telefon. Kein Spieler, aber doch ein guter Vertrauter aus der Nationalmannschaft war dran. Er sagte: »Lothar, pass auf, hier wird gerade an deinem Stuhl gesägt.« Jürgen Klinsmann und Thomas Helmer seien die Initiatoren dieser Revolte.

Zum einen war ich dankbar für diese Information, zugleich aber auch tief enttäuscht. Ich griff nicht direkt zum Hörer und stellte Berti Vogts zur Rede, sondern ließ die Sache auf mich zukommen. Den Spaß am Skifahren ließ ich mir nicht verderben. Ich wusste zwar, dass gesägt wird, aber konnte mir ja nicht sicher sein, ob die Intriganten mein Stuhlbein auch wirklich durchbekommen würden. Dass die Nachricht aus Südafrika der Wahrheit entsprochen und die Initiative beim Bundestrainer Wirkung gezeigt hatte, war dann für jeden Fan recht schnell zu bemerken. Ich wurde nicht mehr zu den Länderspielen eingeladen. Und kurz vor der EM 1996 hieß es, dass man dieses Turnier ohne mich bestreiten würde. Auch hier hätte ich Offenheit von Vogts erwartet. Die Absetzung hat mich damals sehr getroffen.

Die EM in England fand also ohne mich statt. Ich ging währenddessen mit Lolita und Loris auf Weltreise, die auseinandergebrochene Familie vereinte sich noch einmal für diesen Trip. Von Deutschland über Singapur, Australien, die Fidschis, Hawaii, Los Angeles nach New York. Ich wollte von der Europameisterschaft nichts mitbekommen. Natürlich erwischte ich beim Durchzappen mal das eine oder andere Ergebnis, ich habe auch irgendwo das Golden Goal von Oliver Bierhoff gesehen. Aber ich verweigerte mich, weil es mir wehgetan hätte. Im Nachhinein habe ich mich für viele Spieler und für Deutschland gefreut, dass wir diesen Titel geholt haben.

Sechs, sieben Monate später kam dieses Tagebuch von mir heraus. »Mein Tagebuch« lautete der unmissverständliche Titel. Es wurde initiiert von zwei Journalisten der *Bild*-Zeitung, die mir nahestanden, und enthielt eine Rückschau auf die Saison 1996/97. Wir setzten uns zusammen und gingen die Schlagzeilen der letzten Monate durch. Ich redete, die Redakteure notierten. Bevor es zu lesen war, wurde spekuliert, dass ich darin abrechne – mit Herrn Klinsmann. Wieder einmal müssen Jürgen und Thomas Helmer im Büro von einem der Großkopferten gesessen haben. Dieses Mal war es wohl Uli Hoeneß. Sie sprachen über das Buch und überlegten sich Konsequenzen. Hätten sie das Buch gekannt, wäre es zu dem Termin mit Hoeneß nie gekommen. Denn es war keine Abrechnung – ich habe Jürgen Klinsmann sogar in Schutz genommen vor den Attacken einiger Abwehrspieler. Dieses Buch war noch nicht mal ein hochpersönliches Tagebuch. Denn was da veröffentlicht wurde, war nichts anderes als meine Ergänzungen und Kommentierungen von bereits publizierten Schlagzeilen der *Bild* über den FC Bayern und andere Fußballereignisse aus den letzten zwölf Monaten. Dennoch beschloss man bei Bayern München – und das auch noch vor der Veröffentlichung –, dass ich nicht mehr der Kapitän der Mannschaft sein dürfte. Ich bin nicht glücklicher mit Kapitänsbinde. Aber auch hier hat mich die Art und Weise der Degradierung getroffen. Gegen das, was Philipp Lahm vor einigen Monaten in seinem Buch veröffentlicht hat, war mein erstes Buch Kinderlektüre. Am Tag der Buchvorstellung in München musste ich in der Bayernzentrale antanzen. Ich brachte ein paar Exemplare mit, quasi als entlastenden Beweis, aber die Entscheidung war gefallen. Ich denke, das war Klinsmanns Werk, genauso wie er wohl nicht ganz unbeteiligt war, dass Otto Rehhagel ein halbes Jahr vorher zwei Tage vor Saisonschluss und trotz Erreichen des UEFA-Cup-Endspiels gefeuert wurde.

Ich weiß nicht, wie der Vertrag von Jürgen Klinsmann ausgesehen hat, ob er eine Stammplatzgarantie enthielt oder eine festgeschriebene Ablösesumme. Er hatte jedenfalls immensen Einfluss und setzte den FC Bayern unter Druck. Klinsmann hatte eine starke Saison gespielt und allein 15 Tore im UEFA-Cup erzielt. Möglicherweise drohte er mit einem Wechsel für den Fall, dass man sich nicht von Otto Rehhagel, mit dem er nie klargekommen war, trennen sollte. Ich war nie ein enger Freund von Otto Rehhagel, aber ich habe seinen Abschied sehr bedauert. Ich habe ihn als einen feinen, ehrlichen, geradlinigen Menschen erlebt. Er hatte immer ein Ohr für die Probleme der Spieler, die er als seine Kinder betrachtete. Ich habe Hochachtung vor ihm. Die Umstände, unter denen er plötzlich verschwand, passten mir gar nicht. Von Angesicht zu Angesicht kann man alles ausdiskutieren. Aber hinterrücks, das ist mir zuwider. Da Rehhagel nun weg war, musste für vier Wochen noch einmal Franz Beckenbauer ran. Zwar blieben wir nur auf dem zweiten Tabellenplatz, konnten im UEFA-Cup-Finale gegen Bordeaux aber das ernten, was Otto Rehhagel mit gesät hatte.

Wie stehe ich heute zu Jürgen Klinsmann? Ich bin kein Mensch, der nachtragend ist oder nicht verzeihen kann, ich lud Jürgen sogar zu meinem Abschiedsspiel ein. Wenn wir uns sehen, begrüßen und umarmen wir uns. Inzwischen haben wir tolle Gespräche geführt – ohne allerdings noch einmal auf das einzugehen, was vor fünfzehn Jahren passiert ist. Ich spreche da gerne von Verjährung.

VON PRESSEPARTNERN UND PRIVATJOURNALISTEN

Was hat es nun auf sich mit der Presse und mir? Fakt ist, dass ich Mitte der neunziger Jahre ein gutes Verhältnis zu einem Journalisten der *Bild*-Zeitung hatte. Der Mann war Österreicher, hieß Wolfgang Ruiner und ist das beste Beispiel dafür, dass ich den falschen Leuten zu lange vertraut habe. Er war noch keine große Nummer bei *Bild*, als er als Fußballreporter nach München kam. Aber er hatte einen »guten Schmäh« und war irgendwie vernarrt in mich, hat sich eingeschmeichelt. Das hat er gut gemacht, und wir hatten auch eine tolle Zeit. Doch was passierte, als Lothar Matthäus mit dem Fußballspielen aufhörte? Da stellte Ruiner sich vor die Kamera und sagte, dass ich an meinem Image ja selber schuld wäre, weil ich mir den Mund zerreden und mit den falschen Leuten zusammen sein würde. *Er* war der Falsche! Er hat zehn Jahre von mir und unserem Kontakt profitiert, brachte es in einem Jahr vom kleinen Sportredakteur zum Nationalmannschafts-Korrespondenten. Ich hatte sehr viele Probleme durch ihn mit Berti Vogts. Ich erwarte keine Dankbarkeit, aber ich will Fairness.

Ein Verhältnis wie zwischen mir und Ruiner war damals branchenüblich. Uli Hoeneß oder Karl-Heinz Rummenigge pflegten genauso bestimmte Pressekontakte. Hoeneß hing jeden Tag mit Ludger Schulze am Telefon, Klinsmann ebenso. Darüber schrieb nie jemand. Weil Schulze bei der *Süddeutschen Zeitung* arbeitete. Rummenigge und Raimund Hinko von der *SportBild*, wie oft haben die miteinander gegessen. Jeder hatte seinen Privatjournalisten. Ich habe miterlebt, wie Spieler in ihrem Auto das Trainingsgelände verließen und nach 500 Metern rechts ranfuhren, um unbehelligt mit *Bild* zu sprechen. Dieses Versteckspiel mochte ich nie. Wieso kann man sich nicht mit einem Journalisten offen unterhalten, wenn man nichts zu verbergen hat?

Wenn ein Journalist nicht mit dir spricht, kann er dich auch nicht beurteilen. Es gab sogar im *Spiegel* ein paar Artikel über mich, die zu einem hohen Prozentsatz nicht der Wahrheit entsprachen. Das überrascht beim *Spiegel* besonders, hier erwartet man, dass recherchiert wird. Ich erinnere mich an einen Text aus dem Jahr 2000, in dem es um mein Engagement in New York ging. Ich hätte blauäugig und ungelesen den Vertrag bei den Metro Stars unterschrieben, behauptete der Journalist. War er bei der Vertragsunterzeichnung dabei? Natürlich hatte ich damals eine Rechtsberatung. Früher habe ich mich geärgert, heute schmunzle ich, wenn Leute über mich etwas zu wissen meinen, was ich selber nicht weiß. Fatal ist natürlich, wenn so etwas im *Spiegel* steht. Denn wenn das da steht, wird es wohl stimmen, oder?

Die *Bild* war häufiger als der *Spiegel* dabei, beim Training, bei den Spielen, bei mir. Deshalb hatte man dort auch mehr Informationen über mich und den FC Bayern. Das heißt aber nicht, dass Ruiner Dinge erfahren hat, die er nicht erfahren durfte. Es gab immer eine Grenze, die mit der Loyalität zum Verein und zur Mannschaft zu tun hatte. Natürlich hatte er meine Privatnummer, genau wie die Journalisten vom *Spiegel*. Sie haben sie nur seltener gewählt. Wer öfter anrief, bekam mehr Information. So habe ich das damals gesehen. Übertrieben gesagt: Wenn Ruiner hundert Mal im Jahr fragte, bekam er hundert Antworten. Und wenn der *Spiegel*-Journalist ein Mal im Jahr fragte, bekam er ein Mal eine Antwort.

Ich habe das Geschäft der Journalisten über drei Jahrzehnte beobachtet und erlebt. Der Trend: Es wird leider immer schlimmer. Enger Kontakt zwischen Spielern und Journalisten besteht kaum mehr. Früher kannte und vertraute man sich. Man ging während einer Europameisterschaft einen trinken, und am nächsten Tag stand davon nichts in der Zeitung. Andere Spieler sind noch in ganz andere Etablissements mit Journalisten gegangen, und es stand nichts in der Zeitung. Ich denke, dass es heute einfach zu viele junge, ehrgeizige und unter Druck stehende Schreiber gibt, die selbst ihre Großmutter für die nächste Schlagzeile verkaufen würden. Deshalb halten die Spieler und Vereinsbosse mehr Distanz zu Journalisten. Früher fuhren Redakteure im Mannschaftsbus mit oder saßen beim Mannschaftsessen. Weil wir wussten: Wir können ihnen vertrauen. Es standen menschliche Komponenten im Vordergrund, man hatte Respekt. Heute wissen die Vereine, dass ich mir womöglich den Feind ins Boot hole, wenn ich einen Journalisten ins Innerste bitte.

Auch ich hatte mit Raimund Hinko eine sehr gute Verbindung. Er war einer der wenigen, die eher gar nichts geschrieben haben, bevor sie irgendetwas erfinden. Raimund war eine Seele, der wollte keinem etwas Böses. Er war fünf Jahre lang mein Kontaktmann bei SportBild, für die ich eine Kolumne schrieb. Jede Woche gab ich ihm telefonisch meine Einschätzung durch – für die ich anschließend oft kritisiert worden bin. Aber wenn Wolfsburg vierzig Spieler in zwei Jahren kauft, dann ist das für mich keine gute Personalpolitik. Das muss man ansprechen dürfen. Ich mache mir über den Fußball viele Gedanken, ich sehe die Problematik in Wolfsburg, in Köln, in Berlin. Ich erkenne es, wenn Inter Mailand es vor drei Jahren verpasst hat, den personellen Schnitt zu machen.

Dennoch beendete ich die Zusammenarbeit mit SportBild. Ich wollte all den Ballast, von dem man sagte, dass er einem Trainerjob in Deutschland im Wege steht, abwerfen. Meinen Kritikern wollte ich nicht mehr die Angriffsfläche einer immer ehrlichen Kolumne geben.

ABSTECHER LERCHENBERG

Zu den unzähligen Geschichten der schreibenden Presse kamen mit dem zunehmenden Wettbewerb der elektronischen Medien auch immer mehr Anfragen der TV-Sender. Die führten mitunter zu kuriosen Verwicklungen. Ist eigentlich bekannt, dass Johannes B. Kerner und Britta Becker nur deshalb ein Paar wurden, weil ich mich überreden ließ, ins »Aktuelle Sportstudio« zu gehen? Mein damaliger Berater Norbert Pflippen vertrat mit seiner Agentur auch diese unbekannte achtzehnjährige Hockeyspielerin. Eines Tages sagte Norbert zu mir: »Ich krieg die Britta am Wochenende nur ins ›Sportstudio‹, wenn du mitkommst.« »Sportstudio«? Schon wieder da raus ins Mainzer Outback? Ich muss wohl zwischen sieben- und zehnmal zum »Aktuellen Sportstudio« gereist sein. Es war ja auch etwas Besonderes damals. Nicht nur wegen der Torwand, in der ich, glaube ich, maximal drei Bälle versenkte. Es war die einzige Möglichkeit, sich als Sportler im deutschen Fernsehen zu präsentieren. In die »Sportschau«

wurde man ja nur als Torschütze des Monats eingeladen. Heute gibt es an jeder Ecke Sportsendungen, die nur so um Gäste ringen.

»Hör zu, Norbert, ich will nicht ins ›Sportstudio‹, ich habe am Samstag etwas anderes vor«, sagte ich. Norbert hat mich eigentlich nie um etwas gebeten. In diesem Falle ließ er jedoch nicht locker. Er ging mir so sehr auf den Geist, weil es ihm wichtig war, dieses hübsche Mädel mit den langen Beinen zu präsentieren, um Sponsoren hellhörig werden zu lassen. Irgendwann habe ich mich breitschlagen lassen und bin mit Pflippen und Britta, der ich an dem Abend das erste Mal begegnete, zum ZDF auf den Mainzer Lerchenberg gereist. An diesem Abend wurde das »Sportstudio« von Johannes B. Kerner moderiert. So lernten die beiden sich kennen. Heute haben sie vier Kinder. Ohne Norbert und mich wäre es wohl nie dazu gekommen.

Bis heute limitiere ich derartige TV-Auftritte. Sie gehören nicht unbedingt zu meinen Lieblingshobbys. Mancher mag vielleicht glauben, ich würde bei den Sendern anrufen oder anrufen lassen, um endlich mal wieder eingeladen zu werden. Das Gegenteil ist der Fall. Anfragen fürs Fernsehen erreichen mich täglich. Wenn ich von fünfzig Einladungen eine annehme, ist das schon viel. Denn: Brauchen wir diese ganzen Fußballprofessoren? Ich möchte auf der Trainerbank Ergebnisse erzielen und nicht in einem Studio über Kollegen ablästern.

Die Experteneinsätze bei Premiere für die Bundesliga oder bei Al Dschasira für die WM 2010 haben mich einfach gereizt. Was mich dabei allerdings am meisten störte, war die übertriebene Pünktlichkeit. Mein Premiere-Job ging samstags um 15 Uhr los, ich sollte aber schon um eins, halb zwei da auftauchen. Wofür? Was soll ich da so lange rumsitzen? Das ist für mich verlorene Zeit. Ein Mikrofon anzustecken, dauert eine Minute, ein bisschen abzupudern, dauert eine Minute. Dann einmal mit der Hand durchs Haar, fertig. Sieben, acht Minuten vor Beginn der Sendung bin ich dort aufgetaucht. Nach einigen Wochen haben sie begriffen, dass sie sich auf mich verlassen können.

Eine Ausnahme von der medialen Zurückhaltung habe ich auch 2012 gemacht, als es darum ging, eine Reality-Doku für den Sender Vox zu drehen. »Wie inkonsequent«, mögen Spötter wieder meinen. Nein, das Projekt sagte ich nach längerem Abwägen aus zwei Gründen zu: erstens, weil ich aktiv sein und bestimmen konnte, was darin passiert und was nicht, was gezeigt wird und was nicht. Das kann ich bei einem Studiobesuch schlecht machen. Und weil ich mir – zweitens – erhoffte, dass ich über diesen Weg zeigen kann, wie ich wirklich bin. Ich sah darin eine Möglichkeit, einem falschen Image entgegenzuwirken.

BERTI UND DER MITTLERE RING

Nach all den Eskapaden mit Jürgen Klinsmann war ich davon ausgegangen, dass mit dem letzten Spiel im Jahr 1995 meine Nationalmannschaftskarriere beendet sein würde. Ich sollte mich täuschen. Für die Bayern hatte ich 1997/98 eine Riesensaison gespielt. Gleichzeitig verletzte sich Matthias Sammer nachhaltig am Knie, und auch Olaf Thon war angeschlagen. Weil die WM in Frankreich vor der Tür stand, wurde ich ständig von Journalisten darauf angesprochen, ob das denn nicht wieder eine Gelegenheit für mich sein würde. Nationalelf? Berti? Ich? Da wusste ich nun wirklich nichts drauf zu antworten. Zwei Monate vor der WM wurde ich nach einem Bayern-Training mal wieder gefragt. Da platzte es aus mir heraus: »Jetzt lasst mich bitte endlich mit dem Thema in Ruhe! Ich will darüber nicht mehr sprechen! Das ist vorbei für mich!«

Ich flüchtete mich in mein Auto. Tür zu, bloß weg. Ich fuhr über den Mittleren Ring in München, um nach Hause zu kommen, als mir plötzlich ein Gedanke durch den Kopf schoss: »Warum rufst du Berti Vogts eigentlich nicht mal an!« Ich lenkte meinen Wagen rechts ran, weil ich mich konzentrieren wollte. Ich hatte lange nicht mit Berti Vogts gesprochen. Was sollte diese spontane Eingebung? Eine fixe Idee? Abhaken und weiterfahren? Oder doch anrufen? Ich nahm mein Handy, wählte seine Nummer und sagte: »Trainer, mir geht hier gerade etwas auf den Zeiger. Sammer ist verletzt, Thon ist angeschlagen, und ich habe eine super Saison gespielt. Ständig werde ich darauf angesprochen, warum ich angesichts dieser Personallage nicht in die Nationalelf zurückkehre. Ich weiß nicht mehr, was ich antworten soll. Jetzt frage ich Sie: Wie schätzen Sie die Situation ein?« Pause. Dann meinte Vogts in etwa: »Hättest du denn wieder Lust, in der Nationalelf zu spielen?«»Ja, natürlich«, kam es aus mir heraus. »Es wäre für mich das Größte, die fünfte Weltmeisterschaft zu spielen.« Er: »Sag den Leuten mal gar nichts.« Ich werde mich in den nächsten Tagen bei dir melden.« Am nächsten Tag sprang mein Handy genau zu dem Zeitpunkt an, als ich wieder über den Mittleren Ring fuhr. »Berti Vogts« leuchtete auf dem Display auf. Ein merkwürdiges Gefühl breitete sich aus, ein Gefühl, das schwankte zwischen erstem Date und der Rückgabe einer Klassenarbeit. Ich ließ einmal mehr klingeln als nötig, ging ran und wurde mit den Worten begrüßt: »Welcome back!« »Meinen Sie das ernst?« »Ja, herzlich willkommen.« Keine Ahnung, was ihn zu dieser Entscheidung bewogen hat. Das würde ich wirklich zu gerne mal wissen.

Nun hatte sich die Hierarchie in der Nationalelf inzwischen merklich verändert, und ich war als Rekordnationalspieler irgendwo ziemlich weit unten. Psychologisch ist das nicht gut. Meine Meinung ist auch hier: ganz oder gar nicht. Entweder ich vertraue dem Rückkehrer, oder ich lasse ihn zu Hause. Ich hätte doch gemeinsam mit dem wiedergenesenen Olaf Thon spielen können. Aber nein, Berti Vogts hatte sich wohl nur halb entschieden und stellte mich im ersten Spiel in Paris gegen die USA nicht in die Stammelf. Ich durfte auf der Bank Platz nehmen. Wir gewannen 2:0. Da ich Berti Vogts versprochen hatte, keine Probleme zu machen, auch nicht über den Weg der Journaille, verhielt ich mich ruhig. Beim zweiten Spiel jedoch geriet Vogts plötzlich unter Druck. Wir lagen früh mit 0:1 gegen die Jugoslawen zurück, die Fans forderten mich. Ich hatte damals ein Riesenstanding. Nach dreißig Minuten hallten Matthäus-Sprechchöre durch das Stadion von Lens, das war für mich schon recht angenehm zu hören. Vor allem, wenn man bedenkt, dass Bayern München zu der Zeit der meistgehasste Verein Deutschlands gewesen ist. Berti Vogts schickte mich auf den Platz. Wir erreichten noch ein 2:2, wobei ich ehrlicherweise sagen muss, dass ich dazu nicht viel beigetragen habe.

Von nun an war ich dabei. Beim 2:0 gegen den Iran im letzten Gruppenspiel und im Achtelfinale gegen Mexiko, das wir 2:1 gewannen. Im Quartier und im Team herrschte zwar kein Chaos wie 1994, aber eine gute WM spielten wir auch hier nicht. Wieder war im Viertelfinale Schluss,

0:3 gegen Kroatien. Kurioserweise war dieses Spiel unser stärkstes. In der ersten Halbzeit hatten wir die Begegnung in der Hand. Vor allem Oliver Bierhoff kam zu vielen Chancen. Kurz vor der Pause spielte ich einen verhängnisvollen Pass, der eigentlich Christian Wörns erreichen sollte. Davor Suker kam eher an den Ball, und Wörns als letzter Mann sah sich gezwungen, Suker zu foulen. Rote Karte. Eine Minute später dann das Freistoßtor der Kroaten. In der zweiten Halbzeit waren wir trotz Unterzahl dem Ausgleich sehr nah, machten ihn aber nicht. Dafür legten die Kroaten gegen Ende des Spiels zwei Treffer nach. Es folgte der Rücktritt von Berti Vogts, und auch ich dachte, dass die Nationalmannschaftskarriere für mich nun endgültig beendet sein würde. Ein alter Bekannter, Erich Ribbeck, übernahm. »Mach' bitte weiter, Lothar«, bat er mich. Er gab mir das Gefühl, mich zu brauchen. Das hat mir geschmeichelt. Als Kind der Nationalmannschaft musste ich nicht lange überlegen. Mein Weg im Trikot mit dem Adler auf der Brust war noch nicht zu Ende ...

DIE TOCHTER DES ARZTES

Was soll man tun, wenn die Liebe dort hinfällt, wo eigentlich gearbeitet wird? Dies ist die Geschichte von Maren und mir. Ich habe Maren heranwachsen sehen – vom Mädchen zur Frau. Daher war es für mich schon ein wenig seltsam, als sie mich anrief und meinte, ich solle sie doch mal in London besuchen. Der Impuls ging von ihr aus, egal, was man mir nachsagt. In diesem Fall hätte ich einfach zu großen Respekt gehabt. Denn Maren war die Tochter des Bayern- und Nationalmannschaftsarztes Dr. Müller-Wohlfahrt, jenem Mann, der meinen Körper besser kannte als ich selbst und der mir über viele Jahre zu einem engen Freund und Vertrauten geworden war. Als Maren und ich uns näherkamen, war sie 19 Jahre alt und ich 16 Jahre älter. Und wir beide waren Single.

Es begann nach einer ziemlich langweiligen Party des FC Bayern. Wir hatten das UEFA-Cup-Finale gegen Girondins Bordeaux gewonnen und feierten draußen in Grünwald. Gegen ein Uhr entschied sich eine kleine Gruppe, darunter auch Maren und ihre Eltern, sich mit dem Mannschaftsbus in die Disco abzusetzen. Irgendein Spieler, ich glaube, es war

Christian Nerlinger, sagte: »Maren, geh' doch noch mal rein und hol' den Lothar.« Ich meinte zu ihr, dass ich schon mitgehen könne, sie aber doch besser alleine mit den jungen Leuten feiern sollte. »Nein, die Jungs wollen, dass du mitkommst«, erwiderte sie. »Okay«, meinte ich, »dann musst du dich aber um mich kümmern.« Auf dem Weg in die Innenstadt rief ich die Besitzerin des »Maximilian« am Maximilianplatz an und kündigte an, dass wir gleich mit zwanzig Leuten vorbeikommen würden und Platz bräuchten. Unter Alkoholeinfluss flirteten Maren und ich ein wenig – nicht mehr und nicht weniger. Morgens um halb fünf saßen die drei Müller-Wohlfahrts plus Lothar in einem Taxi, und man wünschte sich eine gute Nacht.

Eine Woche später bekam ich jenen Anruf. »Mensch, Maren, woher hast du denn meine Telefonnummer?« »Ich würde doch wissen, dass eine Freundin die Sekretärin vom Papa sei«. »Ach so, ja«, erinnerte ich mich. »Und, was gibt's?« Der Disco-Abend in der letzten Woche sei doch so schön gewesen, ob ich sie mal in London besuchen wolle? So kam die Geschichte ins Laufen. Maren machte gerade ihren Schulabschluss auf einem Internat außerhalb von London. Nach einem Freitagabendspiel und dem Auslaufen am Samstagmorgen setzte ich mich in einen Flieger nach England. Es war der Beginn eines romantischen Wochenendes.

Trotz ihrer jungen Jahre strahlte Maren schon viel Lebenserfahrung aus. Sie konnte gut zuhören, wir harmonierten, hatten Spaß miteinander, nie ging der Gesprächsstoff aus. Sie war ein Mädchen, das mit beiden Füßen auf dem Boden stand und nicht in der Gefahr schwebte, sich von den Verführungen des Rampenlichts verleiten zu lassen. Ich hätte anfangs nie gedacht, dass wir uns so nahe kommen würden.

Sehr schnell merkten wir, dass zwischen uns etwas passiert sein musste. Unsere Begegnungen wurden regelmäßiger. Trafen wir uns in London, waren wir frei. Trafen wir uns in München, standen wir unter Druck. Wir gingen kaum aus und wenn, dann nur in der Gruppe. Maren hatte Angst, dass ihre Eltern von unserer Beziehung erfuhren. Ich hatte auch ein ungutes Gefühl, aber wäre von Anfang an offen mit der Beziehung umgegangen. Ich hatte ja nicht nur das Vertrauensverhältnis zu ihrem Vater, sondern pflegte über viele Jahre ein freundschaftliches Verhältnis zur ganzen Familie. Die Müller-Wohlfahrts hatten sogar 1992 meine Hochzeit mit Lolita mitgefeiert.

Das war ein echtes Versteckspiel mit Maren, lange zog sich die Sache undercover hin. Die meisten Spieler vom FC Bayern wussten jedoch von dieser Beziehung. Einige zogen Doc Müller-Wohlfahrt damit auf, dass der Lothar ja wohl bald sein Schwiegersohn sein würde. Er hat es ihnen nicht geglaubt. Irgendwann rief er mich dann mal an und fragte: »Lothar, was ist da los?« »Da ist nichts«, sagte ich. »Lass die Leute doch flachsen.« Danach rief ich Maren an und gab ihr zu verstehen, dass ich die Geheimhaltung mit meiner Freundschaft zu ihrem Vater nicht länger vereinbaren könne. »Du musst mit deinen Eltern reden«, bat ich sie, was sie noch am selben Tag tat. Natürlich war der Vater, der alles für seine geliebte Tochter getan und gegeben hätte, nicht begeistert. Ich, Spieler beim FC Bayern, er, Arzt. Da weiß man viel voneinander, sehr viel. Diese offene Atmosphäre zwischen uns ging völlig verloren. Müller-Wohlfahrt zog sich zurück und legte sein Veto ein gegen die Beziehung seiner Tochter.

Maren kam dann von London nach München, wohnte halb bei ihren Eltern, halb bei mir. Gemeinsam gingen wir dann nach New York. Sie, um an der Lee-Strasberg-Schule Schauspiel zu studieren, ich, um meine Karriere bei den New York Metro Stars zu beenden. Nach meinem kurzen Gastspiel in Amerika und der Rückkehr nach Europa hielt unsere Beziehung noch ein Jahr. Wir sahen uns weniger. Maren wurde von ihren Eltern gepusht, noch einmal nach New York zu gehen und zwei weitere Semester dranzuhängen, während ich Trainer in Wien wurde. Ich half ihr noch, eine neue Wohnung in Manhattan zu finden. Als am 11. September das World Trade Center zusammenstürzte, war ich außer mir vor Sorge. Sie wohnte ja in der 14. Straße, recht nah am Unglücksort.

Aber unsere Bindung wurde wieder loser. Sie endete so, wie sie angefangen hatte: abseits des Blickfelds ihrer Eltern, denen unsere Liaison nach wie vor nicht recht war. Als wir uns zwei, drei Monate nicht mehr sahen, war klar, dass das nicht mehr funktionieren konnte. Heute ist Maren Mutter von drei Kindern. Sie lernte auf der Lee-Strasberg-Schule einen Italiener kennen, mit ihm ging sie recht schnell zurück nach Europa. Ich freue mich wirklich für sie. Wenn es jemand verdient hat, richtig glücklich zu sein, dann sie. Sie ist grundanständig.

LUCKY IN NEW YORK CITY

Die wohl schönste Zeit hatten Maren und ich in New York. Für den Rückblick auf meine amerikanischen Jahre springe ich erst einmal in die Saison 1998/99. Ich erlebte noch einmal einen sportlichen Höhenflug und bin in Deutschland zum Fußballer des Jahres gewählt worden. Bayern-Trainer war damals Ottmar Hitzfeld. Er fand die richtige Mischung im Team und brachte das Kunststück fertig, Superstars in produktiver Weise zusammenzubringen: Effenberg, Scholl, Kahn, Elber, Basler, Matthäus. Mit einem Vorsprung von 15 Punkten wurden wir Deutscher Meister.

Ich selbst war körperlich topfit, aber müde im Kopf. Ich hatte das Gefühl, als aktiver Spieler noch etwas anderes erleben zu müssen. Nun stand die Zusage von Franz Beckenbauer, dass ich den Verein verlassen könne, wann immer ich wolle, wie ein ungenutzter Joker im Raum. Und ich hatte ein Angebot aus New York. Am Rande eines Länderspiels 1999 in Amerika – wir unterlagen den USA mit 0:3 – trat Bora Milutinovic an mich heran. Milutinovic! Ein Serbe, ein toller Typ, ein bunter Vogel, ein Weltenwanderer mit sehr viel Erfahrung, fünfmaliger WM-Teilnehmer mit fünf verschiedenen Nationalmannschaften, der schlimmer spricht als Trapattoni, nämlich fünf Sprachen durcheinander. Damals war er Coach der New York Metro Stars, und er scheute sich nicht, in die Kabine zu kommen, um mich zu fragen, ob ich nicht Lust hätte, für sein Team zu spielen. »Komm nach Amerika. Ich suche einen Leader«, raunte er mir zu. Ich wäre nie auf die Idee gekommen, von mir aus in den USA anzuheuern. Aber bei Bora? Und hatte nicht Maren davon gesprochen, nach New York gehen zu wollen? Wären wir dort als Liebespaar nicht freier als in München? Da hat es klick gemacht. Mir wurde die Gelegenheit geboten, der deutschen Monotonie zu entfliehen, diesem Wiedernach-Düsseldorf-zum-Auswärtsspiel-Fliegen, diesem Schon-wieder-das-gleiche-Filetsteak-Essen, diesem Schon-wieder-den-gleichen-Film-im-Hotel-Schauen. Es war alles gleich. Schluss damit! Dazu raus aus der heimischen Presse! Auf in ein neues Leben! Rein in die Major League Soccer!

In der amerikanischen Liga verdienten bereits einige in die Jahre gekommene Männer wie Stoitschkov und Nowak (Chicago), Hernández (Los Angeles) oder Valderrama (Miami) ihr Geld. Auch meinen alten FC-Bayern-Kameraden Adolfo Valencia sollte ich wiedertreffen: in der eigenen Mannschaft. Voller Vorfreude unterschrieb ich also den Vertrag. Der Schock folgte bereits zwei Wochen später: Mein Freund Milutinovic wurde gefeuert. Ganz schlecht. Wäre er es nicht gewesen, der mich gefragt hätte, wäre ich wohl nicht nach New York gegangen. Aber was sollte ich tun. Ich hatte mich nun verpflichtet.

Der Wechsel hätte in der Winterpause stattfinden sollen, Mitte Januar wäre man in Florida in die Saisonvorbereitung gegangen. Dann kam das letzte Champions-League-Spiel mit den Bayern gegen Eindhoven, das so einiges verändern sollte. Jens Jeremies holte sich eine Rote Karte ab, und Thomas Strunz verletzte sich. Zwei Spieler, die meine Position bekleideten, waren plötzlich nicht mehr einsetzbar. Dann war es – zugegeben – der Hinweis des *Bild*-Journalisten Ruiner, der mich auf die Idee brachte, noch ein paar Wochen bei den Bayern dranzuhängen. Die Saison in den USA würde ja erst im März beginnen. Ich rief Uli Hoeneß an und schlug ihm vor, zweieinhalb Monate länger zu bleiben, um wegen der angespannten Personallage die nächste Runde in der Champions League gegen Real Madrid mitzumachen. Wir einigten uns wenig später in einem Zweiminutengespräch in der Kabine im Olympiastadion und legten mal eben die Höhe der zweieinhalb Monatsgehälter fest. So schnell ging das immer beim FC Bayern.

Ich blieb bis zum 10. März und machte noch einige Pflichtspiele mit. Der Plan, der meiner Verlängerung zugrunde lag, ging auf. In Madrid gewannen wir 4:2. Stefan Effenberg machte ein Riesenspiel. Zu Hause legten wir ein 4:1 drauf. Es konnte keinen besseren Showdown geben. Es war ein toller Abschied, es war auch ein wehmütiger Abschied. Denn zwölfeinhalb Jahre kann man nicht einfach so wegstecken. Mein Verhältnis zum FC Bayern und zu den Fans war immer mehr als eine Berufsbeziehung.

Ottmar Hitzfeld schenkte mir zwei Minuten vor Schluss die Auswechslung. Unter dem Applaus des gesamten Publikums, der eigenen Mannschaft und von Real Madrid verließ ich mit Tränen in den Augen den Rasen. Ich erinnere mich, wie der große Roberto Carlos vierzig Meter auf mich zulief, mir die Hand reichte und viel Glück wünschte.

In New York lief dann nicht alles so, wie ich es mir vorgestellt hatte. Das lag nicht etwa an der legendären Pressekonferenz und meiner unglücklichen Aussage: »I hope we have a little bit lucky«, sondern am veränderten sportlichen Umfeld. Aber ein paar Worte zu dieser Pressekonferenz, weil ich mir deswegen ja bis heute einigen Spott anhören muss. Klar habe ich in New York schlechtes Schulenglisch gesprochen. Aber nun muss man auch mal differenzieren. Wenn man sich privat in einer fremden Sprache unterhält, ist man weniger aufgeregt, ist man unverkrampfter, macht man weniger Fehler. Ich aber stand plötzlich auf einer Pressekonferenz am Times Square, war noch gar nicht richtig angekommen, im Kopf noch völlig im Deutschen. Und dann verspricht man sich eben mal. Na und?

Es sind nicht die Menschen, nicht die Fußballfans, es sind einige Reporter und Kommentatoren, die mich über Jahre in ein Licht gestellt haben, in das ich nicht gehöre. Ich habe weder von einem Amerikaner noch einem Engländer gehört, dass er mein Englisch nicht verstehen könne. Nein, die machen mir sogar Komplimente. Ich hatte auf der ganzen Welt mit Englisch keine Probleme, nur in Deutschland. Ich hatte fast das Gefühl, im Englischen nachrüsten zu müssen, damit mich der Deutsche endlich besser versteht. Weil die Deutschen ja alle so gut Englisch sprechen. Ich kann mit der Häme leben. Denn ich weiß, wie ich mit meinem inzwischen flüssigen Englisch zurechtkomme, wie ich mit meinem Italienisch zurechtkomme. Und in Frankreich lacht man mich sogar an, wenn ich mich ein bisschen im Französischen probiere.

EINER FÜR ALLE, ALLE FÜR SICH

Maren und ich hatten uns im 33. Stock des Trump International Tower am Columbus Circle eingemietet. Von unserem Wohnzimmer aus blickten wir auf alle Pilgerstätten, die ein Tourist auf dem Zettel hat. Der Central Park lag uns zu Füßen, wir schauten auf die 5th Avenue und den Broadway, wir sahen das Empire State Building, das Chrysler Building und das World Trade Center.

New York war ein Abenteuer. Am Anfang hat mich die Stadt erdrückt. Entgegen des amerikanischen Versprechens von Freiheit habe ich mich nicht frei gefühlt. Ich wollte wieder gehen. Ich bin ein sehr strukturierter Mensch, ein Mensch, der seinen Tag ordnet. Allein aufgrund des Verkehrs war das in New York kaum möglich. Es galt, kurze Wege zurückzulegen, die aber unheimlich lang dauerten. Entweder man war zu spät oder viel zu früh. Dazu kam diese merkwürdige Technik, irgendwo hat man immer den falschen Knopf gedrückt. Außerdem habe ich den amerikanischen Handwerker als unzuverlässig kennengelernt. Mehrfach wartete ich stundenlang in meiner Wohnung auf Möbelstücke, bis sie schließlich zwei Tage später eintrafen. Das kannte ich aus Deutschland nicht. Erst als wir komplett eingerichtet waren und uns ein wenig eingelebt hatten, begann ich New York fast lieb zu gewinnen. Ich nahm mit meinem Mercedes jeden Tag den Lincoln-Tunnel zum Training, lieferte mir Rennen mit den Taxifahrern um die nächste grüne Ampel, legte in der Zeit rund elfeinhalbtausend Meilen zurück. Einmal stand ich allerdings so lange im Stau, dass ich erst fünf Minuten vor Spielbeginn in die Mannschaftskabine stürzte und ohne Aufwärmen auflaufen musste. New York hatte stillgestanden, auch das gehörte dazu. Wir bekamen viel Besuch, sahen viele US-Städte, wir hatten wirklich eine sehr schöne Zeit, aber, zugegeben, sportlich hätte ich mir viel mehr erwartet.

Der Trainer als Bezugspunkt fehlte plötzlich. Und für den neuen Mann, der sich erst einmal beweisen musste, war ich nur noch einer von 25 Spielern. Dafür hatte mich New York aber nicht geholt. Der Verein hatte sich nicht nur auf dem Trainerposten verändert, auch im Management gab es großes Stühlerücken. Vorher hatte ich das Gefühl, dass mich die Leute mit offenen Armen und großem Herzen erwarteten, jetzt wurde alles viel kühler und distanzierter. Der neue Manager, Nick Sakiewicz, war einer, der nie lachte. Der Vorgänger, Charlie Stillitano, war ein Italiener, der wie ich das Dolce Vita liebte.

Seit Beckenbauers Aufenthalten dort Anfang der Achtziger konnte der Club keinen Meistertitel mehr erringen. Man hoffte, mit mir neuen sportlichen Erfolg zu entzünden und größere Aufmerksamkeit zu erhalten. Der sportliche Erfolg stellte sich auch ein. Wir wurden Meister der ostamerikanischen Liga und kamen über die Play-offs bis ins Halbfinale der US-Meisterschaft. Nur durch eine krasse Fehlentscheidung des Schiedsrichters wurden wir um das Finale gebracht. In den Play-offs – auf Deutsch: K.-o.-Runde – spielten wir Best of Three. Das erste Spiel in Chicago ging verloren, das zweite zu Hause gewannen wir. Das dritte und entscheidende Spiel galt es nun in Chicago zu bestreiten. Wir lagen ganz schnell 2:0 zurück, konnten aber nach hartem Kampf ausgleichen. In der 88. Minute lief Adolfo Valencia in einen Rückpass eines Chicagoer Verteidigers, umspielte den Torwart, schob ein zum 3:2. Dachten wir. Der Linienrichter hob die Fahne: Abseits. Was für ein Blödsinn. Wie kann man abseits stehen, wenn der Ball vom Gegner kommt? Im Gegenzug erzielte dann Chicago das 3:2 und rettete sich so ins Finale. Nach dem Spiel hat man herausgefunden, dass der Linienrichter aus Chicago kam ...

Eine derart erfolgreiche Saison, zu der ich meinen Beitrag geleistet hatte, erlebte New York bis heute nicht mehr. Dennoch wäre ganz klar mehr drin gewesen in den USA. Man gab mir zwar die Kapitänsbinde, was für mich eher zweitrangig gewesen war. Entscheidender war, dass die anderen jungen amerikanischen Spieler zwar wollten, aber sie wollten alles für sich alleine. Weil schon damals in Amerika sportliche Qualität über Statistik definiert wurde, waren meine Mitspieler von dem Bewusstsein besessen, möglichst viele Ballkontakte zu haben oder höchstselbst aufs Tor schießen zu müssen. Man glaubte weniger an den *gemeinsamen* Erfolg. Ich frage mich, warum Octavio Zambrano, der neue junge Trainer aus Südamerika, meine Erfahrung nicht genutzt hat, um die Hierarchie, die jede Mannschaft braucht, zu entwickeln. Wurde ich aber mit meiner Erfahrung genauso behandelt wie ein 19-Jähriger, machte der Trainer einen Fehler.

Trotz der fußballerischen Defizite spielte ich mit dem Gedanken, ein weiteres Jahr dranzuhängen in New York. Es gefiel uns einfach zu gut. Inzwischen klappte auch die Kommunikation besser. Ich hatte mich an den Rhythmus gewöhnt und an die amerikanische Art, in leeren Stadien Fußball zu spielen. Aber das Management der Metro Stars war nicht in der Lage oder willens, mich für ein weiteres Jahr zu bezahlen. Vielleicht hatte man sich auch durch mich einen größeren Werbeeffekt erhofft, ich weiß es nicht. Ich weiß nur, dass das neue Management es versäumte, mich öffentlichkeitswirksam zu präsentieren.

Menschlich war New York eine neue Erfahrung. Im Nachhinein muss ich aber sagen, dass der Wechsel dorthin eher ein Fehler gewesen ist. Hätte ich meine Karriere bei Bayern München beendet, hätte es viele Missverständnisse nicht gegeben, ich hätte mir einigen Ärger erspart, wäre gleichzeitig fest integrierter Bestandteil des Clubs geblieben und hätte nach meiner aktiven Karriere womöglich einen Job bei den Bayern sicher gehabt. Stattdessen entwickelten sich sehr unschöne Wirren um mein Abschiedsspiel.

DAS DILEMMA UMS ABSCHIEDSSPIEL

Wäre es so gelaufen wie geplant, wären mir zwei Abschiedsspiele garantiert gewesen. Eines vom DFB, zugesagt vom damaligen Präsidenten Egidius Braun, und eines vom FC Bayern. Wie kann einem Spieler ein Abschiedsspiel bei einem Club garantiert werden? Weil es im Vertrag stand. Ich habe über all die Jahre auf Gehaltserhöhungen verzichtet. Stattdessen wurde mir ein Teil der Einnahmen aus dem Abschiedsspiel zugesagt. Diese Summe steigerte sich mit jeder Vertragsverlängerung. Im Falle des DFB-Abschiedsspiels wäre sogar der komplette Gewinn an mich gegangen. Mit beiden Arrangements war ich einverstanden, finanziell und sportlich sowieso.

Irgendwann im April 2000 rief mich Karl Hopfner, der Geschäftsführer des FC Bayern München, in New York an. Es ging um die Organisation des Abschiedsspiels. Zu meiner Überraschung konfrontierte mich Hopfner mit folgender Idee: Er kam mir moralisch und meinte sinngemäß, ob es nicht unanständig und gierig aussehen würde, wenn ich zwei Abschiedsspiele bestreitete? Das käme in der Öffentlichkeit schlecht an . Was würde ich davon halten, mich nur auf ein Abschiedsspiel zu beschränken? In meiner Dummheit und Naivität stimmte ich dem zu und meinte, dass ich dann zumindest das Spiel mit den höheren Einnahmen bevorzugen würde. Ich entschied mich für das DFB-Spiel, weil dabei die Fernseheinnahmen den Unterschied ausmachten.

Der gewählte Mechanismus war letztlich der, das DFB-Abschiedsspiel vom FC Bayern austragen zu lassen. Wie und was die dann hintenrum verhandelt haben, welche Verträge ohne mein Wissen abgeschlossen wurden, weiß ich nicht. Ich weiß nur eines: dass ich irgendwann im September eine Abrechnung bekam, auf der mich ein großer Negativposten störte. Nicht die Anmietung des Olympiastadions, nicht die von Käfer organisierte Party mit 700 Gästen, nicht die Geschenke, die verteilt worden sind, nicht die Autos, nicht die Hotels. Es waren die 1,2 Millionen Mark, die laut Abrechnung an die Sportvermarktungsagentur Sport5 gezahlt worden sind. Mir war völlig schleierhaft, warum ich eine solche Summe an eine Agentur zu zahlen hatte, wenn man ein Abschiedsspiel vom DFB geschenkt bekommt. Das war der Streitpunkt. Daraufhin habe ich Herrn Hopfner aus Amerika angerufen und ihn um Aufklärung gebeten. Die leistete er, indem er mir eröffnete, dass der FC Bayern bereits 1994 mit Sport5 einen Deal geschlossen und einige Rechte an meinem Abschiedsspiel abgetreten habe. Nun hat aber das Abschiedsspiel des FC Bayern nicht stattgefunden, es war das Abschiedsspiel des DFB. Der Agentur war also ein Geschäft geplatzt, und der FC Bayern hatte nun ein Problem. Das Leichteste für den Verein war wohl, diese vor sechs Jahren vereinbarte Summe von den mir zustehenden Einnahmen abzuzweigen. Mit so einer Entwicklung hätte ich nie gerechnet, ich war schockiert.

Zuerst versuchte ich, die Angelegenheit in persönlichen Gesprächen mit Karl Hopfner und Uli Hoeneß zu klären – Franz Beckenbauer hatte da vermittelt –, aber schon nach wenigen Minuten wurde mir klargemacht, dass es keinen Kompromiss geben könne. Tja, was sollte ich machen? Ich fühlte mich bestohlen und beschissen und sah keine andere Möglichkeit, als gegen den FC Bayern zu klagen. Das Problem: Mein Anwalt war heiß, diesen öffentlichkeitswirksamen Prozess zu führen. Vielleicht war er zu heiß, denn ich sah mich nicht über alle Konsequenzen dieses Prozesses unterrichtet. Auch hier habe ich blind vertraut. Es stellte sich nämlich erst sehr spät heraus, dass ich – hätte ich den Prozess weitergeführt und gewonnen, wovon ich ausgehe – eine hohe Steuernachzahlung zu erwarten gehabt hätte. Ich biss in den sauren Apfel und zog meine Klage zurück.

So stand ich für die Öffentlichkeit als Verlierer da, und zwischen mir und dem FC Bayern war das Tischtuch zerschnitten.

Inzwischen haben Uli Hoeneß und ich das Kriegsbeil begraben, die Sache ist erledigt. Aber das Verhältnis wurde nie wieder so gut, wie es vor der Angelegenheit gewesen ist. Und ich habe bis heute das Gefühl, dass meine Gutmütigkeit und mein Vertrauen ausgenutzt worden sind. Weil ich bis heute im Unklaren bin, liegt es mir am Herzen, zu sagen, dass ich mich gerne mit den Verantwortlichen von damals zu einem offenen Gespräch zusammensetzen würde, um herauszufinden, wie sie die ganze Sache menschlich beurteilen.

Das Abschiedsspiel wurde vom FC Bayern München und der Nationalelf bestritten, garniert mit zwei Gastspielern namens Klinsmann und Maradona. Ich spielte eine Halbzeit hier, eine Halbzeit da. Endstand: 1:1. Schon das dürftige Ergebnis zeigt, dass es kein klassisches Freundschaftsspiel gewesen ist, was da veranstaltet wurde. Dafür war es viel zu verkrampft. Denn es ging für viele Spieler darum, etwas zu beweisen. Die in der Nationalmannschaft wollten Erich Ribbeck zeigen, dass sie in die Startelf gehören. Und die vom FC Bayern wollten Ribbeck zeigen, dass er es bereuen muss, sie nicht für den EM-Kader nominiert zu haben. Alle haben sich richtig angestrengt. Der Einzige, dem mit großem Respekt und ohne Körperkontakt begegnet wurde, war Diego Maradona.

Die Stimmung war gut. Das Stadion war ausverkauft, die Organisation war top. Ich wurde in der 85. Minute ausgewechselt und durfte dabei einen der intensivsten Momente mit meinen Töchtern erleben. Alisa und Viola hielten die Tafel mit meiner Rückennummer hoch und baten mich vom Platz. Ich lief meine Ehrenrunde, Sarah Brightman sang »Time to say Goodbye«, das Feuerwerk erhellte den Nachthimmel, und natürlich vergoss man die eine oder andere Träne. Es war schön und traurig zugleich.

Nach dem Spiel brachten Shuttle-Busse 700 Freunde und geladene Gäste zum Galadiner. Fünfgängemenü, reichlich Getränke, viel Händeschütteln, einige Ansprachen und ein Live-Auftritt von Zucchero. Der Abend bestand eigentlich nur aus Höhepunkten. Dann war die Party vorbei – für mich. Die letzte Erinnerung an diesen Abend: Ein recht berühmter Ballzauberer wollte wissen, in welchem Saunaclub er sich in München noch entspannen könnte. Ein Bekannter, der mit uns gefeiert hatte und sich in dem Bereich auskannte, fuhr Maradona dann diskret »nach Hause«.

Maradona schreibt in seinen Memoiren, dass ich für ihn der beste Fußballer gewesen sei. Ich sage nun in meinen Memoiren das Gleiche von ihm und muss ihm damit ganz klar widersprechen. Ich habe zwar meine Erfolge gehabt, aber er spielte eleganter und trickreicher. Maradona war damals über uns allen.

Ich will an dieser Stelle noch ein Wort über Maradona verlieren, ein Gedanke, der mich auch zu mir und meiner Karriere führt. Maradona war ein begnadeter Fußballspieler, der alles erreicht hat, was man nur erreichen kann. Dann nahm er Drogen, wurde fett, hatte Affären, er schoss mit einem Luftgewehr auf einen Journalisten, aber er durfte in Argentinien Nationaltrainer werden. Ich griff weder zu Rauschmitteln noch zu einer Knarre. Doch mir blieb ein solches Amt bisher verwehrt. Es mag eine Mentalitätsfrage sein. In Deutschland sucht man die Probleme. Und wo man Schmutz in einem frisch geputzten Raum sucht, findet man immer einen Krümel. Wenn er nicht da ist, hilft man nach und schmeißt ihn hin. Das ist Deutschland. In anderen Ländern sind die Menschen stolz auf ihre Idole, in Deutschland versucht man, jede Möglichkeit zu nutzen, diese Idole schlechtzumachen. Das ist nicht nur bei mir so. Als Idol wird man hier für viele Dinge belächelt. Im Ausland bleibst du Idol.

Michael Schumacher lebt im Ausland. Steffi Graf lebt im Ausland. Boris Becker lebt im Ausland. Franz Beckenbauer lebt im Ausland. Ich lebe im Ausland. Warum? Wie viele Sportstars haben wir? Wo sind die? Die großen Namen leben im Ausland, weil sie es hier irgendwann leid geworden sind. Ich bin gerne in Deutschland, und irgendwann werde ich auch wieder zurückkommen. Aber was sich einige Journalisten hier leisten, hat nichts mehr mit dem Fairplay zu tun, nach dem ich erzogen worden bin.

Heute Morgen ruft mich ein Journalist an und sagt mir, dass meine Exfrau in einer österreichischen Zeitung erzählt hätte, dass ich meiner aktuellen Freundin einen Heiratsantrag gemacht hätte. Ich habe mit dieser Exfrau seit einem Jahr nichts mehr zu tun. Woher will sie so etwas wissen? Wegen so einem Mist werde ich angerufen, und es steht im Internet, im Teletext und im Vermischten in der Tageszeitung. Nur weil sich jemand profilieren will. Wo sind wir eigentlich? Mein Problem hier in Deutschland ist, dass der Journalist schreiben kann, was er will.

MEUTEREI AUF MALLORCA

Mein Abschiedsspiel, aus dessen Einnahmen ich 600 000 Mark an wohltätige Organisationen spendete, war Teil der Vorbereitung auf die Europameisterschaft 2000. Nun dauerte die Party bis in die frühen Morgenstunden, doch schon um zehn Uhr ging für die Nationalmannschaft der Flug ins Trainingslager auf Mallorca. Nicht weiter schlimm. Schlimm war etwas anderes. Trotz des Abschiedsspiels und der Party – sie war mit Nationaltrainer Ribbeck abgesprochen – zog Co-Trainer Horst Hrubesch am nächsten Tag eine komplette Trainingseinheit durch. Ein schwerwiegender und nachhaltiger Fehler. Viele von uns waren müde, aber Hrubesch ließ uns auf dem halben Platz gegeneinander antreten, was in der 80. Minute dazu führte, dass mir der rechte Oberschenkelmuskel riss. So hatte ich mir den Auftakt zu meinem letzten großen Turnier nicht vorgestellt. Eigentlich hätte ich zu Hrubesch sagen müssen, dass ich unter diesen Umständen nicht in dem von ihm geplanten Maße mittrainieren werde. Nun hatte ich den Salat.

Folgender Negativfaktor kam hinzu: Durch meinen Wechsel nach Amerika einige Wochen zuvor hatte ich meine Hausmacht bei Bayern München und damit in der Nationalmannschaft verloren. Das heißt, dass ich an die, die mir vorher in den Arsch gekrochen waren, um in der Nationalelf von mir zu profitieren, nicht mehr herankam. Das waren Didi Hamann, Markus Babbel, Jens Jeremies und Thomas Linke. Vor allem Linke ist seinem Namen gerecht geworden. Wir saßen nicht mehr in einem Boot. Erich Ribbeck jedenfalls hielt trotz Verletzung an mir fest. Während sich die anderen auf Mallorca vorbereiteten, wurde ich rund um die Uhr behandelt.

Als ob das nicht schon genug Störgeräusche gewesen wären im Vorfeld einer EM, entwickelte sich auf Mallorca eine gefährliche Stimmung gegen Erich Ribbeck. Das ist noch untertrieben formuliert. Es kam zu einer Meuterei. Einige Unzufriedene wollten Ribbeck stürzen. Ein Mitspieler kam zu mir und sagte sinngemäß:»Lothar, ruf bitte den Franz an und sage ihm, wie unprofessionell Erich Ribbeck hier trainiert.« Es folgte ein ungeheurer Vorschlag, auf den noch nicht einmal ich selber gekommen wäre. Nachdem Ribbeck abserviert worden wäre, sollte ich den Thron des Bundestrainers besteigen. Wie bitte? Diejenigen, die sich mir gegenüber als Opportunisten entpuppt hatten, wollten mich plötzlich zum neuen Chefcoach putschen? Natürlich kann man über Trainingseinheiten streiten, natürlich hätte man mehr Taktik trainieren können. Aber letztlich war Ribbeck ein Trainer der alten Schule. Ihm ging es in erster Linie um eine gute Atmosphäre. Er ließ die Leine lang und wurde gnadenlos ausgenutzt. Ich erlebte Ribbeck als herzensguten Menschen – eigentlich zu gut für diesen Job.

Was sollte ich tun? Ich rief Franz Beckenbauer tatsächlich an. Allerdings nicht, um Ribbeck aus dem Amt zu heben, sondern um ihn in einer Art Hilferuf um seine Meinung zu dieser verfahrenen Situation zu bitten. Ich erklärte ihm, was für ein Irrsinn sich hier auf Mallorca abspielte. Franz schlug vor, mich mit Ribbeck und den Verschwörern an einen Tisch zu setzen und die Sache zu besprechen. Ich habe daraufhin den Jungs gesagt, dass sie sich ihre Idee abschminken könnten und wir die Probleme wie Männer klären würden – auf dem grünen Rasen. Der Putsch war geplatzt. Ribbeck hat nie von der geplanten Meuterei erfahren.

Hamann & Co. mussten sich fügen und das Training weiter so nehmen, wie es war. Währenddessen verschwanden meine Beschwerden im Oberschenkel, aber ich erlangte nicht die Fitness, die ich gebraucht hätte, um die Mannschaft in Holland zu führen. Außerdem stellte sich nicht wieder die Hierarchie ein, die jede gute Mannschaft braucht, um erfolgreich zu sein. Der Zusammenhalt fehlte. Der Respekt fehlte. Das Vertrauen fehlte. Wenn ich etwas als Mannschaftsspieler gelernt habe, dann, dass man demjenigen folgen muss, der das Kommando hat. Auch wenn man ihn nicht leiden kann oder mit der Strategie nicht einverstanden ist. Ein Team muss einen Weg gehen. Nein, diese EM konnte nur in die Hose gehen.

SPIELT SO LANGE, WIE ES GEHT!

Wir schossen sage und schreibe nur ein Tor. Mehmet Scholl gelang das 1:1 im ersten Spiel gegen Rumänien. Danach verloren wir 1:0 gegen England. Im letzten Länderspiel meiner Karriere gegen Portugal gingen wir mit 0:3 unter.

Ich wurde oft gefragt, welche Bedeutung dieses 0:3 für mich hat, ob es wie ein Makel in meiner sportlichen Biografie hängt. Nein, überhaupt nicht. Man kann sich nicht immer so verabschieden, wie man gerne möchte. Es ist auch ein Schmarrn, zu sagen, dass man auf dem Höhepunkt seiner Karriere aufhören sollte. Dann hätte ich ja 1991 den Betrieb einstellen müssen und Boris Becker im Alter von 17 oder 18. Man sollte spielen, solange man eine gewisse Leistung abrufen kann und es noch Spaß macht. Schon Franz Beckenbauer hatte mal die Devise ausgegeben: »Spielt so lange, wie es geht!« Körperlich hätte ich noch einige Jahre auf hohem Niveau geschafft. Ich habe nie in Altersgrenzen gelebt oder gedacht. Dennoch gab es die, die meinten, ich sei zu alt gewesen für diese EM. Was für ein Schwachsinn. Das lasse ich nicht gelten. Wenige Monate zuvor habe ich mit dem FC Bayern zwei Mal in der Champions League Real Madrid besiegt und wurde noch 1999 zu Deutschlands Fußballer des Jahres gewählt. Nein, das sind Phantomargumente. Wenn man nicht als Mannschaft auftritt, kann man keine EM gewinnen. Das war es. Punkt.

Jetzt könnte man natürlich vermuten, dass ich aufgrund der Zustände schon von Anfang an geahnt habe, dass dieses Turnier nicht zu gewinnen ist. Auch das ist nicht der Fall. Hofft man nicht immer auf einen Wendepunkt? Das kann ein einziges Spiel sein, ein einziger Sieg, eine einzige Niederlage. Bei der WM 1974 war es das 0:1 gegen die DDR, das die Westdeutschen wachrüttelte. Bei der WM 1982 war es die skandalöse Vorrunde, die die Mannschaft endlich zusammenschweißte. Hätten wir 2000 mit einem furiosen Auftaktsieg gegen Rumänien angefangen, wäre der ganze Ballast vielleicht weggefegt worden. Aber so kam es nicht. Im Gegenteil. Im letzten Vorrundenspiel gegen Portugal haben sich die Spieler nur noch gegenseitig angeätzt. Thomas Linke beispielsweise, dessen Gegenspieler Sérgio Conceição alle drei Tore erzielte, kam auf dem

Platz zu mir und meinte, ich solle ihn »am Arsch lecken«. Fühlte er sich von mir nicht ausreichend unterstützt? Ich weiß nicht mehr, um was genau es gegangen war. Aber diese Wortwahl in einem Spiel – das ist ein Tabu. Die EM 2000 war eine große menschliche Enttäuschung. Spieler, die mich vorher noch nachts anriefen, um mich als Kapitän anzuflehen, ich möge mich doch bitte beim Bundestrainer für sie einsetzen, ließen jeden Respekt, jede Kameradschaft vermissen. Diese Erfahrung hätte ich gerne getauscht gegen die Momente, die ich 1990 in Rom erlebt hatte. Wiederholt sich Geschichte? Im Fußball eher nicht.

Nach meinem Abschied vom aktiven Fußball lief ich nie Gefahr, in ein schwarzes Loch zu fallen. Ich war einfach nur dankbar. Ich habe es genossen, 21 Jahre auf dem Fußballplatz gestanden zu haben. Und ich habe 21 Jahre das Drumherum genossen. Die Siege habe ich aufgesaugt, aus den Niederlagen habe ich gelernt. Und mir war immer klar, dass meine wirklich größten persönlichen Erfolge nicht die Titel gewesen sind, sondern die Tatsache, dass ich nach meinen schweren Verletzungen zurückgekommen bin und danach noch über Jahre Höchstleistungen bringen konnte. Ja, meine psychischen Siege waren größer als jeder physische Triumph bei einer WM.

5. Kapitel
Mein Vagabundenleben als Trainer

EIN BISSCHEN JUPP, EIN BISSCHEN FRANZ

Wird man über viele Jahre von den Giganten des europäischen Fußballsports trainiert, bleibt es nicht aus, dass Prägungen zurückbleiben, die wiederum den eigenen Trainerjob beeinflussen, an dessen Anfang ich nun stand.

Von Jupp Heynckes bringe ich seitdem Übungen ein, um den Kombinationsfußball zu trainieren. Die ruhigen und klaren Gespräche mit den Spielern sind von Ottmar Hitzfeld inspiriert. Die akribisch-taktischen Varianten gehen auf Giovanni Trapattoni zurück. Von Otto Rehhagel lernte ich, für eine harmonische Atmosphäre zu sorgen. Auch Udo Lattek stand für Spielerführung, nämlich dafür, mit den Spielern auch mal ein Bierchen zu trinken. Und bei Franz wurde mir klar, wie wichtig es ist, die eigene Persönlichkeit in die Waagschale zu werfen.

Persönlichkeit äußert sich für mich nicht nur in Charisma, das bei Franz zu der Bezeichnung als Lichtgestalt führte. Persönlichkeit baut sich auch durch Prinzipien auf, die jemand vertritt. Ich behaupte nicht, dass Franz, Ottmar oder ich Heilige sind, wir waren es nie. Wir alle haben auch mal fünf gerade sein lassen. Eine Mannschaft funktioniert allerdings nur perfekt, wenn sie einem Wertegefüge folgt und jeder Spieler in der Lage ist, Verantwortung zu übernehmen. Verantwortung nicht für seinen Vertrag und sich, sondern für die Mission des gesamten Teams. Dabei erwarte ich, dass dieses Verantwortungsgefühl auf und neben dem Platz irgendwann von dem Spieler selbst kommt und er nicht ständig vom Trainer daran erinnert werden muss.

Genauso wichtig ist mir die Ehrlichkeit. Ich mag klare Ansagen und kommuniziere daher sehr offen mit meinen Spielern. Diese Offenheit erwarte ich im Gegenzug genauso. Hinterhältigkeit führt bei mir sofort auf die Tribüne.

Offenheit heißt auch, dass ich nicht einfach wie Jupp Heynckes 1984 kommentarlos an eine Tafel schreiben kann, dass jemand rechter Verteidiger zu spielen hat, obwohl er auf dieser Position noch nie eingesetzt wurde. Klar kann es einmal zu solchen Eventualitäten kommen. Gerade wenn ich merke, dass wir es mit meiner Grundphilosophie des offensiven Spiels beim nächsten Gegner schwer haben werden, muss ich sie variabel gestalten können. Dann muss jeder einzelne Spieler aber auf die Systemveränderungen vorbereitet sein.

Hätte ich auf jeder Position den idealen Spieler, würde ich ein 4–3–3 oder ein 4–1–4–1 spielen – eigentlich sehr ähnliche Systeme mit kleinen Verschiebungen. Was heißt das? Ich spiele hinten mit einer Viererkette mit schnellen Außenverteidigern, die sich auch immer wieder in die Offensive mit einschalten. Ich brauche robuste, bewegliche, zweikampfstarke zentrale Verteidiger. Davor spiele ich mit einer organisierenden Nummer 6, die eine Verbindung zur Defensive hält und Sicherheit gibt, aber auch am Spielaufbau teilhaben muss. Zwei der vier Mittelfeldspieler sollten zwischen den beiden Strafräumen mit viel Laufarbeit agieren und in der Lage sein, das Tempo zu erhöhen oder herauszunehmen. Sie sollten mit Tordrang und einer gewissen Spielintelligenz ausgestattet sein. Die vorderen drei Spieler, rechts, links und in der Mitte, müssen schnell und dribbelstark sein und vor allen Dingen versuchen, immer wieder zum Abschluss zu kommen. Der Inbegriff des modernen Torhüters ist für mich Manuel Neuer. Früher musste der Torhüter Bälle fangen können, heute muss er technisch stark sein und taktisch mitspielen, dirigieren und das Spiel schnell machen können. Dafür steht Neuer.

Ich weiß, dass manche Kritiker daran zweifeln, dass ich aufgrund meines Rufs in der Lage bin, bei den Spielern Respekt zu erzeugen, um meine Philosophien und Strategien wirksam umzusetzen. Ich kann nur berichten, diesem Problem auf meinen Trainerstationen nie begegnet zu sein. Ich habe mir den nötigen Respekt weder durch einen großspurigen Verweis auf meine Erfolge noch durch ein künstliches Klima der Angst zu verschaffen versucht. Im Gegenteil, ich muss dem Spieler vermitteln, dass ich jemand bin, der ihm zuhört, der ihm hilft, sich um ihn kümmert und ihn fördert. Eigenverantwortung ja, aber bitte in einem sozialen Umfeld, in dem man sich aufgehoben und geachtet fühlt. Vor und nach dem Training stand meine Tür immer offen. Ich stehe meinem Arbeitgeber

24 Stunden am Tag zur Verfügung. Wenn mich ein Spieler um zwei Uhr nachts wegen irgendeines Problems angerufen hätte, hätte ich ihm nicht böse sein können. Bei Partizan Belgrad hatte ich zum Schluss sogar das Gefühl, dass ich von den Spielern mehr wusste als ihre eigenen Frauen. Ich wusste wirklich alles – und nicht nur über ihre Beichten vom Fremdgehen. Die Spieler hatten einfach ein Riesenvertrauen, weil sie wussten, dass sie es mit einer Respektsperson zu tun hatten, die sportliche Erfahrung und Erfolge vorzuweisen, aber auch als Mensch vieles erlebt hat.

AUFTAKT IN AUSTRIA

Ich dachte zwar schon als Spieler wie ein Trainer, doch in Wien erstmals auf der anderen Seite zu stehen, kam mir wie absolutes Neuland vor. Ich freute mich sehr, mein Debüt bei einem deutschsprachigen Traditionsclub geben zu dürfen. Eingefädelt wurde der Job von dem später in Ungnade gefallenen Geschäftspartner, mit dem ich damals noch meine Sportagentur betrieb. Leider stand Rapid Wien damals das Wasser bis zum Hals, der Club war bankrott. Die Bank Austria, der Hauptsponsor, installierte mit Werner Kuhn einen Finanzdirektor aus ihren Reihen im Verein. Über die Bank Austria lief auch meine Entlohnung.

Nun also der Fußballspieler Lothar Matthäus als Fußballtrainer im Land der Skifahrer. Plötzlich musste ich Ansprachen halten, Trainingseinheiten leiten, für eine harmonische Atmosphäre sorgen, Spielern sagen, dass sie spielen oder nicht spielen, musste Familienvätern beibringen, dass sie nicht mehr gebraucht werden und sich einen neuen Verein suchen können. Wir mussten aufgrund der schwierigen finanziellen Situation viel Geld einsparen und einen Schnitt machen. Teure Spieler wurden aussortiert, weil wir die Gehälter sowie die Auflauf- und Punktprämien nicht mehr zahlen konnten.

Individuelle Punktprämien sind meiner Meinung nach sowieso ein Hohn. Da schießt einer mit einer geringen Punktprämie von vielleicht 500 Euro die Mannschaft mit drei Toren zum Sieg und bekommt 1500 Euro, während ein anderer, der kein Tor erzielte, aber eine Punktprämie von 5 000 Euro ausgehandelt hat, folglich 15 000 Euro erhält. Diese Beträge waren sämtlich individuell ausgehandelt worden. Zu meiner Zeit als Aktiver hat es lohnsteigernde Punktprämien auch schon gegeben, aber da hat jeder Spieler das Gleiche bekommen. Die Prämien wurden vom Mannschaftsrat jedes Jahr direkt mit Uli Hoeneß ausgehandelt. So sollte es im Teamsport auch heute noch üblich sein.

Viele dieser Verträge waren so üppig gestaltet, dass die Spieler, die wir gerne abgegeben hätten, bis auf einen in der Winterpause keinen neuen Verein fanden. Und so mussten wir sie wohl oder übel bis zum Ende der Saison mit durchziehen, obwohl wir schon vor dem Start der Rückrunde jüngere, billigere und bessere Spieler in die Mannschaft integrieren konnten.

Mir war die Schwere der Aufgabe durchaus bewusst. Als ich kam, hatte Rapid Wien einen Nationalspieler im Kader. Aber als ich den Verein verließ, waren es sechs. Ich nahm viele junge Spieler in die Verantwortung und konnte in recht kurzer Zeit den Grundstein für spätere Erfolge setzen. Das hat mich schon stolz gemacht. Rudolf Edlinger – kurz nach meiner Verpflichtung war er zum neuen Präsidenten gewählt worden – war allerdings mit der behutsamen, geduldigen Entwicklung nicht einverstanden. Er war einmal Finanzminister gewesen, und als Politikernatur wollte er von einem auf den anderen Tag große Erfolge sehen. Das funktioniert im Fußball aber nicht, wenn man finanziell noch nicht einmal mittelmäßig ausgestattet ist. Ich vermute auch, dass er sich übergangen fühlte, da der Sponsor meine Verpflichtung nicht mit ihm abgesprochen hatte. Er wollte wohl lieber einen österreichischen Trainer im Amt sehen.

Hinzu kam eine Meinungsverschiedenheit bezüglich eines Transfers. Edlinger hatte vor, Andreas Herzog aus Bremen nach Wien und damit zurück nach Hause zu holen. Bei Werder saß der österreichische Nationalspieler nur noch auf der Bank. Ich war von Anfang an gegen diesen Wechsel, der weder unserem kostenbewussten Finanzkonzept noch der Verjüngung des Teams entsprochen hätte. Außerdem hatte ich mit Andreas Ivancic bereits *das* Jahrhunderttalent des österreichischen Fußballs auf der gleichen Position. Edlinger setzte sich durch.

Die Kontakte, die er zu mir suchte, fanden ausschließlich nach Niederlagen statt. Dann bestellte er mich montagmorgens in ein Café gegenüber dem Parlament, um mir Fragen zu stellen. Fünf- oder sechsmal war das der Fall. Bei Siegen hörte ich von Herrn Edlinger nichts. Mein Verhältnis zu den Rapid-Fans hatte sich inzwischen um 180 Grad gedreht. Anfangs war ich für sie das »rote Bayern-Schwein«. Nachdem ich Fanclub-Vertreter über den Verein zu einem Abendessen einladen ließ und ich sie davon überzeugen konnte, mit Haut und Haaren für diesen Club einzustehen, stieg mein Ansehen derart, dass bei meinem letzten Spiel, das wir 3:0 gewannen, alle fünf Minuten Matthäus-Sprechchöre zu hören waren. Nach dem Sieg wurde ich beurlaubt, nach nur neun Monaten. Ich hätte dem Verein die schlechteste Platzierung in der Geschichte gebracht, hieß es offiziell. Ein Witz, wenn man genauer hinschaut. In der folgenden Nacht bemühte sich noch der Finanzvorstand des Hauptsponsors zu mir nach Hause und meinte, dass man meine Demission nicht zulassen würde. Vergeblich.

Daraufhin äußerte ich mich in einem Interview über meine Entlassung. Der Präsident schlug verbal zurück, stempelte mich als viel zu teure Fehlinvestition ab und berief sich auf angebliche vereinsschädigende Aussagen, um meine Abfindung zu umgehen.

Natürlich hätte auch ich mir gewünscht, die 27 Einsätze mit mehr als acht Siegen und acht Unentschieden abzuschließen. Und die Tendenz meines Zweijahresplans stimmte ja. Ich begann mitten in der Vorrunde und konnte die Mannschaft erst in der Winterpause so richtig kennenlernen. Seitdem ging es bergauf, in der Rückrundentabelle waren wir Vierter. Die Mannschaft und ich waren auf dem richtigen Weg, das lasse ich mir nicht kleinreden. In der Rückrunde hatten wir nur drei Punkte weniger als der spätere Meister Wacker Innsbruck unter seinem Trainer Jogi Löw. Zwei Jahre später wurde der neue Trainer Peppi Hickersberger mit dem, was aus meiner jungen Mannschaft geworden war, Meister und durfte in der Champions League gegen Bayern München antreten. Ich konnte mich darüber freuen, weil ich wusste, dass ich dafür das Fundament gelegt hatte.

Welche Fehler hatte ich gemacht? Ein Anfängerfehler war sicherlich, dass ich noch zu sehr als Spieler gedacht, zu oft mit der Mannschaft trainiert und dafür zu wenig beobachtet habe. Ich war noch zu nah dran. Das habe ich bei dieser Trainerstation gelernt. In der Folge achtete ich darauf, mehr Distanz aufzubauen.

Außerdem merkte ich zu spät, dass ich auf eine verschworene Gemeinschaft getroffen war. Gerade unter den Masseuren gab es einen, der hinterrücks das Messer wetzte und die Spieler beeinflusste. Vielleicht erwarteten die Betreuer mehr Anerkennung, vielleicht hätte ich häufiger im Massageraum sein müssen. Vielleicht hätte ich auch die Masseure mal zum Essen einladen sollen. Ich musste erkennen, dass die Zufriedenheit der Mannschaft hinter der Mannschaft genauso wichtig ist.

EINMAL CHAMPIONS LEAGUE UND ZURÜCK

Mein zweites Engagement als Trainer sollte mich noch ein Stück tiefer in den Osten Europas führen – auf den Balkan. Belgrad war nicht München und erst recht nicht Paris. Belgrad war eine zerbombte Stadt. Die Schäden, die die NATO-Angriffe hinterlassen hatten, waren auch 2002, vier Jahre nach dem Ende des Kosovokriegs, nicht zu übersehen. Abgesehen davon stieß ich in Serbien auf Szenen, die ich in Deutschland seit den Siebzigern nicht mehr erlebt hatte: uralte Autos, Dreck in den Straßen, schlechte Luft. Viele Zeichen deuteten aber schon auf einen Umbruch dieser Metropole hin; man richtete sich nach Westen aus, von der Restaurantkultur bis hin zu den Modeboutiquen.

Ich war gerade mal zwei Monate in der Stadt, da wurde Ministerpräsident Zoran Đinđić, der mit dem alten Verbrecherregime aufräumen und Slobodan Milošević nach Den Haag ausliefern wollte, von einem Scharfschützen erschossen. Der Ausnahmezustand folgte, Tausende Verdächtige wurden festgenommen. Mehrfach wurde auch ich angehalten, weil ich den gleichen silbernen Audi fuhr wie die vermeintlichen Täter.

Geschockt hat mich gar nichts, überrascht vielleicht schon. Ich habe bestimmte Dinge erwartet, weil ich ja nicht blind durch die Welt laufe. Wir jammern in Deutschland immer gern, aber im direkten Vergleich kann man nur feststellen, dass wir auf Fünfsterneniveau jammern. Ich stieß in Belgrad zwar nicht auf die westeuropäische Lebensqualität; die serbische Mentalität, dieses Offene, dieses Positive, hat mir jedoch besser gefallen als so manch anderes Verhalten.

Man muss wissen: Die Serben sind Fußballfans. Da funktionierte schon viel über meinen Namen und meine Erfolge. Man akzeptierte mit Bewunderung, dass der, der sie bei der WM 1990 abgeschossen hat, der, der Partizan Belgrad mit Inter Mailand aus dem UEFA-Cup geschossen hat, auf einmal im Belgrader Trainingsanzug auf dem Platz stand und einer von ihnen war. Miki Stevic, serbischer Bundesligaspieler bei Dynamo Dresden, 1860 München und Borussia Dortmund, hatte für den entscheidenden Kontakt gesorgt. Er war der Schwiegersohn des Sportdirektors von Partizan und in dessen Auftrag auf mich zugekommen. Meine Mission: Ich sollte den serbischen Dauer-Ersten endlich auch in internationalen Gefilden zu einer festen Größe machen.

Schön und gut. Nur ist der Serbe aber auch jemand, der es mit möglichst wenig Aufwand ganz nach oben schaffen will. Ich habe es innerhalb kurzer Zeit hingekriegt, meinen Spielern klarzumachen, dass wir im Leben nichts geschenkt bekommen, dass wir jeden Tag hart arbeiten müssen, um das, was in uns steckt, zu nutzen.»Nur so können wir das, woran heute keiner glaubt, erreichen«, appellierte ich an ihren Enthusiasmus. »Euer Talent, euer Wille, meine Erfahrung, meine Disziplin, meine Mentalität – wenn wir diese Zutaten zu einem Cocktail zusammenbringen, dann schmeckt der Cocktail nach Erfolg.« Genau das waren meine Worte. »Alles, was ich weitergebe, habe ich am eigenen Leib erlebt«, sagte ich ihnen.

Wie zum Beispiel das ewige Trainieren von Linksschüssen. Bevor ich 1988 in Italien anfing, war ich ein reiner Rechtsfuß und hatte noch nie ein Tor mit links geschossen. Trapattoni sagte: »Ascolta, Lothar, hör' zu, du hast zwei Füße, also solltest du auch mit beiden schießen können. Ich zeig' dir ein paar Übungen.« Durch diese Übungen von Trapattoni bekam ich erst die Sicherheit, die mich dazu ermutigte und befähigte, bei der WM 1990 gegen die Jugoslawen das 1:0 mit dem linken Fuß zu schießen. Genau diesen Laufweg – von rechts kommend nach innen ziehen, um dann mit links abzuschließen – hatte ich hundertfach trainiert, auch oft alleine nach dem Training. Wegen solcher Geschichten haben mir die Spieler vertraut.

Sicherlich führten auch die frühen Erfolge mit Partizan Belgrad dazu, dass mir schnell breite Anerkennung entgegenschlug. Als ich kam, hatte die Mannschaft sechs Punkte Vorsprung auf den Tabellenzweiten. Ich machte den Spielern klar, dass ich diese sechs Punkte nicht halten, sondern weiterhin jedes Spiel gewinnen will, um den Vorsprung zu vergrößern. Mit der Mannschaft, die ich noch vor einem Jahr mit Rapid Wien im UEFA-Cup rausgeworfen hatte, legten wir einen selten da gewesenen Durchmarsch hin. Partizan wurde Meister mit einer Tordifferenz von +52 und einem 19-Punkte-Vorsprung vor Roter Stern Belgrad.

Mein erstes Spiel – ich war mitten in der Rückrunde gekommen – führte mich zu Hajduk Kula, achtzig Kilometer entfernt Richtung Bosnien gelegen. Es war eiskalt, Heizungen gab es nicht. Die Toiletten waren in die Kabinen integriert, sodass die gesamte Mannschaft jede Regung mitbekam. Es war einfach kein Geld da. Es war ein zerbombtes Land, man hat nicht in den Fußball investiert. Das Spiel ging 1:0 für uns aus, die Meisterschaft geriet zum Selbstläufer. In dieser Situation sagte ich meinen Jungs, dass es jetzt darum gehen muss, das zu erreichen, was sie vor einem Jahr gegen Rapid Wien nicht geschafft hatten, nämlich im Europa-Pokal weiterzukommen. An die Champions League hat dort sowieso keiner geglaubt.

Wir legten einen wahren Siegeszug hin, der allerdings durch eine ganz besondere Niederlage getrübt wurde. Wir hatten uns konzentriert auf das Spiel bei einem Abstiegskandidaten am Stadtrand von Belgrad vorbereitet. Während der gesamten neunzig Minuten merkte ich, dass mit meiner Mannschaft irgendetwas nicht stimmt. Meine Jungs ließen ihr druckvolles Spiel vermissen, sie gingen nicht mehr richtig in die Zweikämpfe. Wir hatten die besseren Spieler auf dem Feld, aber verloren 0:1. Stocksauer ging ich in die Kabine und hielt eine meiner lautesten Ansprachen. Auf Deutsch. Und Marco – Sohn eines ehemaligen Spielers von Hannover 96, damals mein Dolmetscher und bis heute ein guter Freund – stand daneben und flippte auf Serbisch aus. Das sollte er. Die Emotionen musste er immer gleich mit übersetzen. Marco war für mich wie ein Sechser im Lotto, er wich mir nie von der Seite und war mein sprachlicher Schatten.

Auf der Rückfahrt in unser Trainingszentrum erzählte mir mein Torwarttrainer, dass die Wetten auf dieses Spiel zwei Stunden vor Anstoß gestoppt worden seien, weil man irgendetwas gerochen hätte. Ich wurde stutzig. Zurück im Trainingszentrum – die meisten Spieler hatten schon geduscht und gegessen und waren bereits auf dem Weg nach Hause – saß ich noch mit einem Spieler, mit dem ich immer offen reden konnte, in der Kabine. »Kannst du mir mal erklären, was heute los war?«, fragte ich ihn. »Dafür müssen Sie eine Geschichte wissen«, sagte er. »Erzählst du sie mir?« »Vor zwei Jahren haben wir beim Spiel gegen dieselbe Mannschaft die Punkte gebraucht, um Meister zu werden. Für die ging es um nichts mehr, sie ließen uns gewinnen. Jetzt stehen die vor dem Abstieg und brauchten diese drei Punkte genauso. Wir haben uns heute für ihr Geschenk mit unserem Geschenk revanchiert. Das Spiel wurde nicht verschoben. Es war ein Freundschaftsdienst in stiller Absprache.« Ich sagte zu ihm nicht ohne Sarkasmus: »Weißt du was, sagt mir doch bitte in Zukunft vorher Bescheid, wenn wir verlieren. Dann muss ich mich nicht so aufregen und einen Herzinfarkt riskieren.«

Meine Neugier war geweckt. Der Spieler verriet mir die Partie, in der die Sache ihren Anfang nahm. Ich ließ mir eine Kassette kommen, schob sie in den Videorekorder und lehnte mich zurück. Ich sah, wie Partizan bis acht Minuten vor Schluss mit einem Tor Unterschied zurücklag – mit nur noch neun Mann auf dem Feld. Trotz Unterzahl drehten sie in den letzten Minuten mit zwei Toren das Spiel. Der entscheidende Treffer gelang einem Stürmer, der sich ganz allein gegen sechs Verteidiger durchsetzen konnte. Plötzlich wurde mir klar, warum wir dieses Spiel verloren hatten.

Das ist Serbien. Ich gehe davon aus, dass in vielen Ländern der Welt Vereine derartige Absprachen treffen. Ich habe das nicht schriftlich, aber für Serbien wurde es mir versichert. »Du gewinnst dein Heimspiel, ich gewinne mein Heimspiel. So hat jeder schon mal drei Punkte. Wenn man diese Absprache mit den sechs, sieben Mannschaften trifft, die keine Ambitionen haben, Meister zu werden, sondern nur die Klasse halten wollen, um verlässliche Werbebudgets einzustreichen, hat man schon mal 21 Punkte auf dem Konto.« Ich gebe dir heute ein Stück Brot, weil du keines hast. Übermorgen gibst du mir ein Stück Brot, wenn ich hungrig bin. Lieber mit Sicherheit Elfter, als mit Risiko Achter.

Trotz alledem: Am Saisonende belegten wir den ersten Platz und schafften es damit in die Champions-League-Qualifikation. Im ersten Kräftemessen trafen wir auf den schwedischen Meister Djurgårdens, der mitten in der Saison stand und sich nicht wie wir per Trainingslager vorbereiten musste. Wir erreichten zu Hause ein 1:1. Schlechte Voraussetzungen fürs Rückspiel, denn die Serben litten unter einer chronischen Auswärtsschwäche. Im eigenen Stadion bärenstark, machten sie sich auswärts in die Hosen. Für mich war ein Auswärtsspiel eine noch größere Motivation als ein Heimspiel, weil ich die da oben in den Rängen, die gegen mich waren, noch mehr enttäuschen wollte. So habe ich die Mannschaft eingestellt, und wir schafften das erlösende 2:2.

Danach wurden wir gegen Newcastle United gelost, den Dritten der englischen Premier League und mit Nationalspieler Alan Shearer klarer Favorit. Der Pay-TV-Sender Premiere war mir behilflich und zog alle Newcastle-Spiele der letzten Champions-League-Saison auf Kassette. Ich saß tagelang vor dem Fernseher und studierte den Gegner bis in die kleinsten Details. Die Hauptgefahr würde in ihrem schnellen Spiel nach vorne liegen, in den dribbelstarken Spielern und den Standardsituationen. Das war schon beeindruckend.

Unverdient und unglücklich verloren wir prompt unser Heimspiel mit 0:1. Die Jungs waren demoralisiert, aber ich lobte sie, weil sie ein gutes Spiel gemacht hatten. Auf das entscheidende Rückspiel in Newcastle schwor ich die Mannschaft förmlich ein: »Ihr habt nichts zu verlieren! Geht raus, präsentiert euch den 50 000 Zuschauern, habt Spaß an diesem fantastischen Publikum! Wenn ihr so gut seid wie im Hinspiel, können wir das Ergebnis drehen!« In der zweiten Halbzeit fiel das verdiente 1:0 für uns. Verlängerung, der Puls ging nach oben. Eine Sensation lag in der Luft. Kein Tor mehr, Elfmeterschießen. Ich erinnerte mich an Jupp Heynckes, der mich 1984 zum Elfmeter überredet hatte. So durfte ich es nicht machen. Stattdessen fragte ich: »Wer von euch will der Held von

Serbien werden?« Alle Finger gingen hoch. Insgesamt brauchte es sieben Schützen, um die Sache für uns zu entscheiden. Die ersten drei Elfer der Engländer gingen daneben, später sogar ein vierter. Wir verschossen drei Mal. Endergebnis 4:3. Es hätte kaum dramatischer sein können. Ein kleines Fußballwunder. Partizan war damit der erste serbische Club, der an der Champions League teilnahm. Darauf hat das Land lange gewartet. Als wir am nächsten Morgen um fünf Uhr am Belgrader Flughafen ankamen, begrüßten uns 5000 Fans und begleiteten uns inklusive Kapelle bis zum Trainingsgelände. Es war wie bei einem Staatsempfang.

Einen Menschen muss ich an dieser Stelle noch dringend erwähnen: den Nigerianer Taribo West. Ohne ihn, ohne seine Erfahrung, eine Abwehr zusammenzuhalten, hätten wir es in Newcastle niemals ins Elfmeterschießen geschafft. Taribo war der einzige Spieler, dessen Einkauf ich bei Partizan zu verantworten hatte. Ich drängte meinen Club förmlich dazu, ihn zu holen – für einen Spottpreis von 10000 Dollar. Taribo war ein Gigant, Nationalspieler seines Heimatlands, er hat Millionen verdient bei Inter Mailand und beim AC Mailand. Er war erst Ende zwanzig, aber bei vielen anderen Clubs einzig am medizinischen Check gescheitert. Nach jeder Belastung bekam er ein dickes Knie, keiner hat ihn gewollt. Das alles war mir egal, denn er war immerhin noch so einsetzbar, dass ich plante, ihn ausschließlich bei den internationalen Spielen aufzustellen, die jetzt auf Partizan zukommen würden. Er hat mein Vertrauen mit großartigen Leistungen, die an seine glorreiche Vergangenheit erinnerten, gerechtfertigt.

Die Auslosung für die Champions League verfolgte ich von zu Hause aus. Insgeheim hoffte ich auf Bayern München. Aber Real Madrid, meine unerfüllte Liebe, war auch eine Hausnummer. Dazu wurden Olympique Marseille und der spätere Pokalsieger FC Porto in unsere Gruppe gelost. Leider waren wir noch zu unerfahren und vor dem Tor zu unentschlossen, um den entscheidenden Punch gegen die Großen zu landen. Es reichte zu drei Unentschieden. Wir begannen mit einem gerechten 1:1 gegen José Mourinhos Porto. Wir verloren in Madrid durch ein irreguläres Tor von Raúl. In Marseille bestimmten wir sechzig Minuten das Spiel, hätten 5:0 führen können und verloren nach einer Roten Karte noch mit 0:3 durch drei Tore von Didier Drogba. Dann kam Madrid mit seinen Superstars Zidane, Figo und Beckham nach Belgrad. Das Spiel des Jahrzehnts. Es hätten 350 000 Karten verkauft werden können. Die glücklichen 30 000 im Stadion sahen ein auf Augenhöhe ausgetragenes 0:0. Das klingt erst einmal passabel. Aber wenn man kurz vor Schluss aus fünf Metern das leere Tor nicht trifft, kann man als Trainer nicht zufrieden sein.

In unserem schlechtesten Spiel verloren wir 1:2 in Porto, danach beendeten wir unsere Zeit in der Champions League mit einem 1:1 gegen Marseille. Äußerst knapp hatten wir den dritten Platz verpasst, der uns dazu berechtigt hätte, in der Europa League weiterzuspielen. Unser Hauptmakel war die miserable Chancenverwertung.

Warum ging ein so erfolgreiches Unternehmen nach nur einem Jahr in die Brüche? Weil ich nach einem Jahr kündigte, obwohl mein Vertrag noch ein halbes Jahr gelaufen wäre. Monatelang hatte ich vergeblich auf meinen Lohn von vertraglich zugesicherten 650 000 Dollar gewartet. Dazu muss man wissen, dass ich in Belgrad auf zwei Verträge meine Unterschrift gesetzt hatte. Den mittelmäßig dotierten Arbeitsvertrag hätte ich ohne den anderen Vertrag gar nicht unterschrieben. Der andere Vertrag sicherte mir Beteiligungen an den Spielerverkäufen zu, da ich der Meinung bin, dass ich als Trainer Spieler auch entdecke, entwickle, nach vorne bringe und damit für den Markt teurer mache. Ich begab mich also ins Risiko und verlor schon wieder. Partizan weigerte sich, das Geld aus den Verkäufen zu zahlen. Argumentiert wurde da nicht. Das war Osteuropa. Mir blieb nichts anderes übrig, als nach einer tollen und erfolgreichen Zeit zu sagen: »Dann kann ich nicht mehr mit euch zusammenarbeiten. Ich gehe.« Glücklicherweise lag mir bereits das nächste Jobangebot vor. Ich sollte meine Zelte in Budapest aufschlagen.

EHE 3.0

Aus einem weiteren Grund konnte ich mich über das Angebot aus Ungarn freuen. Denn meine neue Liebe Marijana lebte in Budapest. Die Sache mit Marijana fing nach einem Champions-League-Spiel in Belgrad an. Zu später Stunde wollte ich mich mit zwei deutschen Freunden in einem Restaurant auf der Donau treffen. Als ich mich dem Laden näherte, fiel meine Aufmerksamkeit auf fünf attraktive Frauen. Sie hatten wohl gerade ihr Diner hinter sich gebracht und sahen aus, als wollten sie noch ins Nachtleben starten. Wir kamen uns näher, ich schaute genauer hin und merkte, dass ich eine dieser Frauen aus Amerika kannte. Sie war Teil einer Gruppe gewesen, mit der Maren und ich in Manhattan essen waren. Wir begrüßten uns, die Damen blieben stehen, man unterhielt sich kurz, aber schon während dieses Gesprächs wurde ich abgelenkt von der Frau, die direkt neben dieser New Yorker Bekannten stand: Marijana.

Marijana wusste nicht, dass ich hier in Belgrad Trainer war. Sie erzählte, dass sie zwar Serbin sei, aber wegen des Krieges nach Budapest ausgewandert sei und auch heute noch dort leben würde. Ich parierte mit der Aussage, dass ich die Strecke Belgrad–Budapest–Wien häufiger mit dem Auto fahren würde, da ich auch mal in Wien gearbeitet hätte. Man könnte ja bei der nächsten Tour einen Kaffee trinken. Unter uns: Ich bin nie mit meinem Auto von Belgrad über Budapest nach Wien gefahren. Aber ich wusste, dass das geografisch irgendwie hinhaut.

Wir tauschten die Nummern aus und verabredeten uns in den nächsten Wochen tatsächlich das eine oder andere Mal zum Essen. Ich hatte schon vielen schönen Frauen gegenübergesessen, die nicht mit Messer und Gabel umgehen konnten. In solchen Momenten war für mich das Date schon geplatzt. Mit Marijana war es erfrischend anders. Sie war distinguiert, ihr Temperament beeindruckte mich, und sie hatte Humor. Wir führten lange Gespräche bis in den frühen Morgen.

Nach sechs bis acht Wochen wurde ich von RTL zum Formel-1-Rennen auf dem Hungaroring nahe Budapest eingeladen und bat Marijana, mich zu begleiten. Das war der erste offizielle Termin mit ihr. Am Anfang spielte sich unser Leben zwischen Belgrad und Budapest ab, und es war geplant, dass Marijana in meine Belgrader 260-Quadratmeter-Wohnung zieht. Bekanntlich konnte oder wollte Belgrad mein Gehalt nicht mehr bezahlen, aber wie der liebe Gott es wollte, durfte ich neuer Nationaltrainer in Ungarn werden.

Vorher fand jedoch noch etwas nicht Unwesentliches statt: meine dritte Hochzeit. Auch in diesem Falle war ich der festen Überzeugung, dass diese wunderbare Frau die richtige in meinem Leben sein würde. Nach vier Monaten gaben wir uns das Jawort. Standesamtlich und bei mir zu Hause. Ich wollte keine Öffentlichkeit. Für die Zeremonie schmückten wir den Glastisch im Esszimmer mit Blumen und baten zwei Trauzeugen – einer davon war mein Dolmetscher Marco – und acht Gäste, mit uns diesen besonderen Moment zu verbringen. Am Abend feierten wir mit vierzig Gästen in einem Belgrader Lokal. Marijanas Exmann war mit der Hochzeit mehr als einverstanden. Wir hatten uns schon vor meiner Beziehung mit Marijana kennengelernt, er wusste, dass ich mich auch um die drei gemeinsamen Kinder kümmern würde.

In der Tat: Ich habe in meinen Ehen und Partnerschaften immer mehr gegeben, als ich bekommen habe. Auch wenn ich als Spieler und Trainer viel unterwegs gewesen bin, war ich doch für meine Frauen da. Sie erhielten von mir jede Unterstützung, ich war – das lernt man als Fußballspieler – nie ein Egoist. In meiner dritten Ehe mit Marijana trieb ich dieses Prinzip fast bis zur Selbstaufgabe. Ich sorgte mich um ihre Kinder – sie waren zwischen sieben und 15 Jahre alt –, als seien es meine eigenen. Ich kümmerte mich um ihr Modegeschäft in Salzburg, ich änderte Reiserouten, damit ich ihre schwerkranke Mutter im Krankenhaus von Novi Sad besuchen konnte. Und am Ende gab ich für sie sogar meinen Trainerjob in Brasilien auf und beging damit den wohl größten Fehler meiner Trainerlaufbahn ...

UNGARN GEGEN DIE GROSSEN

Meine erste Amtshandlung als ungarischer Nationaltrainer war alles andere als leicht. Ende Januar 2004 machte ich mich auf in das kleine Städtchen Gyor, um einer Beerdigung beizuwohnen. Miklós Fehér, 24-jähriger ungarischer Nationalstürmer, hatte während eines Auswärtsspiels seines Clubs Benfica Lissabon einen Herzstillstand erlitten und war auf dem Weg ins Krankenhaus gestorben. 1 000 Menschen kamen, um Abschied von ihm zu nehmen. Ich hatte Fehér nicht gekannt, sah mich als Nationalcoach aber in der Verpflichtung, gemeinsam mit anderen Offiziellen

den Angehörigen das Beileid auszusprechen. Es war sehr traurig – und sehr kalt. Die Kirche platzte aus allen Nähten, der Wind blies über diese freie Anhöhe, und ich fror mich in meinen dünnen Halbschuhen zwischen den anderen Trauernden halb tot.
In Budapest fühlte ich mich sofort heimisch. Ich knüpfte Kontakte, besuchte Hallenturniere, um mit den Trainern und Vereinsbossen ins Gespräch zu kommen, reiste dann mit dem Start der Rückrunde jedes Wochenende zu Ligaspielen, um vor allem neue, junge Spieler zu beobachten. Die Nationalmannschaft brauchte einen Altersschnitt. Und nicht nur das: Sie sollte international wieder sichtbar sein. Ich nahm mir vor, diese Truppe, die vor fünfzig Jahren zu den besten der Welt gehört hatte, endlich auch wieder gegen die besten Mannschaften der Welt spielen zu lassen. Dass Deutschland oder Italien für ihre Testspiele starke Gegner bekommen, ist selbstverständlich. Aber Ungarn? Es waren meine jahrelang gepflegten Kontakte, durch die wir zu Freundschaftsspielen gegen Brasilien, Argentinien, Frankreich, gegen den amtierenden Europameister Griechenland, gegen China, Japan oder Mexiko antreten konnten. Ohne den Namen Matthäus wäre da nichts passiert. Das Spiel gegen die Deutschen allerdings hatte bereits im Terminkalender gestanden.

Neben der Rückkehr ins sportliche Rampenlicht profitierten die Ungarn auch finanziell von meinem Engagement. Der Verband konnte Hunderttausende Euro an Antrittsprämien einstreichen und stand plötzlich auch wieder auf der Agenda großer internationaler Firmen, denen der ungarische Fußball bis dahin gleichgültig gewesen war. Es kam zu Sponsorenabschlüssen mit Adidas, McDonald's, LG oder Bet and Win, die jeweils rund eine Million Euro einbrachten.
Einen anständigen Mannschaftsbus hatten die Ungarn vorher genauso wenig gekannt. Das führte dazu, dass meine Spieler während eines Trainingslagers sich auf vier Reisebusse verteilten, die vor dem Hotel standen. Der eine saß im grünen, der andere im roten, der nächste im blauen und wieder andere im gelben Bus. Sie fuhren immer in neutralen Bussen und hatten die Orientierung verloren. Nach diesem skurrilen Erlebnis ließ ich durchrechnen, wie viel der Verband für die Miete der Reisebusse pro Jahr investierte. Man kam auf 65 000 Euro. Ich rief bei

Mercedes in Mannheim an, wo die Busse verkauft wurden, und erkundigte mich, ob man dem ungarischen Fußballverband nicht ein Mietangebot für einen gebrauchten Bus machen könne. Man bot uns für 3000 Euro im Monat einen modernen schneeweißen Wagen an. Schon mal eine Einsparung von rund 30000 Euro. Hinzu kam, dass wir nicht nur die ungarische Flagge effektvoll auf dem Bus anbringen lassen, sondern auch unseren Sponsoren die Möglichkeit bieten konnten, Werbung zu buchen. Eine Win-Win-Situation für alle.

Die fußballerischen Gipfeltreffen bahnte ich nicht nur an, ich handelte auch die Deals aus. Die Brasilianer beispielsweise forderten eine garantierte Antrittsprämie von einer Million Euro. Ich konnte die Summe auf 800000 Euro drücken, aber auch diese Summe musste erst einmal organisiert werden, mein Verband war ja quasi pleite. Ich ging zu einem Banker und bekam es hin, dass er das Geld ohne Sicherheiten rausrückte. Die Sicherheit waren die Brasilianer selbst. Der Verband wehrte sich zuerst dagegen, weil man das Risiko als zu hoch einschätzte. »Und wenn es regnen sollte?«, befürchteten sie. Ich erwiderte: »Bevor der erste Regentropfen fällt, haben wir längst alle Tickets verkauft.« »Oder wenn die Brasilianer mit der zweiten Mannschaft auflaufen?«, wendeten sie ein. »Nein«, sagte ich, »das wird nicht passieren. Die wollen alle für ihr Land spielen. Die werden mit Ronaldinho, Kaká und allen anderen anreisen.«

Hinzu kam, dass das baufällige Nationalstadion in Budapest nur für 27000 Menschen freigegeben war. Wir sprachen mit der Regierung, bekamen grünes Licht, den oberen Rang aufzumachen, sofern wir rechtzeitig Stützen einziehen. Plötzlich fasste das Stadion 45000 Zuschauer. So war auch das geregelt. Die Ticketpreise, die Vermarktung, all das lief über mich. Innerhalb von nur fünf Wochen ging alles über die Bühne. Ergebnis: Das Stadion war ausverkauft, und ganz nebenbei waren für den Verband sogar noch 700000 Euro übrig. Das ist Business. Ich war nie nur Trainer, ich habe auch immer organisiert. Weil ich es konnte.

Einen Fehler habe ich im Zuge des Brasilienspiels allerdings gemacht. Am Tag vor dem Showdown trainierten die Teams im Nationalstadion. Die Brasilianer von fünf bis sechs Uhr, wir von sechs bis sieben Uhr. Wir fuhren mit dem Bus zum Stadion, und ich traute meinen Augen kaum: Da kamen uns massenweise Menschen entgegen. Nicht zehn, nicht hundert. Tausende! 27000 Ungarn hatten den Brasilianern beim Training zugeschaut. Hätten wir nur fünf Euro für die Trainingseinheit verlangt, hätte das der Fan sicher auch bezahlt.

Das Spiel ging 1:4 verloren, wobei ich sagen muss, dass das Spiel auch 5:8 zugunsten der Brasilianer hätte ausgehen können. Es war ein sehr offenes Match, in dem wir die ersten Torchancen hatten. Dann zogen die Brasilianer mal für zwanzig Minuten an und machten gleich drei Tore. Aber der ungarische Zuschauer applaudierte nach der Niederlage. Weil er gemerkt hat, dass sich diese junge Mannschaft angestrengt hat. Es war also Substanz da. Deshalb wollte ich meine Mannschaft auch nur gegen die Stärksten spielen lassen. Vielleicht, denke ich mir heute, hatte mein Wunsch, als David gegen sämtliche Goliaths anzutreten, mit meiner alten Prägung zu tun, es als viel zu kleiner Kerl den Größeren und Älteren zu zeigen.

Die Brasilianer sollten das Land nicht ohne einen Eindruck der ungarischen Lebenslust verlassen. Wir beschlossen das Gipfeltreffen mit einer rauschenden Party in einer Budapester Disco. Ein Freund hatte sie angemietet und hundert Frauen eingeladen. Als ich dort eintraf, kamen mir schon die ersten Brasilianer mit zwei Mädels im Arm entgegen. Im Nachhinein hörte ich, dass Kaká & Co. gerne wieder in Ungarn spielen würden ...

Auch eigene Spieler nutzten die Gelegenheit, wenn es um nette Mädels ging. Wir nahmen am Kings Cup teil, einem vorweihnachtlichen Turnier in Bangkok. Unsere Leistungen waren gut, wir gewannen das Spiel um Platz drei mit 5:0 gegen Estland und hatten danach – wegen billigerer Flugtarife – noch zwei Tage in Bangkok zu überbrücken. Jetzt hatte mich der thailändische Verband gebeten, zwischen dem Spiel um den dritten Platz und dem Finale im Stadion mit zwei einheimischen Trainern eine halbe Stunde lang ein paar Ballübungen für Kinder zu leiten. Für diese kleine Fußballdemonstration erhielt ich 5000 Dollar Honorar. Nach dem Turnier besorgte ich mir im Hotel 25 Kuverts, verteilte mein Honorar mit je 200 Dollar auf die Umschläge und händigte sie jedem Spieler und den Masseuren nach dem Abendessen als kleines Weihnachtsgeld aus. Damit könnten sie ihren Familien vielleicht noch ein paar

169

Geschenke kaufen, dachte ich mir. Für die meisten Spieler war es jedoch die erste Flugreise überhaupt, sie entdeckten die große, weite Welt. Dankbar nahmen sie die 200 Dollar und wurden zwei Tage lang nicht mehr gesehen. Sagen wir's so: Ihre Reiseroute orientierte sich eher entlang der Badehäuser ...

WUNDER VON BERN RELOADED

Natürlich musste ich mit meinen Ungarn auch die deutsche Nationalmannschaft herausfordern. Bevor es dazu kommen konnte, reisten wir zu einem Freundschaftsspiel nach China. Der gesamte Spielerkader quetschte sich zwölf Stunden und ohne Meckern in Economy-Sitze. In Peking angekommen bezogen wir das Hotel, und wegen der Reisestrapazen kündigte ich noch ein leichtes Auslaufen an. Wir quälten uns eine Stunde lang zum Trainingsgelände. Auf der Rückfahrt zum Hotel erfuhren wir, dass das Spiel nicht in Peking stattfinden würde, sondern an einem anderen Ort, der vier Busstunden entfernt war. Das sagten uns die Chinesen ja früh! Wieder ohne Meckerei erduldeten meine Spieler die Bustour, die wir noch am gleichen Abend antraten. Mein Team war großartig. Es machte Dinge mit, über die sich in Deutschland jeder Fünftligist beschweren würde.

Das Spiel am nächsten Tag verloren wir mit 1:2 nach klarem Betrug durch den chinesischen Schiedsrichter. Er pfiff uns in der 92. Minute noch einen Elfmeter rein, nachdem ein chinesischer Spieler ohne jede Berührung im Sechzehnmeterraum umgefallen war. Den Pokal für den zweiten Platz habe ich nicht angenommen. Ich lasse mich nicht verarschen, auch nicht von einem Chinesen.

Ich winkte meine Mannschaft sofort in die Kabine. Die nachfolgende Pressekonferenz war die kürzeste, die ich je bestritten habe. Es waren zwar hundert Journalisten und dreißig Kameras da, aber ich beantwortete nur zwei Fragen und verließ das Podium. Wieder ohne den Pokal, den die Chinesen mir neben das Mikrofon gestellt hatten.

Wir machten uns also – gerädert und frustriert – wieder nach Frankfurt auf und von dort nach Kaiserslautern. Es galt, sich auf das Spiel gegen Deutschland vorzubereiten. Da stand ich nun mit nicht mehr als 19 Spielern. Einigen Kollegen war es wichtiger gewesen, in den Urlaub zu fahren, also musste ich mit bisherigen Ersatzspielern planen. Aufgrund der dünnen Personaldecke griff ich zu einer Strategie, die alles andere als alltäglich ist. Es ging mir um Dennis Rosa, der in China sein erstes Spiel gemacht hat und dabei sehr beeindruckte.

Ich wusste, dass sich Rosa am Frankfurter Flughafen von uns verabschieden würde, weil er am Samstagabend seine Freundin heiratete. Ich gab ihm die Hand und sagte: »Ich habe ein besonderes Hochzeitsgeschenk für dich und deine Frau! Am Sonntagmorgen fliegt ihr beide nach Frankfurt. Ihr werdet abgeholt und ins Hotel gebracht. Ich will dich nicht sehen bis zur Mannschaftsbesprechung, um deine Frau kümmert man sich. Und dann präsentiere ich dir mein Geschenk: nämlich ein Fußballspiel vor 38 000 Zuschauern in Kaiserslautern – und anschließend drei Tage im Kempinski Hotel in Frankfurt, umsonst.« Er dachte, er höre nicht recht, und ich legte nach: »Weißt du was, du feierst und lässt einfach ein Glas Wein weg. Aber ich will dich am Sonntag sehen.« Rosa kam.

Das Spiel selbst hatte natürlich große Bedeutung. Nicht bloß für mich als 150-maligem Nationalspieler, der auf seinen Freund und Trainerkollegen Rudi Völler treffen würde. Es handelte sich um ein Jubiläumsspiel, *das* Jubiläumsspiel: fünfzig Jahre Wunder von Bern. Wir erinnern uns: Die Niederlage im WM-Endspiel 1954 gegen Deutschland schockte ganz Ungarn. Ungarn war damals einfach *die* Übermannschaft, die Ungarn haben heute noch dran zu knabbern. Nun also die Revanche unter völlig anderen Vorzeichen. Die Übermannschaft war nun Deutschland, und die Ungarn kamen mit einer halben und sehr jungen B-Mannschaft direkt von einer Reisetortur aus China. Die Spieler, die ich auf den Platz schickte, hatten zusammen weniger Länderspiele als Michael Ballack alleine.

Was sollte ich anderes tun, als meinen Spielern ans Herz zu legen, das Spiel gegen den amtierenden Vize-Weltmeister einfach zu genießen. »Habt Spaß, glaubt an euch, präsentiert euch, spielt miteinander!« Das waren meine Worte. Meine Strategie? Unter den Umständen konnte ich nicht offensiv spielen, das ging nicht. Meine Spieler waren müde, nicht nur wegen China, auch weil sie am Ende einer anstrengenden Saison standen. Es galt also, sich zurückzuziehen, hinten eng zu stehen, Michael Ballack in Manndeckung zu nehmen und nach Balleroberung schnell nach vorne umzuschalten. Wir nahmen uns vor, über die langsamen Innenverteidiger der Deutschen ins Spiel zu kommen. Und so lief es dann auch. Meine Mannschaft kämpfte, Sandor Torghelle erzielte zwei Tore, und zwar genau so, wie es besprochen war. Die Jungs feierten den 2:0-Sieg wie den Gewinn einer Weltmeisterschaft.

SO TÜRKTEN DIE TÜRKEN

Eigentlich hatte dieses Länderspiel – nach sechs Monaten in Budapest – mein letztes für Ungarn sein sollen. Denn es hatte Geheimverhandlungen mit Besiktas Istanbul gegeben. Der Verein hatte mein Management kontaktiert und mir ein Riesenangebot gemacht. Wir trafen uns vor der China-Reise in Mailand und nach der Reise noch einmal während unseres Trainingslagers in Frankfurt, wo wir bereits das türkische Trainingslager (Salzburg und Allgäu) sowie erste Transfers diskutierten. Dreißig Kassetten hatte man mir zugesteckt, damit ich mit Besiktas und seinen Spielern vertraut werde. Das Wichtigste: Es lag mir ein Vertrag vor, der bereits von allen Seiten unterschrieben worden war. Vom zukünftigen Präsidenten, vom Sportdirektor, vom Agenten und von mir. Yildirim Demirören, der Präsident in spe, hatte in der Türkei bereits mit meinem Namen Werbung für seine Wahl gemacht. Aber vor dem bedeutungsvollen Spiel wollte ich das Ganze noch nicht bekannt geben.

Als ich mit der Mannschaft im Bus saß, um zurück zum Hotel zu fahren, klingelte mein Handy. Mein türkischer Freund Ertan aus Nürnberg war dran, damals wichtiger Teil meines Managements. »Du hast doch den Vertrag unterschrieben, was ist los?«, fragte er. »Warum hast du im Zuge des Deutschlandspiels nichts verkündet?« Ich sagte: »Weil der Moment unpassend war. Ich wollte den Ungarn die Freude nicht verderben. Warum fragst du?« »Weil in der Türkei die Nachricht die Runde macht, dass der ehemalige Real-Madrid-Coach Vicente Del Bosque neuer Trainer bei Besiktas ist.« »Ertan, das kann nicht sein. Wir haben einen unterschriebenen Vertrag.«

Am nächsten Tag fand ich heraus, dass die Türken tatsächlich Del Bosque verpflichtet hatten, trotz der Einigung mit mir. Ich gab den Vertrag einem angesehenen deutschen Anwalt zur Prüfung. Er meinte, dass eigentlich alles stimmen würde, es gäbe allerdings einen großen Haken. Und dieser Haken machte den Vertrag leider maximal kaminreif. Der Vertrag trug nicht die Unterschrift des aktuellen Präsidenten, sondern die des werdenden Präsidenten, also einer Privatperson. Yildirim Demirören war zu dem Zeitpunkt noch nicht Präsident, sondern stand kurz vor den Wahlen. Während meiner Reise hatte er diese Wahlen auch gewonnen, war in der Trainerfrage aber wohl umgeschwenkt. Da die UEFA in diesem Falle nicht einschreiten könne, sondern nur ein Gericht in Istanbul, riet mir mein Anwalt ab, dagegen vorzugehen. »Schmeißen Sie den Vertrag ins Feuer und vergessen Sie die Sache am besten ganz schnell.« Deutliche Worte. So wird gearbeitet im Fußball. Ich musste lernen, dass Verträge dazu da sind, um gebrochen zu werden. Freue dich nicht, wenn ein Vertrag unterschrieben ist, freue dich erst, wenn du ihn erfüllen darfst! Die Krönung: Besiktas führte sogar noch das Trainingslager durch, das ich schon organisiert hatte.

Also ging meine Zeit in Ungarn weiter. Wir spielten die Qualifikation für die WM 2006 in Deutschland. Wir erwischten mit unseren jungen und unerfahrenen Nachwuchsspielern eine Gruppe aus drei schweren Gegnern (Schweden, Bulgarien, Kroatien) sowie zwei leichten Gegnern (Island und Malta). Gegen Island und Malta gewannen wir alle vier Spiele, gegen die anderen schafften wir zwei Unentschieden. Man hätte kaum mehr erwarten können. Mit 14 Punkten landeten wir auf dem vierten Platz. Wir waren auf einem guten Weg. Der ungarische Fußball hatte einen neuen Schub erfahren, die Leute sind wieder ins Stadion geströmt, Sponsoren haben sich wieder interessiert, die Spieler entwickelten sich, bis heute bilden sie das Gerüst der Nationalmannschaft.

Mein eigentliches Ziel: die WM 2010 in Südafrika. Mit professioneller Arbeit hätte es die Mannschaft ganz sicher erreichen können. Aber was passierte? Obwohl es für meinen Folgevertrag für weitere zwei Jahre bereits vom alten Präsidenten eine Zusage gab, installierte der neu gewählte Präsident den Holländer Erwin Koeman auf dem Trainerposten. Der Präsident brachte eigene Sponsoren mit, er hatte sich möglicherweise an meinem guten Verhältnis zum scheidenden Präsidenten gestört. Im Januar 2006 räumte ich meinen Posten. Meine Nachfolger schafften weder die Qualifikation für die EM 2008 noch für die WM 2010.

MEIN GRÖSSTER FEHLER

Das hatte es noch nie gegeben: Ein Europäer trainiert eine Mannschaft in der brasilianischen Meisterschaft! Das Angebot für den Job beim Clube Atlético Paranaense erreichte mich über meine damalige Agentur Stellar in England, bei der mein türkischer Freund Ertan aus Nürnberg arbeitete.

Anfang Januar 2006 flog ich für drei Tage nach Curitiba, eine europäisch orientierte Zweimillionenmetropole im Südwesten des Landes, vor 180 Jahren von Deutschen, Polen und Italienern gegründet und Heimat meines zukünftigen Vereins. Mir ging es darum, die Lage zu sondieren, meine künftigen Arbeitgeber zu treffen und vertragliche Details zu besprechen. Ich hatte ein gutes Gefühl. Ich würde nicht nur irgendein neues Land kennenlernen, sondern gewissermaßen an der Wiege vieler großer Fußballer arbeiten. Die Mannschaft war in einer super Verfassung, sie pendelte verlässlich zwischen den Plätzen vier bis sechs. Die Spieler waren lernwillig, der Verein war toll aufgestellt, es gab ein modernes Stadion, ein ordentliches Budget und vor allem mit Mario Petraglia einen Präsidenten, der ein Gentleman und Ehrenmann war. Er konnte zwar kein Englisch, sodass wir immer einen Dolmetscher benötigten, aber es war Liebe auf den ersten Blick. Schon auf dem Rückflug war die Sache für mich klar. Ich hatte mit Marijana das brasilianische Szenario zwar gedanklich schon durchgespielt, wollte alles aber doch noch einmal endgültig mit ihr diskutieren.

Mir war klar, dass mein Engagement in Brasilien nur funktionieren würde, sofern ich es schaffte, mit meiner Ehefrau Marijana eine Absprache zu treffen. »Ich kann nur unterschreiben, wenn ich weiß, wie es mit unserer Ehe weitergeht«, sagte ich ihr. Weil Marijana eine berufstätige Frau war und sich als Familienmensch weiterhin sehr um ihre Kinder, ihre Eltern und ihre Freunde kümmern wollte, schlossen wir den wohl einzig sinnvollen Kompromiss. »Ich kann zwar nicht mitkommen«, sagte sie, »aber ich kann dich jeden Monat zehn bis zwölf Tage besuchen.« Eine Lösung, mit der wir beide leben konnten und mit der wir zufrieden auf das Jahr 2006 blickten. Parallel war mir ein Moderatorenvertrag mit dem Pay-TV-Sender Premiere angeboten worden, um während der Weltmeisterschaft in Deutschland meine Expertise abzugeben. Auch das hätte hingehauen, denn während einer WM ist natürlich auch in Brasilien Spielpause. Wir hätten also erst mal nur zehn Monate überbrücken müssen. Fünf Monate vor, fünf nach der WM. Ja, es blieb dabei, wir wollten es wagen.

Ende Januar flog ich mit vier schweren Koffern über Sao Paulo nach Curitiba, um meinen Dienst anzutreten. Der Hintergedanke des Vereins war natürlich, den Brasilianern durch einen deutschen Trainer schon früh europäische Fußballweisheiten mitzugeben, um die Spieler dann irgendwann leichter nach Europa zu verkaufen. Es ging darum, die brasilianische Genialität mit der deutschen Professionalität zu kombinieren. Ich stürzte mich in die Arbeit. Wir flogen kreuz und quer durch dieses riesige Land. Von acht Spielen gewannen wir sechs, zweimal spielten wir Unentschieden. Die jungen Spieler entwickelten sich, sie zogen mit. Es wurde besser und besser.

In den ersten drei Wochen hatte ich zur Unterstützung meinen Agenten Ertan dabei und einen brasilianischen Kollegen von der Agentur Stellar. Aber irgendwann waren sie weg, ich war alleine und meine Frau immer noch nicht da. Wir telefonierten viel, und immer wieder hieß es, sie könne gerade unmöglich nach Brasilien reisen, mal wegen der Kinder, mal wegen des Geschäfts, mal wegen ihrer Eltern. Ihr erster Besuch wurde immer wieder aufgeschoben. Meine Seele fühlte sich trotz des sportlichen Erfolgs nicht wohl. Obwohl das Land nur so sprudelte vor Leben, wähnte ich mich auch wegen der sprachlichen Barrieren wie auf einer einsamen Insel.

Zusätzlich irritierte mich – und das will ich nicht verheimlichen – eine Journalistin, eine bildhübsche brasilianische Sportjournalistin von GloboTV aus einer so reichen wie einflussreichen Familie aus Curitiba.

Sie hieß Delisiee, sie konnte Englisch, sie half mir, mich zurechtzufinden in dem neuen Umfeld. Delisiee sorgte für sozialen Anschluss und war einer meiner wenigen Bezugspunkte. Wir gingen häufiger gemeinsam aus. Es wurde schon getuschelt in der Stadt, und man hätte sich wohl auch verlieben können. Ja, es hat geknistert.

Delisiee lud mich ein zur Hochzeit ihrer Schwester, wo ich plötzlich am Tisch des Brautpaares saß. Während der Feierlichkeiten versank ich für einen Moment in mir selbst, es wurde ganz still, wie in Trance ließ ich meinen Blick schweifen. Es fühlte sich an, als sei ich Teil einer liebenden und gebenden Bilderbuchfamilie geworden. Es fühlte sich an wie ein Ort, an dem ich Mensch sein konnte und nicht als »Loddar« nur schmückendes oder belächeltes Beiwerk war. Es war ein Ort, nach dem ich so viele Jahre gesucht hatte.

Aber ich war doch verheiratet, ich hatte doch selber eine Familie. In was war ich da hineingeraten? Hätte ich derartige Einladungen dankend ablehnen sollen? Oder ist es nicht eher menschlich, dass man sich – wenn die Ehefrau lieber über 10 000 Kilometer weit entfernt ihr Leben leben möchte – anders orientiert?

Die Telefonate mit Marijana jedenfalls machten mir wenig Hoffnung, dass sie mich wie vereinbart würde besuchen kommen. Irgendwann bemühte sie sich dann her, weil etwas los war in Brasilien: der Karneval in Rio. Aber mir war schon vorher klar, dass dieser ursprüngliche Plan nicht mehr klappen würde. Also sagte ich Marijana, dass sie nach Rio gar nicht mehr mit nach Curitiba kommen bräuchte. Meine Ehefrau war so unentschieden, dass es nun an mir war, eine Entscheidung zu treffen. Für den Verein oder für meine Ehe. Für die Einsamkeit oder für die Familie. Für jemanden, der mir Ruhe vermittelte, oder für das unstete Leben meiner eigenen Patchwork-Existenz. Ich entschied mich für meine Ehe und gegen die brasilianische Variante. Weil ich immer für meine Ehen gekämpft habe. Nach zwei Scheidungen will man nicht unbedingt noch eine dritte. Heute weiß ich, dass ich mit dieser Entscheidung einen Fehler begangen habe.

Der Karneval von Rio war eine imposante Erfahrung. Da können sich die Rheinländer in Köln, Düsseldorf oder Mönchengladbach noch so anstrengen, Rio toppt keiner. Wir waren mitten in diesem 1,6 Kilometer langen Sambadrom, durch das sich stundenlang sämtliche Sambatruppen tanzten, um mit ihrer Choreografie die Meisterschaft zu gewinnen. Auf Einladung des Hauptsponsors des Spektakels, eines Bierproduzenten, konnten wir uns die Show aus einer Loge anschauen, wie ich sie in keinem Fußballstadion gesehen hatte. Friseur, Massage- und Make-up-Salon, Coffee-Shop, Steakhaus, ein Wahnsinn. Und dann diese Frauen, die zu den Rhythmen tanzten. Sie hatten noch weniger an als sonst in Brasilien. Durch Zufall begegnete mir dann auch noch Diego Maradona. Zu meiner Überraschung wurde er gefeiert wie in seiner Heimat. Unter all dem schönen Trubel arbeitete allerdings mein großer Gewissenskonflikt.

Unmittelbar nach dem Karneval flog Marijana nach Europa zurück und ich nach Curitiba. Mir war klar, dass die nächsten zwei Spiele meine letzten sein würden. Ich lud den Präsidenten zum Diner ins beste Restaurant der Stadt und führte mit ihm im Beisein des Dolmetschers ein sehr offenes Gespräch. Ich sagte ihm, wie zufrieden ich mit dem Verein sei, dass aber eine andere Kraft stärker sei in mir. Die Ehefrau fehlte, die Kinder, die Sprache, das gesamte Umfeld. Alles ganz weit weg. Er als Familienvater hat mich sofort verstanden und meinte, ich solle nach dem nächsten Spiel für fünf Tage nach Europa fliegen und mir klar werden. »Ich hoffe, Herr Matthäus, dass wir uns am nächsten Freitag wiedersehen.« Bei diesem Satz habe ich erst einmal geschluckt. Denn ich wusste, dass meinem Drang stattgegeben wurde. Ich wusste, dass dieser Flug nach Budapest aller Wahrscheinlichkeit nach ein Flug ohne Rückkehr sein würde. Ich schlug die Türen zu.

Ich packte also wieder meine vier Koffer, sagte sogar meiner Bekanntschaft nichts von meinem Abschied, stieg in den Flieger – und war traurig. Der Abflug verzögerte sich. Zwei Stunden standen wir auf der Startbahn herum. Es gingen mir so viele Gedanken durch den Kopf. Was war richtig, was war falsch? Sollte ich doch meine Ehe beenden? In diesem Moment wusste ich es nicht mehr.

In Budapest versuchte ich noch einmal, meine Frau umzustimmen. Und sie machte mir ebenso klar, dass es ihr nicht möglich sei, zwei 20-Stunden-Flüge auf sich zu nehmen, um mich zehn Tage pro Monat zu besuchen. Nach zwei Monaten wurde alles, was ausgemacht war, für unmöglich erklärt. Und so veranlasste ich mithilfe von Ertan, meinen Vertrag in beiderseitigem Einvernehmen zu beenden und über den Dolmetscher ausrichten zu lassen, dass es mir unglaublich leid tun würde. Ich würde nicht mehr zurückkehren. Das Gentlemen's Agreement des Präsidenten hatte Bestand, und ich war frei. Was ich dem Verein hoch anrechne: Das zweite Monatsgehalt hatte man mir noch überwiesen. Damit hatte ich nicht mehr gerechnet, nachdem ich den Verein so enttäuscht hatte.

Ja, das war mein größter Fehler. Nicht nur beruflich, sondern generell. Ich hätte nicht sofort meine Ehe beenden müssen, aber ich hätte riskieren sollen, dass diese Ehe Brasilien nicht überlebt.

Ich bin dem Verein heute noch dankbar. Und ich möchte mich gleichzeitig bei den Verantwortlichen, der Mannschaft und den Fans in Brasilien dafür entschuldigen, dass ich sie im Stich gelassen habe. Ich fühle mich nach wie vor schlecht, wenn ich über dieses Thema rede, schreibe oder nachdenke. Mir kommen die Tränen, es macht mich traurig. Ich bin traurig über die verpasste Chance, einen guten Trainer abzugeben. Ich bin traurig über einen gescheiterten Neuanfang. Und ich bin traurig über mich selbst. Denn eigentlich war ich immer ein Mensch, der vor nichts davongelaufen ist und auf den man sich verlassen konnte.

Aufgrund dieses nachhaltigen Eindrucks hätte ich große Lust, es bei genau diesem Verein noch einmal zu probieren, um das zurückzugeben, was man mir gegeben hat: Respekt und Herzlichkeit. So einen Präsidenten wünscht man sich, so einen Verein wünscht man sich, solche Spieler wünscht man sich. Es tut mir leid. Ich fühle mich nach wie vor schuldig.

Die Journalistin von GloboTV wurde übrigens versetzt. In Curitiba hatte sie kein ruhiges Leben mehr. Die Fans sahen in ihr den Grund für meinen Abschied und feindeten sie an. Sie konnte nun wirklich nichts dafür.

WIR VERLIEREN UNS!

Nach meiner Rückkehr nach Ungarn lebten wir mehr oder weniger glücklich ein weiteres Jahr zusammen. Nach anderthalb Jahren war die Ehe dann kaputt. Marijana würde vielleicht sagen, es hätte an unseren

Streitigkeiten gelegen. Aber woher kamen die denn? Marijanas Unruhe hörte nicht auf. Auch nicht in Salzburg, wohin ich vier Monate später als Trainer wechselte. Ständig musste sie woanders sein. Marijana jettete durch sechs Länder in Europa, die Kinder lebten in Internaten in Genf und in London. Beruflich wollte sie auf zu vielen Hochzeiten tanzen, für ihr Modegeschäft musste sie in Italien einkaufen, ihre Eltern waren nach wie vor in Belgrad, ihre Freunde lebten in Budapest und in halb Europa. So funktionierte das nicht. Wir hatten ein schönes Zuhause, aber Marijana fand keine Wurzeln. Das war unser Verhängnis. Sie hatte sich hoffnungslos in ihren tausend Wegen verzettelt.

Solange wir *ihren* Weg gingen, war alles in Ordnung. Gingen wir *meinen* Weg, war das Klagen groß. »Unsere Ehe ist mehr als stark gefährdet«, sagte ich ihr. »Wir verlieren uns!« Aber es hat nicht aufgehört. Sie wollte ihr Leben zu hundert Prozent behalten. Immer das Schöne meines Lebens mitnehmen, sich aber aus dem Tagesgeschäft verabschieden, das funktioniert nicht. Ich will mit meinem Partner auch den Schatten teilen und nicht nur die Sonne.

Man kann ja einem Menschen nicht vorwerfen, dass er sich passioniert um seine Familie kümmert. Aber so wie Marijana den Aktionsradius für ihre Familie definierte, spielte ich darin keine Rolle mehr. Der entscheidende Schritt, den sie unternahm, war, dass sie mit ihrer Freundin und den Kindern Sommerurlaub in St. Tropez machte. Mein Sohn und ich waren nicht willkommen, obwohl ich durch die Beurlaubung in Salzburg die Gelegenheit gehabt hätte, dabei zu sein. Das Haus wäre jedenfalls groß genug gewesen.

Wir sahen uns immer seltener, es gab keinen weiteren gemeinsamen Urlaub, jeder ging seinen Weg. Beim Oktoberfest verguckte ich mich dann in Liliana. Schön war es sicher nicht, dass Marijana zuerst aus der Presse von meiner neuen Bekanntschaft erfuhr. Ich legte die Karten auf den Tisch. Wir lebten vier weitere Monate unter einem Dach, Marijana versuchte noch einmal einen Neustart, aber ich konnte nicht mehr, ich wollte nicht mehr, ich bat sie um die Scheidung.

Es gibt Regeln im Leben. Das habe ich schon als Kind beim Fußball gelernt. Und an diese Regeln hält man sich. Dazu zähle ich nicht, unbedingt die vorgeschriebenen achtzig Stundenkilometer zu fahren bei trockener Fahrbahn auf der Autobahn. Ich rede von Absprachen. Ich rede von genau solchen Kompromissen, die man in Beziehungen treffen muss. Ich habe auch in einer Zeit, in der ich mich vernachlässigt gefühlt habe, immer zu meinem Partner gestanden. Diese Hingabe in einer Beziehung wurde leider selten wertgeschätzt. Vielleicht sollte ich lernen, nicht mit zu viel Vertrauen in meine Beziehungen zu gehen. Aber ich bin nun mal so. Ich gebe gerne, und ich verzeihe gerne.

DANN STAND DA TRAP IN KURZEN HOSEN

In der Saison 2005/06 kam es beim österreichischen Traditionsverein SV Austria Salzburg zu einem Riesenaufstand, weil der marode Club durch Red Bull übernommen wurde. Man gab sein Herz und seine Vergangenheit an einen Getränkehersteller, indem man ihm die Lizenz überließ. Die in Red Bull Salzburg umbenannte Austria wurde dadurch zwar finanziell saniert, ein Großteil der Fans stimmte jedoch mit der Politik der Geschichtsvernichtung des neuen Eigentümers – neuer Vereinsname, neue Trikotfarben – nicht überein.

Die Traditionalisten verließen ihre sportliche Heimat, gründeten sich neu und mussten in ihren violetten Trikots wieder in der untersten Klasse von null anfangen. Der neu entstandene Verein Red Bull Salzburg präsentierte sich in den neuen Farben Rot-Weiß. Softdrink-Hersteller und Milliardär Dietrich Mateschitz hatte sich mal eben ins Fußballgeschäft eingekauft.

Mateschitz ist ein besessener Geschäftsmann, der seine Marke bereits weitblickend im Motorsport und im Wintersport platziert hatte. Nun also auch der Massensport Fußball. Sein Manko ist, dass es ihm nicht zwingend um den ersten, zweiten oder dritten Platz geht, sondern darum, dass die Dose im Vordergrund stehen muss. Viele Fußballsachkundige hatte er bisher nicht um sich herum. Daher wurde Franz Beckenbauer zu seinem Berater. Zwei Monate nach meiner Rückkehr aus Brasilien lag mir ein Angebot von Red Bull Salzburg vor, Franz hatte ein wenig vermittelt. Wir vereinbarten Außergewöhnliches: Ich sollte die komplette Betreuung der Profimannschaft übernehmen und Einfluss auf den Nachwuchsbereich haben. Ich wäre Trainer und Sportdirektor in einem gewesen, quasi der Felix Magath Österreichs, nur ohne Prokura. Mein Ziel: aus Red Bull Salzburg eine Mannschaft zu formen, die Champions-League-fähig sein würde. Gleichzeitig sah ich in der Aufgabe die Chance, mich auch wieder für den deutschen Markt interessant zu machen.

Die ersten drei Wochen liefen wie am Schnürchen. Ich setzte mich haarklein mit dem österreichischen Fußball auseinander, bald kannte ich Red Bull Salzburg in- und auswendig. Mit diesem Wissen formte ich mir mein Team, kaufte Spieler, verkaufte Spieler. Erstmals hatte ich die Möglichkeit, aus dem Vollen zu schöpfen. Das Budget belief sich auf fünfzig bis sechzig Millionen Euro, für österreichische Verhältnisse ungeheuer viel. Aber es ging ja dabei nicht nur um die Mannschaft und den Erfolg des Vereins, es ging auch um die Marke, um den Abverkauf der Dose mit dem Energy-Drink, der laut Werbung Flügel verleihen soll.

Ich veranlasste sieben Transfers, sie kosteten weniger als ein einziger Transfer meines Vorgängers Kurt Jara ein Jahr zuvor. Im Laufe meiner Karriere hatte ich viele Spielervermittler kennengelernt und besaß nach wie vor ihre Nummer. Wenn du kein Scoutingsystem hast wie in Deutschland üblich, musst du dir mit einem solchen persönlichen Netzwerk behelfen. Ich rief also meine Kontakte an und beschrieb ihnen exakt, welche Art Spieler ich für welche Position benötigen würde. »Bringt mir ja nichts, was ich nicht bestellt habe, sonst ist es das letzte Geschäft, das ihr mit dem Verein macht.« Ich lasse mir nichts andrehen, und das wissen die Vermittler inzwischen. Für 4,2 Millionen Euro Ablöse kaufte ich sechs Nationalspieler aus sechs verschiedenen Ländern: Milan Dudić, serbischer Nationalspieler von Roter Stern Belgrad, Johan Vonlanthen, Schweizer Nationalspieler vom PSV Eindhoven, Nico Kovac, kroatischer Nationalmannschaftskapitän, Karel Piták, tschechischer Nationalspieler, Remo Meyer, Schweizer Nationalspieler, Vladimir Janocko, slowakischer Nationalspieler. Dazu noch zwei Spieler, die ich für ein Trinkgeld bekam: Timo Ochs, der Torhüter von 1860 München, und Markus Steinhöfer aus der zweiten Mannschaft des FC Bayern. Heute spielt er beim FC Basel Champions League.

Ich stellte die Mannschaft zusammen, als die Jungs von Red Bull kurz vor Saisonbeginn auf die Idee kamen, Giovanni Trapattoni als Trainer zu holen. Was sollte das nun schon wieder? Ich mochte ihn ja, aber musste er mir gerade hier wieder begegnen? War *ich* nicht gerade Trainer geworden? Keine Ahnung, warum die Herren plötzlich auch Trap noch ein Gehalt zahlen wollten. Es gab Experten, die davon ausgingen, dass der Dosendrink in Italien nicht so gut lief und deshalb dort einen Popularitätsschub benötigte – eben durch ein prominentes Testimonial namens Trapattoni. Franz Beckenbauer rief mich an und meinte: »Beruhige dich. Trapattoni wird nicht Trainer, sondern eher Sportdirektor, der das Ganze von außen beobachtet. Er wird das neue Gesicht des Vereins. Er wird vielleicht auch mal auf dem Trainingsplatz auftauchen. Aber du bist der Trainer!« Franz' Wort in Gottes Ohr. Doch Gott war taub.

In der Pressekonferenz, in der Giovanni Trapattoni der Öffentlichkeit vorgestellt wurde, merkte man sofort, dass die bei Red Bull etwas von Marketing verstehen. Viele Medienvertreter aus Italien saßen in den Stuhlreihen. Mateschitz hatte sie eigens mit einem Flieger dort unten einsammeln lassen. Es war schon ein ganz großes Ding. Aber Fußball ist nicht die Formel 1 und auch kein Skisport, wo sich Red Bull auskannte und auch erfolgreich war.

Nun hatte ich mir schon einen Stab aufgebaut mit Hansi Flick als meinem sehr akribisch arbeitenden Co-Trainer. Thorsten Fink, den ich schon 1997 durch einen Hinweis an Uli Hoeneß von Karlsruhe zum FC Bayern geholt hatte, war für die zweite Mannschaft verantwortlich. Und dann kam Trapattoni, und alles wurde über den Haufen geworfen. Plötzlich wurden Unsummen für Transfers ausgegeben. Trapattoni holte noch zwei viel zu teure Spieler, Christian Tiffert aus Stuttgart und einen Mann namens Vargas aus Livorno, die wir eigentlich gar nicht mehr gebraucht hätten. Beide wurden im Nachhinein zu Problemfällen, auch in der Mannschaft. Sie passten vom Typ einfach nicht ins Gefüge. Dazu wurden Spielergehälter gezahlt, deren Höhe ich ebenso wenig nachvollziehen konnte.

Und zur Krönung die große Preisfrage: Wer stand am ersten Trainingstag als Allererster in kurzen Hosen auf dem Platz? Trapattoni natürlich! Ich hatte es geahnt. Trapattoni muss erst am Krückstock gehen, bevor er sich mit einem Schreibtischjob zufriedengibt. Der Mannschaft wurde eindeutig klargemacht, dass mir da jemand vor die Nase gesetzt wurde. Kurz: Ich wurde daran gehindert, meinen Vertrag als Cheftrainer zu erfüllen. Über Nacht war Trapattoni zum Cheftrainer ernannt, ich war Co-Trainer, und Hansi Flick war irgendwo.

Die Presse erfand für das neue Trainerduo das nette Kunstwort »Trapatthäus«. Ich machte gute Miene zum bösen Spiel und pochte erst einmal nicht auf die ursprünglichen Inhalte meines Vertrags. Insgeheim hoffte ich, dass Trapattoni nach ein paar Monaten sich in sein »Büro« zurückziehen würde. Aber das Gegenteil passierte. Er steigerte sich total in seinen Job hinein und übernahm die Herrschaft, ohne sich auch nur einen Hauch reinreden zu lassen. Trap verglich unsere Liaison sogar mit einer Ehe, in der einer, nämlich der Mann – also er –, die Hosen anhaben müsste, damit dann aber auch die Verantwortung tragen und im Ernstfall den Kopf hinhalten würde. Ich hätte mir das Ganze seiner Meinung nach ansehen und als eine Art Lehrschule betrachten können. Ich fühlte mich zu dem Zeitpunkt aber nicht mehr so, als müsste ich in sportlicher Hinsicht eine Grundausbildung absolvieren. Die Verantwortung hätte ich längst selber tragen können.

Trotz alledem nahm ich Trapattoni noch in Schutz. Wie eines schönen Sonntags, als er nicht wie vereinbart um zehn Uhr zum Auslaufen auf dem Trainingsplatz erschien. Ich rief ihn an, erreichte ihn nicht und teilte den Spielern einfach mit, dass Trapattoni etwas später kommen würde, weil er noch etwas zu erledigen hätte. Ich sagte der Mannschaft, dass wir ohne ihn anfangen würden. Nico Kovac bat ich als Kapitän, das Auslaufen mit den am Vortag eingesetzten Spielern zu übernehmen. Ein Teil des Teams sollte danach zum Fitnesstrainer, mit dem Rest wollte ich leicht trainieren. Um zehn vor elf, fünfzig Minuten verspätet, erschien Trapattoni auf dem Gelände, sah, dass ich mit der Mannschaft arbeitete und schrie mich in einer Mischung aus Deutsch und Italienisch an: »Was bildest du dir ein, mit der Mannschaft zu trainieren, wenn ich nicht da bin!« Ungeheuerlich. Er konnte nicht abgeben.

Ein anderes Mal kam er zu spät zur Trainerbesprechung. Zehn Minuten vor dem Training erschien er in der Kabine. Ich fragte ihn: »Trap, wie machen wir heute das Training? Kann ich schon etwas organisieren?« Er griff sich in die Hosentasche, zog einen total zerknüllten Zettel heraus und meinte: »Hier, Lothar, das ist unser Training heute.« Ich nahm das Papier und faltete es auf. Es stand zwar eine Trainingseinheit drauf, aber oben rechts war ein drei Monate altes Datum zu lesen. Zum Totlachen. Trapattoni war halt damals schon nicht mehr der Jüngste.

So sehr mich Trapattoni als Spieler gefördert hatte, so sehr sah er jetzt in mir den Konkurrenten. Immerhin hatte ich ja einen Cheftrainer-Vertrag. Unser freundschaftliches Verhältnis kühlte sich extrem ab, ich habe auch Respekt vor ihm verloren. Er konnte nicht kommunizieren, er wollte nicht diskutieren, er hat nur sich gesehen. Er fuhr uns über den Mund und stellte auch Hansi Flick vor der gesamten Mannschaft bloß. Hansi wollte eine neue, etwas kompliziertere Übung mit Ballpassagen ins Training einführen, um die grauen Zellen der Spieler zu fordern. Nachdem die Einheit auch beim zweiten Anlauf nicht flüssig geklappt hatte, brach Trap die Sache ab, herrschte Hansi an, er solle beiseitegehen, um dann ein ganz simples Passspiel zu üben. So etwas macht man nicht vor den Spielern. Die haben sich glücklicherweise über Trapattoni gewundert und nicht über Hansi.

Nach zwei Monaten kam Hansi Flick zu mir und fragte: »Lothar, kann ich gehen? Ich habe ein Angebot vom DFB.« Ich sagte: »Hansi, ich freue mich für dich. Sei froh, dass du dieses Angebot hast und nutze die Chance.« Hansi hatte Sportlehrer gelernt und war hier nicht mehr als ein Hütchenaufsteller. Hansi ging, und ich hielt durch mit der Faust in der Tasche. Und das, obwohl die Zusammenarbeit mit Trapattoni zur Farce wurde. Aber ich wollte nach meinem kurzen Intermezzo in Brasilien keinen Anlass für eine schnelle Entlassung schaffen.

Viele der Spieler, die ich geholt hatte, kamen zu mir, weil sie nicht verstanden, was Trapattoni ihnen zu erklären versuchte. Völlig skurril wurde es dann während der Spiele. Trapattoni, als Verteidigungskünstler bekannt, beorderte die Mannschaft gerne mal nach hinten: »Alle zurück!«, rief er. Ich, eher bekannt als Liebhaber der Offensive, rief aufs Feld:

»Greift an!« Beim Stand von 1:0 bevorzuge ich es nun mal, den Vorsprung weiter auszubauen, und nicht mit der Einwechslung eines Verteidigers das fürs Publikum eher unattraktive Minimalergebnis zu halten.

Bei Trapattoni hat die Defensive immer Vorrang. Er fantasierte sich Aufstellungen zusammen, die mir völlig unbekannt waren. Selbst gegen schwächere Mannschaften spielte er auf einmal mit drei defensiven Mittelfeldspielern und dazu noch mit vier ganz eng stehenden Innenverteidigern. Wir hatten zum Teil das zehnfache Budget der anderen Clubs, versteckten uns aber. Wir hatten lauter Nationalspieler und traten mit Defensivtaktik gegen Juniorenspieler an, unglaublich. Unsere Dominanz hätten wir herzeigen müssen. Das versuchte ich den Spielern trotz Traps Fußballphilosophie immer wieder einzubläuen: »Zeigt, wer hier das Heft in der Hand hat!« Wenn ich weiß, dass ich als Red Bull Salzburg jeder anderen österreichischen Mannschaft hoch überlegen bin, dann muss sich das nicht nur in Toren bemerkbar machen, sondern im gesamten Auftreten. Und ist Red Bull nicht eine Marke, die ausstrahlen soll, dass genau dort Action und Unterhaltung sind, wo die Dosen leer getrunken werden? Kann ich bei dieser Philosophie mit acht Defensivspielern auflaufen? Wem im Publikum soll ich das bitte schön verkaufen? Ich hatte mit Trap einen Vorgesetzten, dem es nicht in den Sinn kam, für ein Spektakel zu sorgen. Dabei hätten wir es gekonnt. Wir hatten drei kleine Messis im Team. Aber wenn sich keiner von ihnen entfalten kann, kriegt auch keiner mit, dass es kleine Messis sind. Trap und ich hatten ständig Diskussionen, die nach einer Weile selbst die italienische Presse zu Schlagzeilen veranlasste.

Trotz dieses Durcheinanders sind wir mit 19 Punkten Vorsprung Österreichischer Meister geworden. Rekord! In der Champions League scheiterten wir an Valencia, gewannen das Hinspiel 1:0, verloren aber dann auswärts mit 0:3.

Zum Ende meiner Anstellung kam es, weil ich es wagte, öffentlich Giovannis Einkaufspolitik zu kritisieren. Er wollte einen ugandischen Spieler verpflichten, den weder ich noch, da bin ich mir sehr sicher, er selbst haben spielen sehen. Ihm reichte die Sichtung per DVD. Dafür war er mir zu teuer.

Dazu muss man wissen, dass man als Trainer automatisch sehr, sehr viele Spieler-DVDs zugeschickt bekommt. Natürlich schaut man sich diese Zusammenschnitte an, wenn man einen der Spieler nicht kennt. Weckt jemand mein Interesse, rufe ich einen Kontaktmann in dem jeweiligen Land an. Von ihm erwarte ich mir unabhängige Informationen über den Spieler und frage ihn nach dem Charakter, nach seiner Familie, nach seinem Umfeld. Wenn er dann immer noch interessant ist, schaue ich mir den Spieler ein-, zweimal persönlich an. Das ist meine Pflicht gegenüber meinem Arbeitergeber, ich kann nicht nur auf Dritte hören. Ich muss selbst überzeugt sein, für einen Spieler Geld auszugeben.

Giovanni Trapattoni hatte sich aber auf diesen afrikanischen Spieler per DVD eingeschossen – und ihn kein einziges Mal live gesehen. Egal ob der Spieler nun gut oder schlecht ist, so etwas tue ich nicht. Darf man so etwas nicht äußern?

Am ersten Trainingstag der neuen Saison beschloss der Clubvorstand, meinen Vertrag zu beenden. Als Franz Beckenbauer davon hörte, gab er sein Amt als Berater ebenfalls auf. Was ist die Quintessenz dieses Salzburger Kapitels? Vielleicht, ja, vielleicht muss ich ab und zu gnadenloser zur Sache gehen und das eigene Konzept durchziehen und über Leichen gehen. Aber, nein, vergessen wir den Gedanken. Das bin ich nicht.

Menschlich enttäuscht hat mich die Reaktion von Thorsten Fink. Er äußerte sich gegenüber der Presse in etwa so, dass ich an meiner Entlassung selbst schuld gewesen wäre, da ich ja gegen Trapattoni gewesen sei. Dabei war ich nie *gegen* Trapattoni. Ich habe es nur nicht unterlassen, mit ihm unsere unterschiedlichen Meinungen zu diskutieren. Von einem Mann wie Fink, dem ich letztlich zwei Karrieretüren öffnete, hatte ich eigentlich ein bisschen mehr Dankbarkeit erwartet. Es schien ihm aber wichtiger zu sein, sich in dieser Umbruchsituation bei Salzburg zu positionieren. Er stieg ja dann auch zu Trapattonis neuem Co-Trainer auf. Dieses Nachtreten hätte er eigentlich gar nicht nötig gehabt.

Was machte der Club nach meinem Weggang aus seiner Qualifikation für die Champions League? Nichts. Drei weitere Jahre: nichts. Man schied gegen schwächere Mannschaften aus, die ein viel kleineres Budget zur Verfügung gehabt haben, zweimal gegen ein israelisches Team. 2012 unterlag man einer ukrainischen Mannschaft. Das kann für mich nicht der Anspruch eines Vereins sein, der eigentlich internationale Interessen und Möglichkeiten hat.

TRAINING, KRIEG UND SYNAGOGE

Mein nächster Job brachte mich in ein Land, dem ich in meiner Fußballerlaufbahn einige besondere Momente zu verdanken hatte: Israel. Der übergroße Mönchengladbacher Erfolgstrainer Hennes Weisweiler pflegte eine tiefe Freundschaft zu dem israelischen Nationalcoach Emmanuel Scheffer. Diese persönliche Nähe bildet das Fundament für die bis heute existierende Verbindung zwischen meinem Ex-Club vom Niederrhein und den Israelis. Mein erstes Trainingslager mit Borussia Mönchengladbach erlebte ich im Januar 1980 nicht etwa an den Stränden von Spanien oder Italien, sondern in Tel Aviv. Mein erstes Länderspiel als Kapitän bestritt ich sieben Jahre später ebenso in dieser Stadt. Gleichzeitig war das die erste Begegnung, die eine deutsche Nationalmannschaft gegen Israel austrug – wir gewannen 2:0.

Im Sommer 2008 trat ich nun meinen Zweijahresvertrag bei Maccabi Netanya an. Netanya ist eine an der Mittelmeerküste liegende 180 000-Einwohner-Stadt, eine halbe Stunde nördlich von Tel Aviv. Gerade in den ersten Jahren des neuen Jahrtausends wurde Netanya von zahlreichen Terroranschlägen heimgesucht, mit vielen Toten und über einhundert Verletzten. Als ich mit Liliana nach Netanya kam, hatte es seit drei Jahren kein Attentat mehr gegeben, aber die Lage mit den Palästinensern war mal wieder angespannt und sollte während meines Aufenthalts eskalieren.

Maccabi Netanya hatte seine große Zeit – ähnlich wie Borussia Mönchengladbach – in den Siebzigern, die letzte Meisterschaft holten sie 1983. Der neue Eigentümer des Vereins, Daniel Jammer, meinte sehr bildreich, dass ich im Zuge eines Neuaufbaus einen Adrenalinstoß bewirken könne. Zwei Jahre sollte mein Vertrag gelten. Maccabi spielte in dem altertümlichsten Stadion, das ich je gesehen habe. Es muss siebzig, achtzig Jahre alt gewesen sein. Wenn ich mich richtig erinnere, hatten die sogar alte Kinosessel auf ihre Ränge geschraubt. Die Trainerbank bestand aus Plastikstühlen, deren Beine, wenn man sich ein wenig bewegte, regelmäßig wegknickten. So ein Sitzrisiko kannte ich nur von Grillpartys in Deutschland. Es war schon abenteuerlich. Abenteuerlich war auch, dass das Stadion gleichzeitig der Trainingsplatz gewesen ist. Für eine Mannschaft ist das psychologisch schlecht. Denn im Training arbeitet man ja auf das nächste Highlight hin, und das sollte nicht auf demselben Acker passieren, auf dem man auch trainiert.

Die Kabinen waren schlimm, wirklich schlimm. Der Trainerraum war eine Abstellkammer, in der auch Putzzeug und Klopapier aufbewahrt wurden. Ich fand das, sagen wir mal, lustig. Die spartanischen Zustände gingen allerdings einher mit einer unschlagbaren Herzlichkeit. Wurde es nur ein wenig kalt, brachte man mir sofort und unaufgefordert heißen Tee oder Kaffee. Ab und zu standen ein Croissant und eine Cola auf meinem winzigen Tisch, wie bei Großmuttern. Nach dem Training hat man mich zum Essen eingeladen. Man zeigte mir, dass ich willkommen war.

Auf die deutsche Vergangenheit bin ich nie angesprochen worden – außer ein einziges Mal. Ein Mann, ungefähr Mitte achtzig, stand in Herzlia, meinem Wohnort, an einer Kreuzung und verkaufte den an der roten Ampel haltenden Autofahrern kleine Toras. »Und? Kommen Sie aus Deutschland?«, beugte er sich mit perfektem Hochdeutsch zu mir ins offene Fenster. Ich bejahte. Da zog er seinen Ärmel hoch und zeigte mir die tätowierte Registriernummer aus dem KZ. Mir stockte der Atem. Ich dachte: »Um Gottes willen, was kommt denn jetzt!« Doch der Mann war nicht voller Hass, er war freundlich, er war höflich, er freute sich, mal wieder Deutsch sprechen zu können. Und auf seine Nummer war er auf irgendeine Weise stolz. Oder besser: Auf sein Überleben war er stolz. Er zeigte seinen Zahlencode mit der unausgesprochenen Genugtuung, die in etwa hätte lauten können: »Mich habt ihr nicht gekriegt! Ich werd's euch zeigen und mache auch noch die Hundert voll!«

Die Israelis waren generell sehr deutschenfreundlich. Nehmen wir mal die israelischen Schiedsrichter aus, die schienen es auf mich abgesehen zu haben. Irgendetwas ist da gelaufen. Ich wurde gejagt, um entweder dem Deutschen doch noch mal einen mitzugeben oder sich mit meinem Namen wichtig zu machen. Zweimal wurde ich wegen nichts auf die Tribüne gesetzt. Was sich andere Trainer in ihrer Coaching-Zone erlauben konnten, durfte ich mir nicht zu zehn Prozent erlauben. Bei mir reichte eine Handbewegung, um mich vom Platz zu stellen.

Andere Länder, andere Sitten. Das merkte ich vor allen Dingen beim Training. Bei den heißen klimatischen Bedingungen war es sinnvoll, am späten Abend oder am frühen Morgen zu trainieren. Von montags bis donnerstags kein Problem. Am Freitag allerdings bildeten sich zwei Fraktionen in der Mannschaft: die der gläubigen Juden und die der weniger gläubigen Juden. Die Orthodoxen bereiten sich ja bereits am Freitag auf den Sabbat vor.

Da ich mich nicht in diese sensiblen religiösen Gepflogenheiten einmischen wollte, ließ ich die Mannschaft abstimmen. Hätten wir Freitagnachmittag trainiert, wäre es das letzte Training vor dem Spiel am Samstag gewesen. Hätten wir aus Rücksicht auf die Gläubigen nicht Freitagnachmittag, sondern am Freitagmorgen trainiert, hätte ich am Samstagmorgen noch einmal zu einem kurzen Training gebeten, da mir sonst der Zeitraum bis zum Spiel zu groß gewesen wäre. Die, die am Freitag um vier Uhr nachmittags in die Synagoge wollten, wollten natürlich am liebsten Freitagmorgen trainieren. Trotz des frühen Aufstehens, trotz des zweiten Trainings. Die anderen wollten lieber zweimal ausschlafen und auch nur einmal trainieren – eben am Freitagnachmittag. Entschied sich die Mannschaft per Mehrheitsvotum, dass das Training am Freitagnachmittag stattfinden sollte, konnte ich im Team eine gewisse Unruhe erkennen. Die gläubigen Spieler befürchteten, ihrem Glauben nicht so nachgehen zu können, wie sie eigentlich wollten.

Die Eigeninteressen waren den meisten wichtiger als die Vorgaben des Glaubens. Zähneknirschend nahmen das die Orthodoxen hin. Damit die Verstimmung nicht chronisch wurde, versuchte ich irgendwann einen Mittelweg zu finden. Ich besprach mich mit meinem ebenfalls sehr gläubigen Co-Trainer und legte das Training so in die Mitte des Tages, dass alle zufrieden waren, aber eben viel mehr von der Sonne abkriegten.

Aber es gab noch ein weiteres Störfeuer, mit dem ich mich im Training arrangieren musste. Ich stand häufiger mit drei, vier Mann weniger auf dem Platz, weil die israelische Armee mal wieder zum Manöver geladen hatte. Was sollte ich tun – ich musste es akzeptieren. Was sollte ich mich als Deutscher in Israel beschweren.

Der Gaza-Konflikt steigerte sich zur Jahreswende 2008/09 erneut zu einem wahren Krieg. Um gegen den ständigen Raketenbeschuss der palästinensischen Hamas rigoroser als sonst vorzugehen, flog die israelische Armee Angriffe im Gaza-Streifen. Über eintausend Tote waren dort zu beklagen. Ich lebte sechzig Kilometer nördlich vom Kriegsschauplatz, fühlte mich aber trotzdem sicher, da vom Militär ausgegeben worden war, dass es die Raketen der Palästinenser nur vierzig Kilometer weit bis Ashdod schaffen würden. Ich war vom Krieg also nicht betroffen, aber natürlich bekam ich ihn mit. Eben auch weil manche Spieler, die in der Armee waren, auf Abruf bereitstanden. Das hat meine Arbeit nicht unbedingt positiv beeinflusst. Aber in Israel muss man sich dem Militär und der Religion beugen.

Während des Konflikts wurden sämtliche Heimspiele des von Raketeneinschlägen bedrohten MS Ashdod weiter nördlich in Tel Aviv ausgetragen. Die Liga ruhte sogar für ein paar Wochen. Der Präsident ging so weit, mir freizustellen, nach Weihnachten überhaupt wieder zurückzukehren oder eben zu Hause zu bleiben. Weil ich mich trotz alledem sicher fühlte, stellte sich für mich die Frage nicht. Natürlich kehrte ich zurück. Das haben mir die Israelis hoch angerechnet.

Ich hatte keine Angst, die Angst der Israelis allerdings war überall zu spüren. Ob am Flughafen, in den Cafés oder auch im Umfeld der Stadien. Es gab mit dem FC Bnei Sachnin einen rein arabischen Club in unserer Liga, was dazu führte, dass wir uns fürs Auswärtsspiel zwanzig Kilometer weit über Schotterwege und unter Begleitung einer Polizeieskorte von hinten ans Stadion heranpirschen mussten. Die Furcht, durch die Stadt zu fahren, war einfach zu groß. Im Stadion angekommen, konnten wir kaum freundlicher empfangen werden. Die Leute umarmten mich, sie wollten ein Foto mit mir. Und als ich in die Kabine kam, stand dort schon ein Tee bereit für mich als deutscher Freund. Unglaublich.

FLIEGENDE FÄUSTE

Ich gehe davon aus, dass zwei, drei israelische Vereine in unserer Ersten Bundesliga mithalten könnten. Das spielerische Niveau der israelischen Liga ist stärker als das in Österreich. Zweimal hat die Champions-League-Qualifikation es nach meiner Zeit bei Maccabi so gewollt, dass der israelische Meister gegen den österreichischen Meister zu spielen hatte. Beide Male kamen die israelischen Vertreter weiter. Beide Male gegen Red Bull Salzburg, das mit einem fünf-, sechs- oder siebenfachen Budget dagegenhielt. In Österreich hatte man sich über das Los gefreut. Ich wurde sogar von österreichischen Journalisten angerufen und als Ehemaliger, der jetzt in Israel trainiert hat, um meine Meinung gebeten. Ich meinte nur, dass ich mich an ihrer Stelle nicht über das Los freuen würde.

Die zwei einzigen israelischen Spieler, die 2012 in der Bundesliga spielen, nämlich Itay Shechter vom 1. FC Kaiserlautern und Almog Cohen vom 1. FC Nürnberg, waren damals bei Netanya. Irgendwie muss der deutsche Fußball in meiner Zeit auf die beiden aufmerksam geworden sein. Vor allem Cohen, ein kleiner defensiver Mittelfeldspieler, wuchs mir ans Herz, weil er mich ein bisschen an den jungen Lothar Matthäus erinnerte. Ähnliche Position, ähnlich hitzköpfig, und obwohl er der Kleinste war, war er in einige Schlägereien verwickelt. Ich habe mich zwar in Gladbach nie geprügelt, in Netanya kamen Handgreiflichkeiten zwischen den Spielern jedoch häufiger vor. Die haben sich im Training – auf Deutsch gesagt »auf die Fresse gehauen«. Meistens reichte eine Kleinigkeit im Zweikampf, und dann ging es ruckzuck. Es wurde nicht gerangelt, nicht geschubst, sondern direkt mit der Faust ins Gesicht geschlagen. So schnell konnte ich als Trainer gar nicht reagieren. Nach zwei Minuten haben sie sich allerdings wieder vertragen.

In Deutschland würde man in so einem Fall eine höhere Geldstrafe verhängen. Die Israelis verdienten aber nicht so, als dass ich unser Strafmaß einfach hätte übertragen können. Ich musste mir andere Strategien ausdenken und verdonnerte den Übeltäter beispielsweise dazu, für die Mannschaft ein Barbecue auszurichten. Strafen habe ich meist dafür genutzt, um die Gemeinschaft zu fördern.

TOURISMUS UND MEDITATIONEN

Wie bei meinen ganzen Spieler- oder Trainerstationen im Ausland bekam ich auch in Israel viel Besuch. Ständig, fast monatlich, musste ich den Reiseführer geben und die immergleichen Orte ansteuern. Die Klagemauer in Jerusalem. Die Via Dolorosa bis hin zur Grabeskirche. Dreißig Kilometer ostwärts zum Toten Meer, um im Salzwasser zu schwimmen. Dann hoch auf die legendäre Festung Masada, die einst von den Römern belagert wurde. Irgendwann hatte ich selbst bei diesen historisch bedeutsamen Orten das gleiche Gefühl, wie wenn ich über den Marienplatz spaziere.

Ich gehe zwar davon aus, dass Jesus wirklich gelebt hat, in Bethlehem geboren wurde und in Jerusalem den Leidensweg gehen musste, um sich dann kreuzigen zu lassen. Aber ich kann nicht sagen, dass ich in Israel Gott näher gewesen wäre als in München. Wer glaubt, der kann das überall tun und hat von überall aus den gleichen kurzen oder langen Draht nach ganz oben.

Was ich jedoch in Israel mal wieder bemerkt habe, war die Kraft der Stille, die Kraft des ruhigen Moments. Ich habe oft am Strand gesessen, aufs Meer hinausgeblickt und meine Gedanken abgestellt. Ich kann ganz bewusst meine Gedanken ausschalten, diesen endlosen Strom im Kopf für ein paar Minuten versiegen lassen. Inspirationen kommen in diesen Momenten ganz automatisch. Ich mache mich gedanklich frei, lasse die Sorgen fallen, damit da oben etwas offen wird, um Platz für Neues zu schaffen. Als Trainer sind mir viele Trainingsformen, taktische Überlegungen, sportliche Ziele genau an diesem Strand vor Herzlia eingefallen. Zwei, drei Stunden saß ich da mit meinem Block. Zu Hause wären mir die Inspirationen niemals gekommen.

Die Kraft der Ruhe habe ich inzwischen auch für die Momente am Spielfeldrand entdeckt, in denen meine Spieler zeigen müssen, dass sie mein Konzept begriffen haben. Alle Aufregung auf der Bank hat einen negativen Einfluss auf das Spiel. Mit Ruhe und Gelassenheit erreiche ich nicht nur für mich selber mehr, sie übertragen sich automatisch auch auf andere. Diese Erkenntnis bedeutet aber nicht, dass mein Leben ruhig wäre. Mein Leben ist nicht ruhig. Nach dieser Ruhe sehne ich mich.

Ein Typ fürs Schweigekloster wäre ich nicht, und einen Pilgerweg wie Hape Kerkeling könnte ich auch nicht gehen. Ich kann Ruhe und Besinnung dort finden, wo ich sie finden will, und nicht, wo Kerkeling sie gefunden hat. Ich schaue lieber auf den Malediven auf das Farbenspiel des Meeres bei Sonnenuntergang und genieße die Natur. Wo Natur ist, kann ich überall Ruhe finden, am Wasser, in den Bergen, ich liebe die vier Jahreszeiten, ich liebe es, im Herbst durch den Wald zu gehen und mir die bunten Blätter der Bäume anzusehen. Das alles entschleunigt mich und meine Gedanken. Beim Skifahren genieße ich den frostigen kalten Wind, am liebsten außerhalb der Hochsaison, und schaue mir stundenlang schneebedeckte Berge an. Das ist für mich nicht nur Ruhe, es ist für mich geistige Beschäftigung.

WELCH EIN JAMMER!

Ich musste Netanya aus wirtschaftlichen Gründen verlassen. Daniel Jammer, der schwerreiche Rohstoffhändler und Eigentümer des Vereins, war nicht mehr bereit, den Verein, den er sich aus Langeweile zum Hobby gemacht hatte, zu unterstützen. Dabei hatte er mir große Versprechungen gemacht: neues Stadion, neue Spieler. Mit einer Ausnahme ist nichts passiert. Ich konnte den Verteidiger Bevan Fransmann für 300 000 Dollar aus Südafrika verpflichten. Er brachte dem Verein nach einem Jahr sogar einen Verkaufsgewinn von 500 000 Dollar. Doch Jammer, der sich auf einmal große Sorgen um sein Geld machte, fragte mich, ob ich damit einverstanden sei, den Vertrag in beiderseitigem Einvernehmen aufzulösen, damit er keine Abfindung zahlen müsse. Da wenige Wochen vorher etwas vorgefallen war, was ich noch nie in meinem Fußballerleben erlebt hatte, war ich froh, von diesem Eigentümer wegzukommen.

Schockiert hat mich ein Vorfall sechs, sieben Spieltage vor Saisonende. Jammer kam in meine Trainerkabine und fragte, ob er vor dem Training mit der Mannschaft sprechen könne. Ich lachte: »Daniel, das ist deine Mannschaft. Du brauchst mich nicht zu fragen. Natürlich.« Er fragte mich noch, ob ich auch dabei sein wollte, was ich bejahte. Da saßen sie also, all die Spieler, und sie waren angespannt, weil es nicht jede Woche vorkam, dass der Eigentümer vorbeischaute.

Jammer hat es in drei Minuten geschafft, das kaputt zu machen, was wir uns in acht Monaten aufgebaut hatten. Wir waren Tabellenzweiter mit nur einem Punkt hinter dem Spitzenreiter und hätten noch ein Heimspiel gegen den Ersten gehabt. Außerdem standen wir im Halbfinale des Pokals. Jammer aber machte die Mannschaft so zur Minna, er fluchte und stieß Drohungen aus, dass er im nächsten Jahr keinen einzigen Dollar oder Schekel mehr in das Team investieren würde. Er bezeichnete meine Spieler als Scharlatane, die seiner Familie das Geld aus der Tasche zögen. »Alle Verträge gelten ab der nächsten Saison nicht mehr!«, schrie er. »Ihr könnt euch alle einen neuen Verein suchen.« Ich stand völlig schockiert daneben und dachte, dass der Mann Marihuana geraucht oder einige Linien Koks gezogen haben musste.

Was war passiert? Es grassierte die Finanzkrise, und er hatte offenbar einiges Geld, mit dem er spekuliert hatte, verloren. Möglicherweise wurde auch Druck auf ihn ausgeübt durch die russische Familie seiner Frau, denn von dort kam sein Reichtum.

Die Konsequenz: *Wir* verloren auch. Die nächsten drei Spiele. So willensstark der Israeli ist, wenn es um Religion und Krieg geht, so stolz er mit seinem Maschinengewehr im Kino sitzt, so schwach ist er auf dem Fußballplatz, wenn irgendein irritierendes Nebengeräusch zu vernehmen ist. Dann zerbricht er. Ich habe die Mannschaft nach der Ansprache mental nicht mehr hinbekommen.

LEAVING LAS VEGAS

Die Zeit in Israel verbrachte ich gemeinsam mit Liliana. Ich hatte sie beim Oktoberfest kennengelernt. Der Zufall wollte, dass ich sie abholen musste. Ich saß mit einem Freund im Taxi, als mich ein anderer Freund anrief und bat, noch jemanden vor seiner Wohnung aufzulesen. Wir trafen auf eine junge Frau, Typ Model mit langen dunklen Haaren. Wir schunkelten im Hippodrom, unterhielten uns blendend und landeten am Ende in derselben Disco, in der ich zwölf Jahre zuvor mit Maren gewesen war. Wir genehmigten uns einen an der Bar, tanzten alleine auf der völlig leeren Tanzfläche. Nach langer Zeit habe ich mich wieder frei gefühlt.

Ein paar Wochen später war ich zu einer Veranstaltung in München eingeladen und fragte Liliana, ob sie nicht Lust habe mitzugehen. Sie begleitete mich. Wir ahnten nicht, dass wir unter Beobachtung stehen würden. Nach der Veranstaltung gab es dieses Essen im »Schumann's« in der Leopoldstraße. Es war Herbst, es war kalt, und genau in dem Moment, in dem ich Liliana um Mitternacht schwungvoll aus dem »Schumann's« Richtung Taxi zog, wurden wir von einem Fotografen abgeschossen. Netterweise wurde das Foto vor der Veröffentlichung von RTL meiner Noch-Ehefrau Marijana, von der ich längst getrennt lebte, präsentiert. Mit der Konsequenz, dass einige recht unschöne Worte fielen. Ich lege Wert darauf festzustellen, dass Liliana und ich zwar Spaß hatten in diesen Tagen, mehr war nicht. Es gab noch kein Verhältnis.

Im Falle von Liliana glaubte ich aber zu bemerken, dass hier wieder jemand an mir interessiert war. Es schien ein völliger Neubeginn zu werden, in den ich mich aber nicht so hineinstürzte, wie es nach außen hin vielleicht aussah. Ich hatte Respekt vor dem großen Altersunterschied. Auch weil ich wusste, dass so etwas in Deutschland immer kritisch bis hämisch beäugt wird.

Meine Meinung dazu ist folgende: Ich mische mich nicht in andere Beziehungen ein; Leute, die das tun, haben meistens irgendwelche Komplexe. Viele, die auf Paare mit großem Altersunterschied deuten, hätten eine ähnliche Beziehung vielleicht selber gerne, oder sie sind frustriert. Wenn Joschka Fischer übermorgen in sechster Ehe eine Achtzehnjährige heiraten würde, dann freue ich mich doch mit ihm. Ich hasse es, wenn Leute ihre Nase in die Angelegenheiten anderer stecken. Das ist mein Leben. Und im Endeffekt werde *ich* es sein, der dafür bezahlen wird, seelisch, finanziell oder beides.

Unsere Bekanntschaft ging in eine Beziehung über, und im Sommer 2008 gingen wir gemeinsam nach Israel. In dieser Zeit wuchsen wir zusammen. Vorher war sie noch mit ihrem Abitur und ihrem Führerschein beschäftigt.

Ich hatte gerade meinen Trainerschein bei Erich Rutemöller an der Sporthochschule in Köln gemacht, in einem extra für mich angebotenen Ein-Mann-Kompaktkurs. Das war notwendig geworden, da die UEFA ihre Bestimmungen verschärft hatte. Bis dahin hatte es gereicht, wenn einer im Trainerstab – meistens der Co-Trainer – den Trainerschein besaß. Dieses Schlupfloch hatten viele Trainer in der Vergangenheit dankbar genutzt.

In Israel aber waren Liliana und ich nun aufeinander angewiesen, es war schön. Irgendwann dachten wir über eine Heirat nach, Liliana meinte gelegentlich, dass es ja nicht so angenehm sei, mit einem verheirateten Mann zusammenzuwohnen. Am 16. Dezember ließen Marijana und ich uns scheiden, am 1. Januar haben Liliana und ich geheiratet. In Las Vegas. Die Stadt war ihre Idee. Las Vegas hat ja den Ruf, schnell und unkompliziert zu sein. Liliana organisierte alles, weil sie besser Englisch sprach und außerdem die Zeit dafür hatte. Das Studium, das sie in einer englischsprachigen Universität in Tel Aviv angefangen hatte, hatte sie nach sechs Wochen wieder abgebrochen.

Außer Lilianas Mutter wusste niemand von der Hochzeit, noch nicht einmal meine eigenen Eltern. Wir wollten das Ganze geheim halten, und es wäre fast auch geheim geblieben. Wir flogen für fünf Tage ins winterliche Nevada. Die Hochzeit war nicht so kitschig, wie man es sich in Las Vegas vorstellt. Kein Elvis-Imitator, keine Micky Maus. Wir heirateten auch nicht in einer der vielen kleinen Wedding Chapels, sondern im Freien auf einer Hotelterrasse. Auf dem Weg dorthin hätte man Lilianas Brautstrauß als das einzige Indiz für eine Hochzeit identifizieren können, allein durch die Kleidung wären wir und unser Plan kaum zu erkennen gewesen.

Auf dem Rückweg zum Hotel sprach mich ein Tourist aus Frankfurt an: »Herr Matthäus, können wir ein Foto machen?« Mit derartigen Bitten von Fans hatte ich nie Probleme, also sollte er sein Foto haben. Nur hatte dieser Typ wohl vorher schon heimlich Szenen unserer Vermählung fotografiert und, wie ich wenige Stunden später erfahren sollte, die Informationen noch am Abend an die *Bild*-Zeitung verkauft.

Wir planten, am nächsten Morgen zurück nach Deutschland zu fliegen. In der Nacht, unserer Hochzeitsnacht also, riss mich gegen drei Uhr das Hoteltelefon aus dem Schlaf. Ja, gibt's das! Die *Bild*-Zeitung! Irgendein Redakteur bezog sich auf die Fotos dieses Touristen und meinte nun, dringend eine Story ins Blatt heben zu wollen. Am liebsten hätte ich überhaupt nichts in dieser Zeitung über unsere Hochzeit gelesen. Aber damit nicht irgendetwas erschien und sie Blödsinn schrieben, trafen wir uns beim Zwischenstopp in Frankfurt mit einem Journalisten, sagten ein paar Sätze und flogen weiter nach Tel Aviv. Zu diesem Zeitpunkt sollte mein Engagement bei Maccabi noch ein gutes halbes Jahr weiterlaufen.

ENTWEDER DU BIST FRAU MATTHÄUS ...

Mit der Rückkehr nach Europa ging es mit unserer noch jungen Ehe in nicht vermuteter Geschwindigkeit bergab. Liliana verschmolz wieder mit ihrem merkwürdigen Münchner Freundeskreis. Als wir zurückkamen, war sie ein anderer Mensch. Sie war nicht mehr die Frau, die ich geheiratet hatte. Jetzt war wieder Party angesagt. Wunderbar, meinte ich, dann gehe ich da mal mit. Nein, das ginge nicht, wehrte sie ab, da würde ich nicht dazu passen. Die seien alle zu jung. Ich glaube, sie wollte nicht, dass ich ihre Welt sehe.

Ich hatte Liliana für reifer gehalten, als sie war. Sie war viel zu unerfahren, um auch die Pflichten einer Ehe zu begreifen. Nämlich nicht nur zu nehmen, sondern auch zu geben. Wenn man mit einem zwanzig Jahre älteren Mann verheiratet ist, verstehe ich, dass eine junge Frau samstagabends auch mal mit ihren Freunden in die Disco will. Aber mir wurden ihre nächtlichen Streifzüge zu viel. Das geht nicht. »Ich habe zwei Leben«, behauptete sie selber mal. Das waren ihr junges Leben und das Eheleben. Diese zwei Leben waren nicht unter einen Hut zu bekommen. Ich befürchtete, dass sie mit Leuten ins Gehege geraten könnte, die kriminelle Neigungen hatten und mit gewissen Rauschmitteln in Kontakt standen.

Das war unser Hauptthema, aber das hat sie nie begriffen. Meine Warnungen schienen ins Leere zu laufen. Bedauerlicherweise. Mir war es zum einen um die Unversehrtheit meiner Frau gegangen und zum anderen darum, den Namen Matthäus zu schützen.

Sie traf auf Leute aus dem Modegeschäft, die ihr einredeten, was sie alles mit dem Namen Matthäus erreichen könne. Aber eines musste Liliana nach unserer Trennung schmerzlich erfahren: Ohne mich gingen die Türen nicht mehr so leicht auf. Da nutzte auch ihr neuer Nachname nichts. Ich dachte, dass Liliana irgendwann zur Vernunft kommen würde. Ich habe ja nun seit Jahren mit jungen Menschen auf dem Fußballplatz zu tun. Junge Menschen müssen Fehler machen, ich habe auch Fehler gemacht. Aber muss man nicht irgendwann dazulernen? Ich sagte zu ihr: »Entweder du bist die Frau Matthäus oder du bist das 23-jährige Mädchen. Was willst du sein?« »Beides.« »Ja, und genau das geht nicht. Wenn du dich als meine Frau in der Öffentlichkeit bewegst, hast du gewisse Regeln zu beachten.«

Nicht nur ich, auch ein anderer Gefährte hatte sich das Ganze wohl anders vorgestellt. Wir hatten aus Israel einen Hund mitgebracht. Einer meiner Spieler hatte einen großen Wurf Labradormischlingswelpen bekommen, und wir verliebten uns in dem Knäuel in ein Tier, das wir Chloe nannten. Natürlich hatte Liliana für den Namen gesorgt. Der Hund hätte auch Dior, Prada oder Gucci heißen können. Solange wir in Israel waren, war Chloe kein Problem. Der Hund war Teil der Familie. Aber als wir wieder zurück waren, spielte er für Liliana keine Rolle mehr. Ich glaube, sie war nicht mehr als dreimal Gassi mit ihm. Der Hund lebt heute bei einem meiner besten Freunde am Starnberger See, und wenn ich in der Nähe bin, besuche ich ihn.

Eines Tages bekam ich einen Anruf von einem Redakteur, der mir sagte, dass es da ein Foto geben würde. Es zeigte Liliana auf einem Boot vor Sardinien. Knutschend mit einem anderen Mann. Wunderbar. Ehrlich gesagt hatte ich mit so etwas gerechnet. Liliana war drei Tage auf Tour am Mittelmeer, angeblich für ein Fotoshooting. Ihre Anrufe kamen mir schon sehr merkwürdig vor, und in ihren SMS las ich nichts weiter als Märchen. Sie sagte, das Shooting würde sich immer wieder verschieben. Ein Fotoshooting auf Sardinien in der Hochsaison? Wer bezahlt so etwas bei der angespannten wirtschaftlichen Situation der Branche? Außerdem: Wer ein Shooting morgens um sieben hat, geht nicht bis nachts um drei in die Disco. Alles sehr unglaubwürdig. Ich vermute, dass ihr Freundeskreis sie benutzte, um mit diesen Fotos Kohle zu machen. Sie wurde von ihren eigenen Freunden verarscht.

Wie gesagt: Ich bin der Meinung, dass man verzeihen können muss. Haben wir nicht alle mal fremd geknutscht? Muss man einen Menschen deswegen verurteilen? Weil ich auch diese Ehe nicht leichtfertig beenden wollte, habe ich Liliana auch die Knutscherei auf dem Boot nachgesehen. Ich habe in meinen Ehen immer wieder versucht, irgendwelche Wege zu finden, Brücken zu bauen, Kompromisse zu machen. Leider ist jede Brücke zum Einsturz gekommen.

Die Information über das Foto erhielt ich am Flughafen von Nizza. Ich wollte Liliana abholen, weil es an dem Abend keine Flüge mehr für sie nach Paris gegeben hätte. So fuhr ich ihr mit dem Auto entgegen, was ihr gar nicht recht war. Wieso eigentlich Paris? Wir waren gerade dabei, uns dort ein paar Wohnungen anzuschauen. Ich war in Jobverhandlungen mit dem Fußballverband Kameruns, und da hätte ich aus Paris einfachere Wege gehabt, um zu meinem Arbeitsplatz nach Jaunde zu fliegen.

Unmittelbar nach Lilianas Landung führte ich ein kurzes Telefonat mit ihr, in dem ich sie schon auf das Foto ansprach. Liliana verließ den Flughafen durch einen Seitenausgang, und als sie zu mir ins Auto stieg, war sie wohl überrascht, dass ich nicht ausflippte, sondern völlig ruhig reagierte. Ich sagte:»Hör zu, wir können über alles reden. Entschuldige dich bei mir und kläre das in der Öffentlichkeit. Dann haben wir eine Chance.« Möglicherweise sah sich Liliana dadurch unter Druck gesetzt und unternahm nichts. Ich machte daraufhin den Fehler, von mir aus an die Medien zu gehen, sie hatte mir ja öffentlich Hörner aufgesetzt. Aber das hätte ich nicht tun sollen. Danach ging es hin und her, es war eine peinliche Geschichte. Die Streitigkeiten haben beiden geschadet. Und vielleicht war es für viele unverständlich, dass ich Liliana immer wieder schützte. Aber ich habe versucht, einen jungen Menschen zu verstehen. Genauso wie ich als Trainer meine Spieler verstehen muss, wenn sie mal wieder zu spät zum Training erscheinen oder einen Fehler machen.

Danach hat man ein halbes Jahr gehofft und geglaubt, hat zwei Scheidungstermine verfallen lassen, weil man noch einmal weich wurde. Aber der ersehnte Wendepunkt kam nicht. »Wenn du dein Leben leben willst wie eine 23-Jährige, dann lass uns kurz und schnell eine Scheidung durchziehen«, sagte ich. »Dann hat es eben nicht funktioniert, und ich bin dir nicht böse.« Wir hatten vielleicht am Anfang Schmetterlinge im Bauch gehabt, aber so konnte es nun mal nicht weitergehen, das wurde immer klarer. Sie wollte das Leben auf ihre Art genießen, Party machen, konsumieren, auf Modenschauen gehen. Aber das war und ist nicht meine Definition von »genießen«.

Ich bot ihr den goldenen Löffel, dann wollte sie einen zweiten, hatte sie den zweiten, wollte sie einen dritten. Immer ein bisschen mehr. Und als es nicht mehr weiterging, uferte es aus in Streit. Möglicherweise bin ich aber auch selbst mit schuld daran, vielleicht hätte ich sie nicht zu sehr verwöhnen sollen. Plötzlich sah eine Frau, die sich früher die Nase am Schaufenster platt gedrückt hat, die Shops von Gucci oder Dolce & Gabbana von innen und konnte sich sogar noch die Dinge kaufen, die ihr gefielen. Plötzlich machte es sich eine Frau, die früher nur im Ferienflieger gesessen hat, in der First Class bequem. Plötzlich hatte eine Frau, die früher drei Paar Schuhe im Wechsel trug, einen ganzen Wandschrank voll. Und als ich irgendwann ansprach, dass andere für diese oder jene Anschaffung viele Monate arbeiten müssten, wurde ich plötzlich geizig genannt. Ich habe meinen Beitrag dazu geliefert, dass das Maß verloren ging. Liliana hat nicht mehr einzuschätzen gewusst, in welcher Welt sie lebt.

Und das, wo mir doch die gesamte Familie ans Herz gewachsen war. Obwohl Lilianas Mutter mehrere Jahrzehnte nicht gearbeitet hatte und mit Mitte fünfzig in einem Alter war, in dem es schwierig wird, einen Job zu finden, redete ich mit einem Freund und fragte ihn, ob er sie nicht in seinem Geschäft einstellen könnte. Bis heute ist Lilianas Mutter trotz der Scheidung und des üblen Nachtretens gegen mich immer noch dort angestellt. Meine Form von Fairplay ist, nichts dagegen zu unternehmen. Meine Hilfe kam von Herzen. Genauso wie meine Bemühungen um Ferienjobs für Lilianas Bruder; genauso wie meine Versuche, für Lilianas Vater, der in Lettland Eishockey-Nationalspieler gewesen ist, eine Beschäftigung im deutschen und ungarischen Eishockey-Geschäft zu finden.

Der dritte Scheidungstermin sollte es dann sein. Nun wollte auch Liliana eine schnelle und einvernehmliche Scheidung. Einvernehmlich heißt, dass du dich eigentlich überall scheiden lassen kannst, auch wenn du in dem Land der Scheidung keinen festen Wohnsitz hast. Also rief ich meine Anwälte in Deutschland, Österreich und Ungarn an. In Deutschland und Ungarn wäre es eine Sache von Monaten gewesen, aus Österreich kam die Antwort: »Können Sie übermorgen um elf?« Sehr kurzfristig, aber das musste jetzt sein. Es klappte. Wir waren geschiedene Leute, unser Irrflug hatte ein Ende.

Ich muss sagen, dass ich mir – abgesehen von dem vermeidbaren Licht der Öffentlichkeit, das auf unsere Ehe fiel – nichts vorzuwerfen habe. Im Gegenteil. Ich habe Liliana und ihre gesamte Familie immer unterstützt. Außerdem habe ich nie einen Ehevertrag geschlossen, da ich der Meinung bin, dass ein Ehevertrag einen bitteren Beigeschmack hat. Er ist ein Zeichen dafür, dass man ein potenzielles Ende schon mit einkalkuliert und außerdem Angst hat vor finanziellen Verlusten. Nein, für mich war immer klar: Wenn man in der Ehe einen Zugewinn erzielen sollte, dann muss man diesen Zugewinn auch teilen.

Auch wenn ich ab und zu darauf angesprochen werde und auch für dieses Buch nicht an meinen vier gescheiterten Ehen vorbeigekommen bin, blicke ich nicht ständig auf sie zurück. Was in der Vergangenheit geschehen ist, stört eigentlich die Zukunft. Wenn man die Vergangenheit immer mitschleppt, wird man nicht glücklich. Altlasten sollte man klären, um einen klaren Weg gehen zu können. Meine letzte Scheidung ist dafür das Paradebeispiel. Ich wollte den schnellen Schlussstrich, damit wir beide neu anfangen konnten; zieht sich eine Scheidung hin, hat sie wieder Einfluss auf die neue Beziehung.

MEINE KINDER HABEN GELITTEN

Ich bedaure es außerordentlich, dass meine Kinder über die Medien und damit über ihre Schulfreunde und Schulfreundinnen mit meinem Privatleben konfrontiert wurden. »Dein Papa hat schon wieder eine neue Freundin«, war da noch das Harmloseste, das sie sich anhören mussten. Ich bin seit ein paar Jahren so abgehärtet, dass ich mit tendenziöser Berichterstattung, mit Beleidigungen, Lügen, falschen Darstellungen oder einfach nur Klatsch umgehen kann. Aber wie konnten es meine Kinder, als sie vielleicht 13, 14, 15 Jahre alt waren? Sie wussten nicht, wie sie darauf reagieren sollten. Kinder sind gehässig untereinander. Das, was meine Kinder in der Schule erfahren mussten, uferte phasenweise aus in eine Form von Mobbing. Mitschüler von Viola bastelten ein Plakat, auf dem groß ihr durchgestrichener Name zu lesen war. Dieses Plakat hingen sie an einer Stelle aus dem Fenster, an der jeder Schüler vorbeiging. Alisa besuchte dieselbe Schule. Sie hatte den Eindruck, die Vorurteile mancher Lehrer gegenüber ihres Nachnamens in schlechteren Noten zu spüren zu bekommen.

Meine Kinder kamen oft traurig, manchmal sogar weinend vom Unterricht nach Hause Sie waren vielleicht auch sauer auf mich. Aber sie haben mich nie angerufen. Warum? Weil sie Angst hatten. Die brauchten sie aber nicht zu haben. Viola beispielsweise wird viele Fragen an mich gehabt haben, weil sie manches nicht nachvollziehen konnte. Aber sie hat mir nie Vorwürfe gemacht und mir auch nie den Kopf gewaschen. Sie ist ein Mensch, der viel in sich hineinfrisst und weniger über die Probleme spricht. Ich sage meinen Kindern bis heute, dass sie sich immer melden sollen. Nicht nur, wenn sie etwas brauchen, sondern vor allem, wenn sie Probleme haben. »Papa, ich brauche hundert Euro« – das ist einfach. »Papa, ich brauche vier Eintrittskarten für das nächste Mailandspiel« – das ist einfach. Es geht mir darum, dass sie sich nicht einschließen oder abkapseln, falls sie etwas bedrückt. Vielleicht muss ich das Vertrauen erst wieder herstellen.

Weil wir uns in den Zeiten, in denen sie diese Probleme in der Schule hatten, wenig austauschten, mussten meine Kinder oft selber damit fertig werden. Ich gehe davon aus, dass sie versucht haben, es zu verdrängen. Und verdrängen ist nie gut. Denn irgendwann bricht sich das Verdrängte Bahn.

Was muss ich mir vorwerfen? Die schlechte Kommunikationskultur. Ich habe damals keine Notwendigkeit darin gesehen, meine Kinder anzurufen, um ihnen zu erzählen, dass ich mich neu verliebt habe. Vielleicht hätte ich sie auch häufiger vorwarnen sollen, wenn ich wusste, dass für den nächsten Tag ein Artikel in einer Zeitung zu erwarten war. Und es litten ja nicht nur meine Kinder, es litten auch meine Eltern. Wenn sie vor zehn Jahren über die Straße gegangen sind und mal wieder Blödsinn über mich in der Zeitung gestanden hat, wenn sie dann auch noch von Nachbarn darauf angesprochen wurden, dann tat das doppelt weh. Aber sollte ich meine Eltern anrufen wegen jeder Schlagzeile, egal ob wahr oder unwahr? Das Schlimme ist ja, dass für meine Eltern alles wahr ist, was in der Zeitung steht. Meine Eltern haben sich genauso wenig gemeldet wie meine Kinder. Meist kam die Sache erst Monate später zur Sprache, wenn wir uns mal wieder trafen. Ich bat sie, sich doch bitte zu melden, wenn ihnen etwas auf dem Herzen liegt. Es gibt für alles eine Erklärung. Wenn ich etwas verbockt hatte, dann habe ich das meinen Eltern gegenüber eingestanden. Aber ich habe ihnen auch versucht klarzumachen, dass diese Medien Auflage machen müssen. Und ich erklärte ihnen, wie wichtig mein Name für die Medien war, um genau diese Auflage zu machen.

Meine Mutter hatte sicher viele schlaflose Nächte, und es gab genauso sicher viele unangenehme Momente für meine Kinder. Weil ich zu leichtfertig mit der Presse umgegangen bin. Weil Journalisten mit meinem Namen Schlagzeilen gemacht haben. Weil gewisse Ex-Frauen mit meinem Namen wieder in der Öffentlichkeit stehen wollten. Eine solche Berichterstattung ging ja nie nur gegen mich, sondern hatte immer Auswirkungen auf meine gesamte Familie. Heute glauben meine Kinder und meine Eltern nicht mehr alles, was in der Zeitung oder im Internet steht. Heute haben wir endlich diese Offenheit und tauschen uns jede Woche mindestens einmal aus.

MEIN LEBEN, EIN 4:2

Vergleiche ich meine Ehen mit einem Fußballspiel, dann ist über siebzig bis achtzig Minuten eigentlich alles toll gelaufen. Ich habe stark angefangen, das Ergebnis gehalten und am Ende ein sicher geglaubtes Spiel doch noch verloren. Man hat den schnellsten Doppelpass gespielt, man hat die schönsten Flanken geschlagen, und plötzlich steht man mit leeren Händen da. Die Technik klappt nicht mehr, der Doppelpass geht schief, die Flanke kommt nicht mehr an, und dann verschießt man auch noch einen Elfmeter.

Wäre mein Leben ein Fußballergebnis, dann würde ich durch meine Ehen im Rückstand liegen. Da sind aber eben auch die vielen positiven Momente, meine Kinder, die Freundschaften, die Begegnungen, die Trophäen als Ergebnisse meiner Arbeit, die Comebacks nach den schweren Verletzungen. Trotz der Schlagzeilen, trotz meiner Niederlagen stehe ich deshalb auf der Sonnenseite. Ich habe ganz sicher ein oder zwei Tore mehr geschossen, als ich bekommen habe. Daher denke ich, dass mein Leben ein turbulentes und unterhaltsames 4:2 sein könnte.

Habe ich über dieses 4:2 den Sinn des Lebens erkannt? Noch nicht, würde ich sagen. Vielleicht aber mein Lebensthema: Gerechtigkeit. Was ist Gerechtigkeit? Ich weiß nicht, ob das, was ich tue, gerecht ist. Es ist ja meine Auslegung von Gerechtigkeit. Aber ich weiß, dass ich mich oft ungerecht behandelt gefühlt habe. Ich weiß, was man da spürt.

Wahrscheinlich ist es dieser eine Moment aus meiner Kindheit, der nach wie vor da oben festhängt. Der Moment, in dem ich als einer der besten Spieler des Sichtungsturniers nicht in die Bayernauswahl berufen wurde – nur weil ich zu klein war. Zuletzt waren es meine gescheiterten Trainerstationen, die mir von der Presse in die Schuhe geschoben wurden, während andere mit ihrem Ego über Leichen gingen und damit durchkamen. Das Thema Gerechtigkeit scheint mir treu zu bleiben. Möglicherweise habe ich zu lernen, dass man Gerechtigkeit nicht über das definieren sollte, was man in diesem Leben für seine Verdienste zurückbekommt. Vielleicht sollte man die eigenen Verdienste daran messen, was sie in ihrem Moment mir und den Menschen an Freude bescherten.

Sollten wir nicht, kurz bevor es zu Ende geht mit uns, auf etwas zurückblicken können, das uns Freude gemacht hat? Auf etwas, auf das wir stolz sein können? Bis jetzt kann ich sagen: Es hat Spaß gemacht, und ich bin stolz darauf.

Vielleicht ist die letzte Sehnsucht, ist die Idee meiner Eltern, die auch in mir weitergärt, nämlich zur Ruhe zu kommen, ein letztes Mal zu heiraten, noch einmal Kinder in die Welt zu setzen, Enkelkinder zu bekommen, in den beschleunigten Zeiten von heute gar nicht mehr durchführbar. Ich weiß es nicht. Ich werde weiterkämpfen. Bis dahin genieße ich jeden Tag. Das tue ich gerade gemeinsam mit meiner neuen Liebe Joanna, die ich 2011 an meinem 50. Geburtstag kennenlernte. Mit Joanna ist es de facto ruhiger geworden. Sie ist eine Frau, die sich nicht irgendeine Art von Profit durch mich erhofft. Sie ist Dessous-Model und hatte sich bereits vor meiner Zeit mit Werbejobs den Lebensunterhalt verdient. Sie kommt aus einem guten polnischen Elternhaus, studierte in Posen Jura, brach dann ab, um als Model in Mailand, Miami, Los Angeles und New York zu leben und zu arbeiten. Sie stand für angesehene Weltfirmen wie Triumph oder Wolford vor der Kamera. Die große Karriere, die Jobs, die ihr richtig viel Geld gebracht hätten, hat sie immer abgelehnt. Weil es in dieser Branche absolut Usus ist, in bestimmte Gefilde nur durch Sex mit seinem Auftraggeber oder dem Fotografen aufzusteigen, wie Joanna mir versicherte. Gerade junge Mädchen aus Osteuropa würden sich verkaufen. Joanna hat sich nie verkauft. Auch Nacktfotos von ihr sucht man vergeblich. Sie ist kein Erotikmodel, wie auch gerne mal geschrieben wird. Sie zeigt Unterwäsche, wie Männer sie vielleicht sehen wollen und Frauen es sich wünschen. Daran finde ich nichts unanständig.

Über Heirat und Kinder sprechen wir beide noch nicht. Man lernt ja aus seiner Vergangenheit. Aber es war ein schönes und spannendes erstes Jahr mit Joanna. Wir konnten viel reisen und genossen die Freiheiten, die sich auftun, wenn man gerade mal keine Mannschaft trainiert. Sobald ich wieder an der Seitenlinie in der Verantwortung stehe, wird sich zeigen, wie weit Joanna und ich in der Lage sind, berufliche Kompromisse einzugehen.

DIE ZUKUNFT IN DEN STERNEN

Ich glaube nicht an Horoskope, und ich glaube nicht an die Astrologie. Als mir aber kürzlich jemand etwas über meine Planetenkonstellationen erzählte, wurde ich doch stutzig. Ist da vielleicht doch etwas dran? Meine Geburtsdaten und der Geburtsort reichten aus, um ein paar Informationen zu bekommen, die es ziemlich auf den Punkt brachten. Dass ich Sternzeichen Widder bin, wusste ich; auch dass mein Aszendent Löwe ist, war mir schon länger bekannt. Frauen fragen ständig nach so etwas. Aber was heißt das?

Laut Analyse sollen mir Rudelführerqualitäten zukommen. Ich sei ein mutiger Unternehmertyp, würde mich als kleiner König sehen und hätte das Bedürfnis, anerkannt zu werden. Eine starke Verbindung zwischen Saturn und Mond soll dafür verantwortlich sein, dass ich tief und ernsthaft empfinden könne und nach etwas Verlässlichem suchen würde. Stimmt, das kam mir alles recht bekannt vor. Aber es sollte noch dicker kommen.

Uranus im Aszendenten sorge angeblich dafür, dass ich permanent auf der Suche nach etwas Neuem bin. Ich sei ein unruhiger Typ, der immer unterwegs ist und Gefallen am Radikalen findet. Außerdem sei meine Sonne im achten Haus, dem Haus der Transformation. Dies würde bedeuten, dass ich gar nicht anders kann, als mich irgendwann mit den existenziellen Seins- und Sinnfragen auseinanderzusetzen und neue Horizonte zu erschließen. Andernfalls bliebe ich im Löwen-Ego gefangen. Stehe ich genau jetzt am Beginn der Auseinandersetzung?

Erstmals hörte ich, dass es so etwas wie einen »aufsteigenden Mondknoten« geben soll, der sich bei mir offenbar im ersten Haus befindet. Nach Ansicht der Astrologen bedeutet das, dass ich aufgefordert bin, an mich zu denken. Ich könne es mir leisten, mehr Egoist zu sein – im positiven Sinne. Ich dürfe nicht immer glauben, jemand anderem helfen zu müssen. Damit müsse endlich Schluss sein. Würde ich mehr an mich denken, hätte ich sehr gute Chancen, mich erheblich weiterzuentwickeln. Ich stünde vor einem Schub, einem persönlichen Quantensprung, der tiefe und ernste Gefühle wachsen lassen könne.

Was soll ich davon halten? Ich fühlte mich nicht nur an mich erinnert. Ich fühlte auch, wie etwas an mich appellierte. Vielleicht hält meine zweite Halbzeit ja noch irgendetwas Großartiges für mich bereit. Etwas, von dem bisher nur die Sterne wissen.

WEIL DER BULGARE KEINE LUST HAT

Der 10. Juli 1994, das Giants Stadium in East Rutherford, New Jersey. Weltmeisterschaft, Viertelfinale. Bulgarien gegen Deutschland. Die 47. Minute. Ich lege mir den Ball zurecht. Elf Meter von mir entfernt kauert Borislaw Michailow auf der Linie. Acht Meter Anlauf und dann hart neben den rechten Pfosten. Michailow entscheidet sich für die andere Seite. Das 1:0 für die deutsche Nationalmannschaft und mein letztes Tor bei einer WM. Wie das frustrierende Spiel letztlich ausging, habe ich bereits beschrieben.

16 Jahre später. Ein Büro in einem abrissreifen Altbau in der Innenstadt von Sofia, notdürftig ausgestattet mit Ostblockmöbeln. Hier hatte der bulgarische Fußballverband seinen Sitz. Wieder stand ich Michailow, genannt Bobby, gegenüber. Nur tragen wir diesmal beide keine Trikots, sondern Anzüge. Als Verbandspräsident gab er mir die Hand, und mein nächster Job war ausgemacht: Nationaltrainer.

Ich wusste, dass Bulgariens Fußball ein Fußball der Vergangenheit war und nicht der Gegenwart. Man hatte keine Vereinserfolge, man hatte keine Sponsoren, man hatte keine Nachwuchsarbeit. Daher sagte ich von Anfang an, dass es ein fast unmögliches Unterfangen sei, sich – nach zwei Niederlagen vor meiner Zeit – noch für die Europameisterschaft 2012 zu qualifizieren. Ich sagte Bobby auch, dass bei dem Spielerpotenzial nicht viel zu erwarten wäre und man lieber längerfristig planen sollte, also eher für die WM 2014. Ich hatte vor, den bulgarischen Fußball komplett neu aufzubauen, und daher auch schon mit Matthias Sammer gesprochen. Von ihm hätte ich das Nachwuchskonzept des DFB zur Verfügung gestellt bekommen.

Bis zur Sommerpause 2011 lief eigentlich alles ganz gut. Zum ersten Mal stand ich im November 2010 in Wales an der Seitenlinie. Die Premiere gewannen wir. Das nächste Heimspiel gegen die Schweiz und auch auswärts in Montenegro – das Heimspiel hatte mein Vorgänger noch verloren – spielten wir unentschieden. Fünf Punkte in drei Qualifikationsspielen, das konnte sich eigentlich sehen lassen. Dazu kam ein Sieg auf Zypern und ein 0:1 gegen Serbien, wobei wir eigentlich unser bestes Spiel machten. Dann die Sommerpause. In der muss irgendetwas passiert sein, aber ich weiß nicht, was. Die Spieler haben möglicherweise gemerkt, dass der Verband den Trainer nicht mehr stützte, dass ich nicht mehr die volle Deckung von ganz oben hatte.

In Serbien wollten wir alle nur eines: Erfolg. Da war der Sportdirektor mein bester Freund. Er sprach kein Wort Englisch, kein Wort Deutsch, kein Wort Italienisch, nur Serbisch. Aber wir haben uns verstanden, es hat niemand gegen mich gearbeitet. Doch in Bulgarien hatte ich zuletzt das Gefühl, dass es nur noch gegeneinander ging. Ich hatte keine Chance mehr. Wir verloren ein erstes Freundschaftsspiel – unser schlechtestes Spiel – gegen Weißrussland. Doch das war nicht weiter schlimm. Auf diesem Trip wurde sogar mein Engagement per Handschlag um zwei Jahre verlängert. Michailov stellte sich vor die Presse und gab die weitere Zusammenarbeit bis zur WM 2014 bekannt. Er schickte mich sogar nach Brasilien zur Auslosung der Qualifikations-Gruppenspiele.

Danach allerdings standen zwei Qualifikationsspiele an, zu Hause gegen England und in der Schweiz. Es sollten meine letzten sein für Bulgarien. Die Engländer schossen viermal aufs Tor und machten drei Tore. Wir schossen sechsmal aufs Tor und machten keines. Wir machten individuelle Fehler, die Engländer nicht. Ich glaube, man hat in Sofia gedacht, dass uns gegen die Engländer ein Wunder gelingen würde. Gegen die Schweiz haben wir dann wirklich schlecht gespielt. Der Hauptgrund: Einige Spieler hielten sich nicht an die ausgegebene Taktik. Mein Plan war, ganz tief zu stehen, die Räume eng zu machen und jede Möglichkeit zu nutzen, schnell zu kontern. Wir gingen auch in Führung, verloren aber – auch dank des Schwiegersohns des Präsidenten, der eine Gelb-Rote Karte sah – mit 1:3. Nein, da wurde mir einmal mehr klar, diese Generation hatte nichts mit Spielern wie Stoitschkow oder Balakov zu tun, die uns 1994 aus der WM geschossen hatten.

Als sich Borislaw Michailow beim Diner nach dem Schweiz-Spiel nicht wie üblich an den Trainertisch setzte, sondern zu seinem Sohn, dem

Torwart, merkte ich schon, dass da etwas nicht stimmte. Und richtig: Michailov meldete sich danach gar nicht mehr, und irgendwann bekam ich einen Anruf vom Pressesprecher der Bulgaren, dass mein Vertrag gekündigt sei und ich nicht mehr kommen müsse. Es war schon wieder passiert. Ich hatte etwas gesät, doch die Leute, die die Saat gießen sollten, drehten die Wasserhähne zu. Natürlich kann nicht so einfach eine Partei einseitig einen Vertrag kündigen, der noch läuft. Leider mussten wir uns daher wieder mit Rechtsanwälten auseinandersetzen, was ich fürchterlich finde. Denn nach meiner Auffassung ist Fußball Fairplay. Da steht man zu seinem Wort und kommuniziert nicht zum Schluss über Juristen. Wenn sich Ehrenmänner die Hand geben, dann hält man sich daran.

Ich strebe in einem Verein immer nach dem größtmöglichen Vertrauen. Es ist die Grundlage, um etwas zu erreichen. Damit meine ich das Vertrauen zum Eigentümer, zum Präsidenten, zu allen bis hin zur Putzfrau. Ich möchte am liebsten für eine Atmosphäre sorgen, die uns in aller Offenheit und ohne Angst miteinander umgehen lässt. Natürlich wird die Putzfrau nie die Macht eines Präsidenten haben. Aber sie soll wichtig genommen werden, genau wie der Zeugwart oder der Busfahrer. Wir alle müssen uns an Regeln halten. Nicht nur an die, die im Vertrag stehen, sondern auch an Verhaltensregeln, und die haben mit Respekt zu tun.

In diesem Geflecht von Beziehungen ist man als Trainer die arme Sau, weil man letztlich auf alle Kräfte, die auf einen wirken, gleichermaßen angewiesen ist wie auch auf sie Rücksicht nehmen muss. Das fängt beim Journalisten an, den ich manchmal umbringen könnte, weil er wieder einen solchen Mist geschrieben hat. Aber wir müssen den Journalisten nun mal zur Verfügung stehen, wir müssen unseren Sponsoren zur Verfügung stehen, wir müssen dem Präsidium Rede und Antwort stehen, wir müssen unsere Fans zufrieden stellen, wir müssen die Egos unserer Spieler zu handeln wissen. In dieser Fremdbestimmtheit die individuelle Note beizubehalten und Rückgrat zu beweisen, ist eine hohe Kunst.

In Bulgarien funktionierte dieses System aus Vertrauen, Offenheit und Respekt noch am wenigsten. Ich hatte den bulgarischen Fußball kennenlernen dürfen und der bulgarische Fußball mich. Und das passte gar nicht zusammen. Der bulgarische Fußballer hat keine Lust auf Disziplin, er hat keine Lust zu trainieren, er hat keine Lust, früh aufzustehen, er hat keine Lust auf Videositzungen, er hat keine Lust auf Nachbesprechungen. Der bulgarische Spieler hat auf gar nichts Lust gehabt. Natürlich nicht jeder, aber doch sehr viele. Sie kannten diese Mentalität, etwas unbedingt erreichen zu wollen und sich dafür zu zerreißen, überhaupt nicht. Außerdem merkte ich, dass es an wichtigen handwerklichen Dingen mangelte. Es gehört sich für einen Nationalspieler, nicht nur einen Pass spielen, sondern auch mit einem gewissen Grad an Fußballintelligenz ausgestattet ein Spiel antizipieren zu können.

Ich versuchte den Spielern klarzumachen, dass die Nationalmannschaft ihre Bühne sei. Meine ungarischen Spieler hatten das kapiert, sie präsentierten sich, wurden weggekauft und verdienen heute Millionen. Die Bulgaren aber schienen selbstzufrieden, sie zogen nicht mit. Und wenn ich mal an die Ehre appellierte mit Sätzen wie »Ihr seid die Auserwählten! Ihr könnt stolz sein, für dieses Land zu spielen!«, dann hat sie das nicht interessiert. Hier rein, da raus.

Wollte ich mal mit einem Rausschmiss ein Exempel statuieren, wurde ich vom Präsidenten zurückgepfiffen. Ein Tabu! Ich fragte ihn: »Warum hast du mich geholt, Bobby? Ging es nicht darum, dass ich hier Professionalität, Disziplin und fußballerische Innovation hineinbringe?« »Lass die Spieler doch ausschlafen«, sagte er. »Was willst du zweimal trainieren am Tag? Das sind die Jungs hier nicht gewohnt.« So etwas musste ich mir anhören. Und an die Absprachen konnte man sich plötzlich nicht mehr erinnern, man legte mir sogar Steine in den Weg. Statt mich auch hier wieder Sponsorengelder akquirieren zu lassen, akzeptierte der Verband meine Sponsoren einfach nicht, weil man lieber seinen eigenen Klüngel pflegen wollte und meinte, dass man sich bei dem und dem Deal die Möglichkeit eines größeren Deals zunichte machen würde. Wo waren diese größeren Deals? Bis heute gibt es sie nicht. Man musste sich schon sehr wundern.

In meine Amtszeit in Bulgarien fiel noch ein weiteres sehr unschönes Ereignis: eine Manipulation durch die Wettmafia. Ich fand es von Beginn an merkwürdig, dass Präsident Michailow auf Austragung eines ganz bestimmten Freundschaftsspiels bestand. Bulgarien sollte gegen Estland antreten. Nicht etwa in Bulgarien oder in Estland, sondern im türkischen

Antalya. Ich wehrte mich – unter Zeugen – wochenlang gegen diese meiner Meinung nach völlig unsinnige Partie. Nach ungarischem Vorbild hatte ich in Sofia meine Politik der anspruchsvollen Freundschaftsspiele gegen attraktive Gegner fortsetzen wollen. Obwohl Estland alles andere als erste Wahl war und ich davon überzeugt gewesen bin, dass weder Zuschauer noch Atmosphäre ins Stadion kommen würden und uns das Spiel auch wirtschaftlich nichts brächte, war Michailow in diesem Falle nicht umzustimmen.

Ich hatte schon andere Fälle erlebt von bulgarischen Partien, die partout gespielt werden mussten. Ich erinnere mich noch an ein vier Monate vorher stattfindendes Match in Istanbul gegen Saudi-Arabien. Wir spielten auf einem Nebenplatz vor 150 Menschen. Am Abend zuvor hatten wir auf einem Feld außerhalb Istanbuls trainieren müssen, wo vier lächerliche »Glühbirnen« für Licht sorgen sollten. Wir konnten den Ball kaum sehen. So hat der bulgarische Verband Spiele organisiert. Mir wurde mitgeteilt, dass diese sportlich uninteressanten Luschenspiele sein mussten, weil es der Vermarkter so wollte.

Was der Hintergrund für das Spiel gegen Saudi-Arabien gewesen ist, weiß ich nicht. Was offiziell herausgekommen ist, war jedoch die Manipulation des vor achtzig Zuschauern ausgetragenen Estland-Spiels. Inzwischen ist es aus allen Statistiken gestrichen worden. Heute bin ich schlauer. Damals hatte ich nichts Böses geahnt, sondern fokussierte mich als Trainer auf das Spiel. Ich dachte nicht an Manipulation, ich dachte nicht daran, dass der Schiedsrichter gar keine Lizenz haben und unter falschem Namen auflaufen könnte. Und ich war überrascht, hinterher zu erfahren, dass dieses Spiel von einer thailändischen Agentur vermarktet wurde. Verdacht schöpften die Ermittler wohl, weil der Schiedsrichter in dem 2:2-Spiel vier Elfmeter gepfiffen hatte. Außerdem hatte es unmittelbar zuvor ein anderes Spiel in demselben Stadion mit demselben Schiedsrichter gegeben. Es war 1:1 ausgegangen – durch zwei Elfmeter.

Wie funktioniert so eine Spielmanipulation? Prinzipiell ist jeder Beteiligte ein potenzielles Ziel der Kriminellen. Das kann – wie in diesem Falle – der Schiedsrichter sein, das kann mal ein Trainer sein, und das können natürlich die Spieler sein. Systematisch werden die Schwachpunkte eines Teams herausgesucht, schwache Persönlichkeiten. Nicht selten trifft man die in Spielcasinos an, weil sie hoffen, ihre wirtschaftlichen Probleme mit etwas Glück in den Griff zu kriegen. Dabei kann es vorkommen, dass die Spieler angesprochen und mit dem verlockenden Angebot konfrontiert werden, ihre Spielschulden zu übernehmen. Gegenleistung: beim nächsten Spiel eine 0:3-Niederlage. Dann wird vielleicht noch ein kleiner Köder ausgegeben, mit dem der Spieler zwei seiner Kollegen schmieren kann, und schon wird aus einem Investment der Wettmafia von ein paar zehntausend Euro ein Gewinn von mehreren Millionen. Denn auf dieses Spiel wird natürlich viel Geld gesetzt. Inzwischen kann man ja auf alles Geld setzen. Auf Wald-und-Wiesen-Spiele der Dritten Liga, auf Elfmeter, auf die Anzahl der Tore. Und die Mafia macht das ja nicht bloß bei einem Spiel pro Wochenende. Das ist ein riesiges Geschäft geworden. Ehrlich gesagt möchte ich nicht ganz dahinterschauen, sonst geht mir wahrscheinlich der Glaube verloren. Als Kind des Fußballs freue ich mich, dass FIFA, UEFA, die Verbände und die Polizei inzwischen rigoros dagegen vorgehen und angekündigt haben, betroffene Spieler lebenslang zu sperren. Für mich war die Erfahrung in Bulgarien ein Stich ins Herz. Ich fühlte mich betrogen. Nicht zuletzt deshalb war es wohl besser für alle, dieses unselige deutsch-bulgarische Missverständnis im Dezember 2011 zu beenden.

ANGEBOTE AUS DER HEIMAT

»Vielleicht«, denke ich mir manchmal, »vielleicht sollst du jetzt als Trainer die Schattenseite des Jobs erfahren, nachdem dein Leben als Fußballspieler meist auf der Sonnenseite stattgefunden hat. Vielleicht kriege ich es jetzt eins zu eins zurück.« Ist das eine Form von Karma? Muss ich deswegen seit 2001 dieses Rastlose in meinem Leben akzeptieren? Ich weiß es nicht.

Mein Vagabundendasein im Ausland könnte zu der Annahme verleiten, dass der deutsche Markt für mich als Trainer völlig verriegelt gewesen wäre. Das ist nicht richtig. Es gab einige sehr konkrete Angebote aus der Ersten und Zweiten Bundesliga, die nur jedes Mal im letzten Moment scheiterten.

2003 kam es zu Vertragsgesprächen mit Eintracht Frankfurt. Als die Öffentlichkeit davon erfuhr, probten die Fans den Aufstand gegen Lothar Matthäus. Weil ich immer noch als Bayern-Spieler gesehen wurde? Oder hatte man noch mein vermeintliches Foul gegen das Eintracht-Idol Jürgen Grabowski im Kopf? Der konnte nach einem Zweikampf, den wir in einem Bundesligaspiel 1980 geführt hatten, nicht mehr weiterspielen und musste seine Karriere beenden. An ein grobes Foul, von dem immer wieder die Rede ist, kann ich mich allerdings nicht erinnern.

Vier Jahre später in Nürnberg lief es genauso. Ich war mir mit Manager Martin Bader und Präsident Michael Roth einig. Kaum war die Information durchgesickert, formierte sich Widerstand unter den Fans nach dem Motto: Ein ehemaliger Bayern-Profi kann nicht den 1. FC Nürnberg trainieren.

Möglicherweise war es dieser Druck, vor dem auch 1860 München Angst gehabt hat. 2008 wurde Miki Stevic Sportdirektor bei den Sechzigern. Er kannte meine Arbeit aus Belgrad und meinte zu mir, dass ich für ihn der perfekte Trainer für 1860 wäre. Er selber sei aber neu im Verein, er habe noch nicht die Lobby und müsse sich die Rückendeckung erst erarbeiten. »Lothar«, sagte er, »ich habe dich im Hinterkopf. Wenn ich mich irgendwann für einen anderen Trainer entscheiden muss, bist du der Erste, der es erfährt.« Ich war Trainer in Israel, als ich eines Abends noch einmal durch den Videotext zappte und lesen musste, dass 1860 München Ewald Lienen als neuen Chefcoach verpflichtet hat. Am nächsten Tag rief ich Stevic an und fragte ihn nicht ohne Ironie: »Na, habt ihr den Ewald Lienen verpflichtet?« Ich war nicht sauer, Stevic konnte verpflichten, wen er wollte. Aber auf diesen Anruf konnte ich nicht verzichten. »Du weißt doch, wie das ist, Lothar«, sagte er in etwa. »Das musste ganz schnell gehen, über Nacht.« Blablabla.

Es wäre eine spannende Geschichte geworden. Ich bin mir sicher, dass es mit mir einen Ruck gegeben hätte bei 1860 München, weil so vieles gepasst hätte. Und ich bin der Überzeugung, dass sowohl Fans als auch Sponsoren gekommen wären. Aber Stevic hatte wohl noch nicht den Mut, sich an unser Gespräch zu erinnern. Ich verfolge 1860 München immer noch sehr genau. Dort wurde lange Zeit über alles diskutiert und geschrieben, nur nicht über Fußball. Ich würde dem Club und mir maximal fünf Jahre geben, um in der Ersten Bundesliga auf einen gesicherten Mittelfeldplatz zu kommen. Es wäre eine Win-Win-Situation für viele, den Verein, die Mannschaft, die Fans, die Investoren, die Sponsoren, den Trainer. Diese Aufbruchstimmung bei 1860 zu erzeugen, das hätte mich bisher am meisten gereizt.

Und dann gab es da noch das unterschriftsreife Angebot eines namhaften Erstligisten. Um diskret zu sein und keine amtierenden Personen in Verlegenheit zu bringen, werde ich den Namen dieses Vereins nicht nennen. Dieser Verein steckte vor nicht allzu langer Zeit in einer tiefen Krise. Wenige Spieltage vor Saisonende stand das Team kurz vor dem Abstieg. Nach einer weiteren hohen Niederlage traf ich mich mit dem Präsidenten und einem Rechtsanwalt in Frankfurt. Es war ein tolles Gespräch. Wir sprachen über Verträge für die Erste und die Zweite Liga, über Zahlen, über Gestaltungsmöglichkeiten. Wir waren sehr klar, gingen um sechs Uhr auseinander und vereinbarten, dass ich mich bis zwölf Uhr nachts entscheiden sollte. Der Wechsel wäre schon am nächsten Tag erfolgt – hundertprozentig. Hätte ich bis Mitternacht zugesagt, hätte der Präsident morgens um neun den alten Trainer informiert. Traurig für ihn, sicherlich, aber aus Sicht des Präsidenten auch verständlich, dass man sich in größter Not nach einem Rettungsanker umschaut. Ich hätte um 10.30 Uhr den Flieger genommen, um 15 Uhr wäre die Pressekonferenz gewesen und um 16 Uhr das erste Training mit der Mannschaft. Am Tag darauf wäre es zum nächsten Auswärtsspiel gegangen.

Nach dieser grundsätzlichen Einigung flog ich erst einmal zurück nach München und schaute mir ein Champions-League-Spiel des FC Bayern an. Ich konnte dem Spiel kaum folgen, so sehr schwirrte mir dieses Angebot im Kopf herum. Ich ging immer wieder das Restprogramm durch: auf dem Papier wirklich schwere Gegner. Konnte diese psychisch angeschlagene Mannschaft solche Brocken aus dem Weg räumen? Sie konnte. Heute ist man schlauer. Damals hielt ich aber eine Rettung kaum mehr für möglich. Und ich wollte partout nicht bei meiner ersten Trainerstation in Deutschland zuerst einmal absteigen. Selbst der Präsident hatte bei unserem Gespräch gesagt: »An Ihrer Stelle würde ich es nicht machen. Aber mit Ihnen sehe ich eine größere Chance, dass wir den Klassenerhalt doch noch hinbekommen.« Das ehrte mich zwar, aber was sollte ich tun?

Der FC Bayern gewann an diesem Abend. Für mich das banale Begleitprogramm zu einer schwerwiegenden Entscheidungsfindung. Kurz vor Ultimo klingelte ich beim Präsidenten durch und meinte: »Wissen Sie was, ich bin bereit, für Ihren Club zu arbeiten. Aber erst ab der neuen Saison. Und dann auch in der Zweiten Liga, um mit Ihnen die Mannschaft wieder aufzubauen.« Wäre der Club abgestiegen, wäre ich höchstwahrscheinlich der neue Trainer geworden. Aber der alte Trainer holte mit seiner Mannschaft noch bemerkenswert viele Punkte aus den letzten Spielen und blieb damit in der Ersten Liga. Das ist Fußball. Und ich habe mich – ganz ehrlich – von Herzen mit dem Präsidenten und dem sehr sympathischen Trainer gefreut.

ENDE DES WACHSTUMS, RÜCKKEHR DER WERTE

Würde das Weltmeisterteam von 1990 gegen Jogi Löws Mannschaft von 2012 antreten, behaupte ich: In der Verfassung von damals hätten wir nicht den Hauch einer Chance. Der Fußball ist unglaublich schnell geworden. Gerade im offensiven Bereich taugen nur noch Leute, die bei hohem Tempo etwas mit dem Ball anfangen können. Schaue ich mir ein Spiel von 1970 an, dann war das perfekter Standfußball. 1990 haben wir uns schon ein bisschen mehr bewegt, heute aber ist alles in Bewegung. In Topmannschaften gibt es eigentlich gar keinen langsamen Spieler mehr.

Das liegt daran, dass man heute auf ein ganzes Universum neuer Hilfsmittel zurückgreifen kann. Das fängt bei den Trainern an. Früher hatte eine Mannschaft zwei, heute hat fast jeder Spieler seinen eigenen. Dann die Ausrüstung. In Mönchengladbach hatten wir damals noch nicht mal einen Fitnessraum. Heute werden Computer eingesetzt, die einen Spieler gläsern machen und dem Trainerstab alles über ihn mitteilen. Jede einzelne Muskelfaser ist da förmlich registriert. Das gibt den Trainern die Möglichkeit, zielgerichteter mit den Spielern zu arbeiten, hinsichtlich des Trainings, der Regeneration, der medizinischen Versorgung, der Ernährung. Trotz der irrsinnigen Perfektionierung schon heute gehe ich davon aus, dass die spielerische Dimension des Fußballs sogar noch besser werden wird. Ich denke, dass vor allem im mentalen Bereich nachgearbeitet werden kann, an der Gabe, Situationen schneller zu erkennen, an der Intelligenz also, Abläufe in einem Spiel zu antizipieren. Da gibt es bei vielen Spielern noch erheblichen Nachholbedarf.

Für die rein materielle beziehungsweise finanzielle Dimension des Fußballs habe ich jedoch weit weniger Faszination übrig. Das Fußballbusiness hat sich genauso verändert, wie sich die Weltwirtschaft verändert hat. Soll man sagen, der Fußball ist professioneller geworden? Vor dreißig Jahren war der Fußball auch professionell. Der Fußball hat sich eher dem allgemeinen Wachstumsglauben angeschlossen. Die Spielergehälter haben sich erhöht, die Stadien sind größer geworden, die Ticketpreise haben angezogen, die Senderechte sind teurer geworden. Der Kuchen wuchs und wuchs. Ich bin aber überzeugt davon, dass das Wachstum irgendwann aufhören wird. Und irgendwann wird dann auch der Fußball eine Krise durchmachen.

Wir haben zwar eine relativ gesunde Bundesliga, der deutsche Fußball ist stabil aufgebaut. Man hat nicht geträumt von Dingen, die einfach nicht machbar waren. Aber in anderen Ländern hat man diese Träume gehabt, und genau dort hat die Krise längst begonnen. Blicken wir nur nach Italien, wo die Schulden der Clubs steigen und steigen. Zuletzt waren es ca. 1,5 Milliarden Euro unter den zwanzig Clubs der Serie A. Mein alter Arbeitgeber Inter Mailand hielt zuletzt den Titel des Schuldenkönigs mit 335 Millionen Euro. Blicken wir nach England, wo sich vier Milliarden Euro Miese angesammelt haben. Manchester United ächzt unter 370 Millionen, und auch der FC Liverpool leidet, weil ein amerikanischer Investor Millionen an Schulden hinterlassen hat. Oder schauen wir in die spanische Liga, wo 2012 acht Vereine kurz vor dem Bankrott stehen. 752 Millionen Euro schuldeten die Clubs alleine den Finanzämtern. Und das, obwohl gerade die Vereine steuerlich geschont werden, die viele ausländische Spieler beschäftigen. Auch die Sozialversicherung wartet noch auf eine Menge Geld. Die Gesamtschulden aller spanischen Profiklubs beliefen sich 2012 auf vier Milliarden Euro. Wegen der schier aussichtslosen Situation wurde sogar diskutiert, den Sündern rund 1,3 Milliarden Euro per Schuldenschnitt zu erlassen. Ein polarisierender Vorschlag, hatte es Real Madrid 2009 – also mitten in der Weltfinanzkrise – mit seinen Investitionen doch auf die Spitze getrieben. Für Cristiano Ronaldo und Kaká gab der Verein zusammen annähernd 160 Millionen Euro aus. Die Summe kam logischerweise von einer Bank, einer Bank, die von der Krise erfasst wurde und mit Steuergeldern gerettet werden musste. Letztlich sind es also Fans wie Fußballdesinteressierte, die diese astronomischen Ablösesummen für die Stars bezahlen. Das Hauptproblem sind jedoch die Gehälter, die diesen teuren Einkäufen versprochen werden. Um noch eine Zahl zu nennen: Bei Juventus Turin flossen zuletzt knapp neunzig Prozent des Umsatzes in die Taschen der Spieler.

Siebzig Prozent aller europäischen Fußballvereine seien nicht gesund, haben Wirtschaftsprüfer herausgefunden. Dieses auf Pump gebaute System wird – genau wie bei Staaten und Städten – in Zukunft nicht mehr funktionieren können. Das Geld wird schon jetzt bei vielen bislang klangvollen Namen weniger, weniger, weniger. Bei uns haben sich zwar auch Schulden von einer halben Milliarde angehäuft, aber viele halten die Bundesliga für eine Vorzeigeliga in Sachen Finanzen. Bayern München gilt als schuldenfrei, und die einst hoch verschuldete Borussia Dortmund konnte ihre Rückstände bis 2011 auf 56 Millionen Euro drücken. Darum wird sich auch das deutsche System im internationalen Fußball durchsetzen. Wir werden einfach besser vorbereitet sein als alle anderen Länder Europas, wenn das viel zitierte Financial Fairplay und die damit verbundenen Richtlinien greifen.

Diese Initiative der UEFA begrüße ich außerordentlich. »Alle an den europäischen Wettbewerben teilnehmenden Vereine müssen ab der Spielzeit 2012/13 eine simple, aber anspruchsvolle Regel befolgen: Sie werden nicht mehr ausgeben dürfen, als sie einnehmen«, hat UEFA-Boss Michel Platini die Idee einer Schuldenbremse im Fußball erklärt. Ich hoffe, dass die UEFA zu diesen Prinzipien steht und Vereine zukünftig bestrafen wird, die Geld in Spieler investieren, das sie eigentlich gar nicht haben. Wenn schon die Fairplay-Flaggen vor den Spielen geschwenkt werden, dann sollte das auch jenseits des Platzes passieren. Es geht dabei um Chancengleichheit, um sportliche Gerechtigkeit und darum, die sich öffnende Kluft zwischen den reichen und den ärmeren Vereinen wieder etwas zu schließen.

Hinzu kommt, dass im Fußball inzwischen zu viele schwarze Schafe mitkassieren. Sie wollen von dem großen Kuchen etwas haben, was nicht in den Fußball zurückfließt. Ich meine Spielervermittler, Berater, Anwälte. Beim Spielerhandel existiert eine Gesinnung, die von einer Art Schmiergeldkultur getrieben wird: »Wenn du von unserer Agentur die Spieler holst, verdienst du daran mit.« Diese Angebote gibt es. Und sie haben nichts mit der Qualität der Spieler zu tun, um die es ja in erster Linie gehen sollte. So verschwinden viele Gelder, bevor sie bei den Vereinen zum Beispiel in den Nachwuchs fließen könnten. Ich habe dafür keine harten Beweise, daher nenne ich auch keine Namen. Aber schaut man sich manche Transferpolitik an, braucht man eigentlich nicht mehr viel Fantasie. Ein Anfang wäre es, wenn ein Präsidium einfach auch mal in Deutschland darauf achten würde, ob die Transfers mit einer Agentur durchgeführt werden oder mit mehreren.

Uli Hoeneß hat ja mal gesagt, dass er mit keinem Manager, Berater oder Anwalt mehr verhandeln will, sondern nur noch mit dem Spieler selbst. Der Spieler bekommt ein Angebot, und er nimmt es an oder nicht. Das Geschäft ist schmutzig geworden. Ich kenne viele Spielervermittler und weiß, dass das Fußballgeschäft ein Haifischbecken ist. Jeder Transfer wird inzwischen von mehreren Beratern vollzogen, die Boni werden dann aufgeteilt.

Das Dilemma mit Michael Ballack bei Bayer Leverkusen zeigte ja genau dieses Problem, dass sich die Spieler viel zu schnell hinter ihrem Berater oder Anwalt verstecken. Es kann nicht sein, dass man heute bei jedem Problem den Rechtsbeistand vorschickt. Rudi Völler hat recht, wenn er das kritisiert. Der Spieler verliert bei dieser Politik auch an Persönlichkeit. Wenn ich hier schon keine Verantwortung übernehme, wie soll ich es dann auf dem Spielfeld tun?

Spieler von heute haben nicht nur an Persönlichkeit verloren. Sie wissen auch mit den alten Tugenden kaum mehr etwas anzufangen. Auch wenn sich die Welt um mich herum noch so zum Schlechten verändert, meine Werte – Ehrlichkeit, Respekt, Verantwortung – werde ich doch niemals aufgeben. Ich habe meinen Weg, ich habe meine Prinzipien. Ich kann auch mal ein wenig von diesem Weg abkommen, aber die Grundrichtung muss beibehalten werden. Das erwarte ich auch von einem Spieler.

Mancher Spieler küsst aber heute das Wappen auf seinem Trikot und unterschreibt morgen beim nächsten Verein. So etwas tut mir weh. Das ist einfach nicht ehrlich. Wir haben früher gelernt, uns an Verträge zu halten. Heute setzen die Topspieler ihren Vereinen nach einer guten Saison oder bei der kleinsten Verstimmung sehr schnell die Pistole auf die Brust, um ihren Weggang fast schon zu provozieren. Spieler wie Diego, der genau das beim VfL Wolfsburg tat und danach an Atletico Madrid ausgeliehen wurde, sollten weltweit gesperrt werden – und nicht nur für einen Monat.

Es zwingt einen Spieler niemand, einen Vertrag zu unterschreiben. Also akzeptiere ich ihn. Und wenn es mich fortzieht, dann spreche ich persönlich mit dem Clubchef und habe im schlimmsten Fall mit seinem Nein zu leben. Siehe Lothar Matthäus, der von Inter nicht zu Real gelassen wurde. Entweder man trennt sich in beiderseitigem Einvernehmen oder man bleibt. Speziell in der Bundesliga sind da in der Vergangenheit einige Wechsel über die Bühne gegangen, bei denen der Spieler eine miese Figur abgegeben hat. Es kann nicht sein, dass der Spieler alle Rechte hat und der Verein der Dumme ist. Ich akzeptiere die Zeit, in der wir leben. Ich akzeptiere Veränderungen. Aber es kann sich nicht bloß für die eine Seite etwas zum Positiven verändern und nicht für die andere. Es muss immer eine Balance gewahrt bleiben, in der Gesellschaft wie im Fußball. Wird eine Position zu stark, die andere gleichzeitig zu schwach, wird das System auf Dauer nicht funktionieren, sondern sich selbst zerstören.

Meiner Meinung nach sollte der Trainer in diesem neu auszubalancierenden System mehr verdienen als der bestbezahlte Spieler im Verein. Die Verantwortung des Trainers ist größer, seine Belastung ist größer, er gibt dem Verein sein Gesicht. Kein Spieler braucht solche Nehmerqualitäten, wie sie ein Trainer aufbringen muss.

Hat ein Spieler zwei schlechte Spiele absolviert, die auch noch verloren gehen, dann fliegt der Trainer – der Spieler bleibt. Für den Trainer gibt es keine Ersatzbank, er ist einfach weg. Und mit ihm seine Familie, die vielleicht gerade einen neuen Lebensmittelpunkt gefunden hat. Das Gehalt des Trainers ist zu einem hohen Prozentsatz Schmerzensgeld. Für eine psychische Anspannung, die man gerne vergisst, wenn man den Fußball so sehr liebt.

DANK

Ich danke meinen Fans, die mich über drei Jahrzehnte auf und neben dem Fußballplatz unterstützt haben. Ich danke meinen Trainern, die mich förderten und formten. Ich danke meinen Ärzten, die mich heilten und mir wieder Hoffnung gaben. Und ich danke von Herzen meinen Eltern, die das Fundament legten, das eine solche Karriere erst ermöglichte.

PERSONENREGISTER

Allofs, Klaus 49, 56, 68
Augenthaler, Klaus 59
Aumann, Raimond 107, 116

Babbel, Markus 90, 146
Bader, Martin 213
Badstuber, Holger 92
Balakov, Krassimir 208
Ballack, Michael 171f., 218
Basler, Mario 118, 137
Bats, Joel 64
Battiston, Patrick 54
Beckenbauer, Franz 30, 36, 60ff., 68, 72f., 79, 81f., 85, 87, 90f., 111f., 116, 119, 127, 137, 140, 143, 145, 147f., 180, 182, 186
Becker, Boris 145, 148
Becker, Britta 130
Beckham, David 96, 164
Bergkamp, Dennis 102
Bergomi, Guiseppe 78
Berthold, Thomas 64, 80, 82f.
Bierhoff, Oliver 90, 126, 134
Bongartz, Hannes 48
Bräutigam, Perry 91
Braun, Egidius 118, 142
Breitner, Paul 53, 60
Brehme, Andreas 64, 69f., 74, 77ff., 85f., 88ff., 117f.
Briegel, Hans-Peter 65
Buchwald, Guido 79, 82, 87, 90
Burruchaga, Jorge 65

Carlos, Roberto 81, 139
Cohen, Almog 191
Conceição, Sérgio 148
Cruyff, Johann 75

Danner, Dietmar 48
Dassler, Adolf 22
Dassler, Rudolf 22f., 39, 94f.
Demirören, Yildirim 172f.
Del Bosque, Vicente 172f.
Del'Haye, Kalle 43
Derwall, Jupp 49f., 52ff.
Diego 219
Drogba, Didier 164
Dürnberger, Bernd 58
Dudic, Milan 181

Edlinger, Rudolf 156f.
Effenberg, Stefan 46, 90, 118, 137f.
Elber, Giovanne 137
Engels, Stefan 56

Fehér, Miklós 166
Figo, Luís 164
Fink, Thorsten 182, 186
Fischer, Klaus 56, 194
Fleer, Jürgen 43
Flick, Hansi 182ff.
Fransmann, Bevan 193

Gascoigne, Paul 86
Giuliani, Paolo 70
Goycochea, Sergio 89
Grabowski, Jürgen 213
Graf, Steffi 145
Grahammer, Roland 69
Grashoff, Helmut 38, 56,
Gullit, Ruud 81, 95

Häßler, Thomas 78, 80
Hamann, Didi 146f.
Helmer, Thomas 125f.

222

Hermann, Patrick 92
Hernández, Luis 138
Herzog, Andreas 156
Heynckes, Jupp 43, 46, 48, 50ff., 56ff., 69, 153, 162
Hess, Heini 63
Hickersberger, Peppi 157
Hitzfeld, Ottmar 137f., 153
Hoeneß, Dieter 67
Hoeneß, Uli 56, 66, 111, 126, 128, 138, 143f., 156, 182, 218
Hoffmann, Willi O. 66, 73
Hopfner, Karl 142f.
Houdek, Rudi 111, 115
Hrubesch, Horst 53, 146
Higuita, René 80

Illgner, Bodo 86, 118

Jammer, Daniel 187, 193f.
Janocko, Vladimir 181
Jantschke, Toni 92
Jara, Kurt 181
Jeremies, Jens 138, 146

Kahn, Oliver 46, 137
Kaká 168f., 217
Kaltz, Manfred 53
Kirsten, Ulf 91
Klinsmann, Jürgen 80ff., 86, 90f., 94, 125ff., 132, 144
Kneip, Wolfgang 43
Koeman, Erwin 173
Koeman, Ronald 75
Kögl, Ludwig 62
Köpke, Andreas 90
Kohler, Jürgen 80
Kovac, Nico 181, 183
Kuhn, Werner 155

Labbadia, Bruno 114
Lahm, Philipp 92, 127
Lattek, Udo 60, 67, 69, 153

Lienen, Ewald 43, 49, 213
Linke, Thomas 146, 148
Littbarski, Pierre 56, 79, 87, 90, 118
Lizarazu, Bixente 77
Löw, Joachim 86, 92, 157, 215
Lupescu, Ioan 114

Mancini, Roberto 94
Maradona, Diego Armando 52f., 65, 76ff., 87f., 144f., 177
Marin, Marko 92
Mateschitz, Dietrich 180, 182
Mendoza, Ramón 99
Messi, Lionel 96, 185
Meyer, Remo 181
Michailov, Borislaw 208f.
Mill, Frank 79
Milutinovic, Bora 137f.
Möller, Andreas 79
Mohren, Markus 43
Mourinho, José 163
Müller, Thomas 92
Müller-Wohlfahrt, Wilhelm 101, 106f., 109, 120, 134ff.

Nachtweih, Norbert 58
Nerlinger, Christian 135
Netzer, Günter 22, 36, 45
Neuer, Manuel 154
Neureuther, Felix 99
Nickel, Harald 49
Niersbach, Wolfgang 54
Nowak, Hans 37f.
Nowak, Piotr 138

Ochs, Timo 181
Orrico, Corrado 105
Osieck, Holger 85f.

Pancev, Darko 113
Papin, Jean-Pierre 77
Pearce, Stuart 86
Pelé 36, 52

Pellegrini, Ernesto 99f., 111ff.
Petraglia, Mario 174
Pflippen, Norbert 45, 65, 69, 99, 107f., 130f.
Pinkall, Kurt 52
Piták, Karel 181
Platini, Michel 49, 64, 76, 88, 217

Raúl 163
Rehhagel, Otto 14, 120, 127, 153
Rep, Johnny 49
Reuter, Stefan 69
Ribbeck, Erich 111, 115f., 134, 144, 146f.
Riedle, Karl-Heinz 82, 86, 117
Rijkaard, Frank 81
Ringels, Norbert 59
Rolff, Wolfgang 64
Ronaldinho 168
Ronaldo, Cristiano 217
Rosa, Dennis 171
Roth, Michael 213
Rummenigge, Karl-Heinz 15, 53, 60, 63f., 88, 112, 128
Rutemöller, Erich 196

Sakiewicz, Nick 140
Sammer, Matthias 46, 90ff., 113, 118f., 132, 207
Schäfer, Winfried 43, 48, 58
Schalimow, Igor 113
Scheffer, Emmanuel 187
Scholl, Mehmet 46, 108, 114, 137, 148
Schumacher, Michael 145
Schumacher, Toni 54, 56, 61f., 64f., 68,
Schweinsteiger, Bastian 92
Shearer, Alan 162
Shechter, Itay 191
Skibbe, Michael 14
Smith, Richie 63
Sosa, Rubén 113
Stein, Uli 61ff.
Steiner, Paul 56, 79
Steinhöfer, Markus 182

Stevic, Miki 159, 213
Stielike, Uli 49
Stillitano, Charlie 140
Stoitschkow, Hristo 208
Strunz, Thomas 118, 138
Suker, Davor 134
ter Stegen, Marc-André 92

Thom, Andreas 91
Thon, Olaf 69, 75, 86f., 132f.
Tiffert, Christian 182
Torghelle, Sandor 172
Trapattoni, Giovanni 51, 69, 76, 94, 105, 111, 116, 119f., 137, 153, 159, 182ff.

Valderrama, Carlos 81, 138
Valencia, Adolfo 138, 141
van Basten, Marco 75, 81
van Breukelen, Hans 75, 81
Vargas, Jorge 182
Veh, Armin 43, 46f.
Vialli, Gianluca 94f.
Völler, Rudi 64, 79ff., 87f., 90, 94, 117f., 171, 218
Vogts, Berti 22, 36, 38, 91, 116ff., 125f., 128, 132ff.
Vonlanthen, Johan 181

Waddle, Chris 86f.
Weisweiler, Hennes 187
West, Taribo 163
Wörns, Christian 114, 134
Woodcock, Tony 56
Wuttke, Wolfram 43

Zambrano, Octavio 141
Zamorano, Iván 99
Zawarow, Alexander 95
Zenga, Walter 77, 94,
Zico 52
Zidane, Zinedine 164
Ziege, Christian 46, 114